從億萬富翁，到中國最懼怕的批評者

黎智英傳

THE TROUBLEMAKER

How Jimmy Lai Became a Billionaire, Hong Kong's Greatest Dissident,
and China's Most Feared Critic

Mark L. Clifford
祁福德——著
前壹傳媒董事、前《英文虎報》總編輯

林玉菁——譯

獻給香港人，深信他們終將贏得屬於他們的自由。

不要迷失在絕望的海洋。保持希望，保持樂觀。我們的奮鬥不是一天、一週、一個月或一年，而是一生的奮鬥。永遠不要害怕發聲，勇於捲入正當的麻煩，因為這是必要的麻煩。

——約翰·路易士（John Lewis）

目錄

序　我親愛的朋友與戰友，黎智英　納坦・沙蘭斯基　010
年表　014
地圖　022
前　言　麻煩製造者　026
第一章　「食物就是自由」　039

第二章　「你玩的是什麼魔術？」　063
第三章　快時尚之父　091
第四章　「就像母親的呼喚」　107
第五章　「王八蛋」　121
第六章　推土機　137
第七章　「主與我同受苦難」　167
第八章　「瘋狂熱潮與傲慢」　189

第九章　「我想成為臺灣人」　203
第十章　雨傘及催淚瓦斯　229
第十一章　「煮到嚟咪食」　249
第十二章　「讓法律變成統治者的工具」　277
第十三章　獄中　297
第十四章　「活在完全的自由之中」　321
後　記　330

致謝 339
註釋 343
照片來源 357

序

我親愛的朋友與戰友，黎智英

黎智英被捕前的幾週，我有幸跟他進行三次長時間的深度對話。這些長達一小時的談話是透過線上平台Zoom進行。當時他七十二歲，身邊圍繞著摯愛家人，黎智英正為即將到來的逮捕做準備，可能將在世上最冷酷無情的政權監獄裡度過餘生。他對我在蘇聯古拉格的九年經歷提出許多問題，他問我沉重鐵門關上後，要如何面對孤獨、不確定及恐懼。這個勇敢的人幾乎不需要任何建議。我從艱難經歷中體悟的，他憑直覺早已掌握。他早就明白，監獄無法羞辱你；能羞辱你的，只有自己。即便肉體鐐銬於獄中，心靈依舊可以自由。

黎智英早已明白，自己站在一場歷史奮鬥的中心。我問他：「你為什麼不逃走？你是個有錢人，肯定擁有飛機及一切潛逃需要的資源。你有英國國籍，自由世界許多國家肯定樂意接待你。」「我做不到，」他說：「我號召人民一起奮鬥，他們看著我，我不能讓他們失望。」

如此簡單，如此清晰。但人們往往很難理解。當俄羅斯異議領袖阿列克謝・納瓦尼（Alexei Navalny）決定返回俄羅斯時，許多記者問我：他瘋了嗎？他傻嗎？難道他不明白自己會在機場遭到逮捕嗎？我回答：是你們不懂。他不是為了自己的生存而奮鬥；他是為了人民的未來而奮鬥。他給人民的訊息是：我不怕普丁，你們也不用怕。最終，普丁殺了獄中的納瓦尼，但他的人生跟訊息激勵著數百萬俄羅斯人。

另一位眾人無法理解的俄羅斯政治犯，是弗拉基米爾・卡拉—穆爾扎（Vladimir Kara-Murza）。他曾經兩次遭普丁政權下毒，身為異議運動歷史學者與政治記者，曾在華府過著舒適生活。但普丁入侵烏克蘭時，他認為得親身留在俄羅斯境內，自己的文章和電影才會產生真正意義。他遭判囚二十五年，在俄羅斯獄中度過二十八個月，直到俄羅斯與西方換囚時才獲得釋放。

我自己也經歷過這種外界無法理解的情況。一九七七年，我因為「反蘇聯活動與叛國罪」被捕。自由世界爭取讓我獲釋，六年後，美國外交官認為他們找到不錯的妥協方案。蘇聯領導人同意，若我因為健康狀況不佳，寫信要求他們基於人道原因把我釋放，他們願意這麼做。我卻不願接受，讓美國外交官驚訝又困惑。他們無法理解我跟妻子深明於心的事實。在長年對抗邪惡帝國的鬥爭之下，我不能承認他們懲罰與赦免的「道德權威」。

當你的每句話、每步行動都對政治鬥爭至關重要時，那是一種接近獨特的感覺。黎智英現在七十六歲，在獄中多活一天都是挑戰。但很久以前他就已決定，肉體生存不會是終極目標。如若不然，他一開始就不會展開這樣的奮鬥。你能在獄中活多久，並不取決於你。但有件事是你能決定的：直到生命的最後一天，都做個自由人。正是這一點，讓黎智英和跟他相似的人對極權政權來說是如此危險。他們捍衛著自由的火花，而當局害怕這樣的火花將承傳下去，燃起數百萬人內心的烈焰。這為黎智英帶來勝利的感覺。

我跟黎智英的對話在樂觀中結束。當然，他說，爭取民主是個非常、非常沉重的負擔。同時也令人振奮。我有機會做這麼美好的事，怎麼能錯過呢？接著，單純從個人角度比較我們的經歷後，他以這句話結束我們的對話：「跟你一樣，我有個偉大的老婆；跟你一樣，我有宗教信仰。我相信善良必定獲得勝利。希望很快能見到你。」

我們自由世界的每一個人，都該祈禱能早日再見到他，並為此努力不懈。

納坦・沙蘭斯基（**Natan Sharansky**）

耶路撒冷

年表

（西元年）

時間	重要大事
一九四八年	黎智英與雙胞胎妹妹黎思慧出生；出生日期為十二月八日。
一九四九年	共產黨接掌中國；毛澤東宣布中華人民共和國成立。
一九五八至六二年	大躍進；歷史上最嚴重的政治性饑荒，造成高達四千五百萬中國人喪生。
一九五〇年代	黎智英在廣東火車站任搬運工；母親被送往勞改場，留下黎智英、雙胞胎妹妹及姐姐獨自生活。
一九六一年	黎智英以非法移民身分進入香港；成為童工，住在工廠裡。

一九六六至七六年	文化大革命震撼中國。
一九七五年	黎智英與合夥人創立公明織造廠（Comitex）。
一九七六年	毛澤東去世；包括毛澤東妻子在內的極左派人物「四人幫」被捕。
一九七八年	鄧小平崛起成為中國領導人，推動經濟改革；緊鄰香港的深圳被選為經濟特區，允許資本主義運作。
一九八一年	黎智英創立快時尚零售連鎖品牌佐丹奴（Giordano）。 公明織造廠成為香港最大的毛衣製造廠之一。
一九八二年	鄧小平警告英國首相柴契爾夫人，中國將會在一九九七年前接管香港。
一九八四年	《中英聯合聲明》（Sino-British Joint Declaration）闡明殖民地於一九九七年回歸中國的條件。

一九八九年	經歷數週民主抗爭後，在六月四日的屠殺裡，數百至數千人在北京及全中國境內遭軍隊殺害；香港鼎力支持抗爭者。
一九九〇年	黎智英創辦《壹週刊》（*Next*）。
一九九一年	英國殖民統治一百五十年後，香港立法局首度舉行普選；民主派候選人獲勝。
	佐丹奴在香港證券交易所上市。
一九九二年	鄧小平的「南巡」開啟經濟改革。
	佐丹奴進軍中國大陸市場。
	最後一任香港總督彭定康（Chris Patten）抵港，儘管遭遇北京與本地商界反對，仍推動民主選舉改革。

	黎智英取得英國國籍。護照上的生日為一九四八年十一月八日，出生地為廣州。
一九九四年	黎智英在《壹週刊》撰文攻擊中國總理李鵬（因天安門屠殺中的角色而被稱為「北京屠夫」），稱他為「王八蛋」（即「混蛋」）。
	中國當局為報復，關閉佐丹奴北京店。
	黎智英辭去佐丹奴主席。
一九九五年	創辦《蘋果日報》（*Apple Daily*），迅速成為殖民地競爭激烈的報業市場領導者。
一九九六年	中國當局不滿黎智英支持民主活動而施加壓力，黎遂出售自己持有的百分之二十七佐丹奴股份，獲得一億八千五百萬美元。

一九九七年	中華人民共和國接管香港，結束長達一百五十六年的英國殖民統治；移交過程並未諮詢香港人民。
	《基本法》（The Basic Law）作為香港的迷你憲法，保障各項自由，中國承諾「港人治港」五十年。
	黎智英皈依天主教。
二〇〇〇年	陳水扁當選臺灣總統，結束國民黨威權統治。
	黎智英移居臺灣；隨後創辦了臺灣《壹週刊》及臺灣《蘋果日報》。
二〇〇一年	中國加入世界貿易組織。
二〇〇三年	《蘋果日報》與《壹週刊》支持抗議香港國家安全法草案的活動；五十萬人參與遊行。

二〇一〇年	中國異議作家劉曉波在缺席情況下獲頒諾貝爾和平獎；黎智英出席奧斯陸頒獎典禮。
二〇一四年	九月至十二月，學生領導的雨傘運動在香港進行為期七十九天的抗爭；黎智英在政府總部前搭帳篷參與佔領行動，並遭催淚瓦斯攻擊；其間有人將豬內臟潑向黎智英。
二〇一九年	六月至十一月，香港政府擬推行一項允許將嫌疑人引渡至中國大陸的法律，引發多次百萬人示威抗議，警方與抗議者之間爆發前所未有的暴力衝突。
	十一月，香港區議會選舉中，民主派候選人大獲全勝，投票率創下歷史紀錄。
二〇二〇年	三月，香港實施新冠疫情限制措施，禁止四人以上集會；禁令被用來禁止六四天安門事件紀念活動。

六月三十日，國家安全法實施。

八月十日，二百五十名員警突襲香港《蘋果日報》。

十二月三十一日，黎智英遭到拘禁。

二〇二一年

四月，黎智英因二〇一九年示威遊行中的公民抗命（公民不服從）罪行遭判刑十四個月。

五月，香港政府凍結黎智英所持有的上市公司壹傳媒（Next Digital，《蘋果日報》出版商）的百分之七十一股份。

五月，黎智英因二〇一九年示威行動，再判十四個月刑期。

六月十七日，《蘋果日報》遭五百名員警突襲。

六月二十四日，在《國安法》之下，《蘋果日報》的銀行帳戶未經法院命令就遭到凍結，出刊最後一期。

	六月至七月，除黎智英外，另外六名《蘋果日報》員工遭到無限期監禁，不得保釋。
	十二月，因二〇二〇年六月四日在天安門事件紀念活動上點燃蠟燭，黎智英遭判刑十三個月。
二〇二二年	十月，習近平確認出任中國共產黨中央總書記的第三個五年任期，鞏固他自毛澤東以來最有權力領袖的地位。
	十二月，黎智英因非法將公司辦公室部分轉租，遭判刑五年九個月。
二〇二三年	五月，即將開審的《國安法》案件中，黎智英的律師人選遭到拒絕。
	十二月，黎智英的《國安法》案件開審。

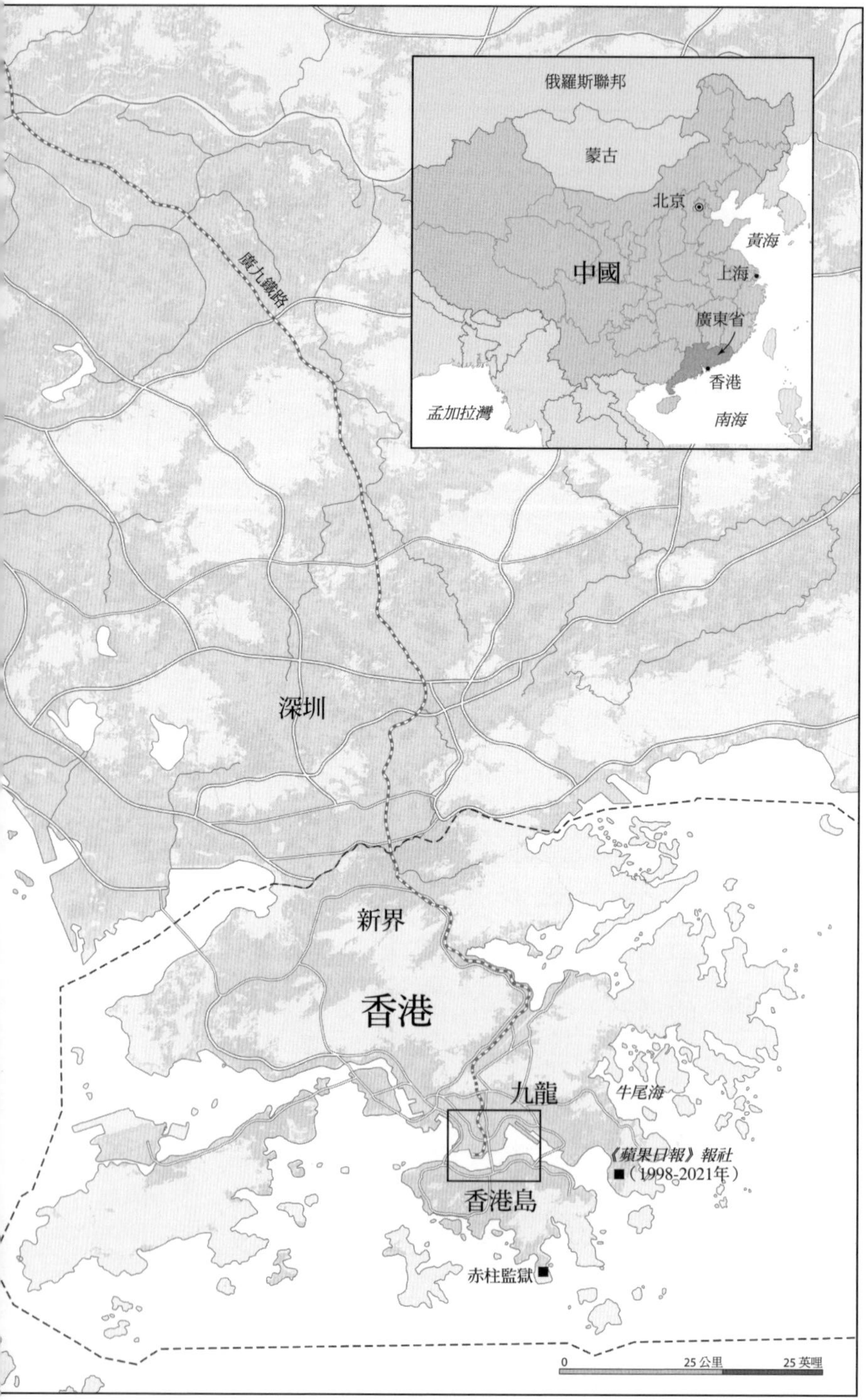
俄羅斯聯邦
蒙古
北京
黃海
中國
上海
廣東省
香港
孟加拉灣
南海
廣九鐵路
深圳
新界
香港
九龍
牛尾海
《蘋果日報》報社
（1998-2021年）
香港島
赤柱監獄
0
25 公里
25 英哩

廣州
東莞
順德
中山
珠江三角洲
珠海
澳門
廣東省與香港
都市區域
下頁地圖覆蓋的範圍

新界
窩打老道
西貢遊艇會
九龍塘
新蒲崗
渭州道
窩打老道
九龍仔公園
九龍城
太子道東
喇沙利道
衙前圍道
喇沙書院
啟德機場
（1998年關閉）
界限街
九龍聖德肋撒堂
亞皆老街
嘉道理道
九龍
《蘋果日報》報社
(1998-2021年)
九龍灣
海底隧道
東區海底隧道
鰂魚涌
港
華蘭中心
寶馬山
維多利亞公園
灣仔
銅鑼灣
赤柱監獄
0
1公里
1英哩

黎智英的香港
黎家住所
大埔道
嘉道理道
《蘋果日報》報社
（1995-1998年）
荔枝角收押所
長沙灣
石硤尾
荔枝角
西九龍法院
深水埗
界限街
太子道西
昂船洲
亞皆老街
旺角
彌敦道
油麻地
覺士道
柯士甸道
尖沙
海員俱樂
半島酒店
天星碼頭
西區海底隧道
上環
天星碼頭
中環
金鐘
香港政府總部
聖母無原罪主教座堂
太平山
香港公園
香

前言　麻煩製造者

深邃海港隔開香港島與九龍。港島以三條隧道與大陸相連，除非情況極端，否則這些隧道通常不會關閉。二〇二二年七月，中國共產黨中央總書記習近平訪問香港期間，東區海底隧道關閉。二〇二三年十二月，再有另一條隧道被關閉，迎接的卻是另一位截然不同的來客。當局為了把正在全港最高戒備監獄中單獨囚禁的富商及民主運動支持者黎智英送到特別法庭，除了將他纏上鐐銬，也派出裝甲車隊沿途押解。這場審訊或令黎智英成為終身囚徒。

離開監獄前必須接受搜身，但黎智英並未因此感到困擾，因為他知道自己將在庭上見到摯愛的家人。「明天我要出庭，得在警衛面前脫掉所有衣物，接受搜身，」二〇二一年一場庭訊前他寫下：「這很羞辱，但我不在乎，因為我將見到我的家人、朋友與支持者。

看到他們，讓我重新接觸到外面的現實世界。這種情感交流讓人精神一振。」

那個十二月的早晨，街道封閉，警車與摩托車護衛隊伴隨一輛超大型裝甲車，鐐銬緊扣的囚犯坐在鐵籠裡。笨重囚車從赤柱監獄出發，沿著港島南岸的狹窄濱海道路緩慢行駛，然後轉向北方，進入香港仔隧道，再經過海底隧道，最終抵達西九龍法院。

法庭外，警犬與千名員警防範任何可能的騷動。他們嚴陣以待，讓人誤以為是接待外國元首或押解恐怖分子，而非長期堅持非暴力理念的七十五歲虔誠天主教徒。武力展示揭開審訊序幕，對象是香港最堅定的異議人士，也是中國最著名的政治犯。

法庭內，黎智英坐在玻璃隔間中，透過助聽器聆聽審理過程。審判前不久他才接受眼部手術，即便戴著眼鏡，仍難以看清投影在法庭螢幕上的內容。他比入獄前瘦了許多，在獄中度過新冠疫情，也在審判開始前的三年監禁生活中逐漸老去。身高六呎一吋（約一百八十五公分），黎智英的存在感不可忽視；獄中減掉幾十磅，讓他身上帶著過去所沒有的嚴肅氣息。

黎智英將棕色囚服換成藍色牛津襯衫及淺色諾悠翩雅（Loro Piana）西裝外套。這是一場審判秀，當局讓主角依自己的意願著裝。

香港的被告通常會穿上體面衣服，希望讓陪審團留下良好印象。但這場審判卻不一樣。中央推翻對香港保留司法制度的承諾，拒絕給予黎智英陪審團審判的權利，改由一組當局精心挑選的法官進行審理。黎智英穿上這些衣服，是為了自己的尊嚴。

黎智英的財富來自早年的毛衣與馬球衫事業。在獄外，他的衣櫃以牛仔褲跟扣領棉襯衫或寬鬆亞麻襯衫為主。他喜歡夾式吊帶，有陣子也穿過連身吊帶褲——在香港富豪中相當獨特的風格。

然而讓黎智英與眾不同的，不僅是衣服。過去三十多年裡，他一直是自由與民主的堅定捍衛者，言辭激烈，批評香港與中國的領導人。如同香港七百萬人中的數百萬人，他不相信共產中國，並希望這座城市能夠享有一九九七年北京接管英國殖民地時所承諾的權利與自由。

他很有錢——遭到政府追捕前，黎智英的財富估計達到十二億美元，這是黎智英十二歲時到香港所賺來的財富。抵港時他口袋裡甚至連五塊錢都沒有。他自掏腰包，捐出超過一億美元，支持香港的民主運動。

他手中極受歡迎的《蘋果日報》與《壹週刊》雜誌，主導了香港的政治議程，最終成為這個從未享受過民主的城市中的反對力量。「中國共產黨如此痛恨黎智英，因為他們怕他的媒體帝國。」資深記者程翔說。程翔曾對北京持同情態度，因此在香港的共黨喉舌《文匯報》擔任高級職位。「他的媒體對香港的民主化非常重要。共產黨將宣傳視為生命線，而黎智英的媒體帝國成功駁斥他們的許多謊言。」

他無畏無懼。二〇二〇年，當政府禁止紀念天安門屠殺時，黎智英在香港的維多利亞公園——傳統的六四紀念地——孤身跪下，點燃一根蠟燭。他告訴法庭：「如果紀念因不公而死去的人是犯罪，那麼……讓我接受懲罰。」隨後，他因「煽動非法集會」而被判囚十四個月。

香港擁有幾十名億萬富翁，但當這座城市的自由逐步被削弱時，卻沒人敢站出來反對中國。香港孕育了許多勇敢的民主運動者，卻沒人能像黎智英那樣，透過大眾媒體的聚光燈滋養這場運動，更別提金錢上的資助。這場運動是一九八九年天安門學生運動以來，對中共最大的民主挑戰，黎智英則是發動運動的要角。幾乎是十億人中的唯一者。二〇二〇年一次對話裡，隨著對他的指控不斷增加，黎智英感慨道：「他們盯上我，也是很自然的。我擁有支持運動的反對派報紙。我公開疾呼反對共產黨。我參與每一場抗爭（示威與遊行）。對他們來說，我就是麻煩製造者。他們不打壓我、要我閉嘴，是很難的。」

你不能輕易定義黎智英這個人。身為務實的成功商人，他會用結果導向來看待人權運動。他關心自由，但你不太會聽到他談論社會公義。他的哲學接近自由主義，認為政府除了維持秩序及強有力的法治外，應該扮演有限角色。身為天主教徒，他是類似教宗若望保祿二世（John Paul II）的激進反共派。這位波蘭教宗在一九八〇與九〇年代鼓勵東歐和蘇聯的民主起義。

黎智英是當代最重要的政治犯之一，然而，他在美英兩國政治光譜中的右翼支持者，遠多於左翼。他的閱讀量驚人，更是多產的專欄作家，渴望成為公共知識分子。但他太專注行動，難以融入中國劉曉波、蘇聯亞歷山大・索忍尼辛（Aleksandr Solzhenitsyn）或波蘭亞當・米奇尼克（Adam Michnik）等人的知識分子傳統。

跟許多良心犯不同，他不屬於任何政黨。他跟其他長期被囚禁的運動者，如南非的尼爾森・曼德拉（Nelson Mandela）、波蘭的萊赫・華勒沙（Lech Walesa）或俄羅斯的阿列克謝・納瓦尼不同，他不尋求政治權力。納瓦尼在我完成這份手稿期間，在俄羅斯獄中遭到謀殺，也使得聲援黎智英變得更加迫切。黎智英是個商人，深信市場經濟，也相信經濟成長對推動自由的重要性。政策制定讓他覺得無聊。他擁有企業家的確定與直率。他的解決方案很簡單，甚至有過度簡化的傾向。這些方案圍繞著更自由、更民主及更少的政府管制。他談的不是普世人權，而是「價值」，特別是他所謂的「西方價值」，即自由、寬容及透過運用法律給人們安全感。

「他很不同。」美國聖母大學政治學者，生於香港的許田波指出。「許多自由鬥士經常是尋求注意力的律師運動者或知識份子。他是個商人，基本上只是真心關懷他的家園——香港，及民主志業。」她記得二〇一九年底，當他跟李柱銘在紐約的美國外交關係協會（Council on Foreign Relations）中演講時，觀察者驚訝發現他「並未說出任何過於挑釁的話」，並且「相當溫和害羞」。

香港有許多勇敢的人，黎智英的財富與國際地位讓他與眾不同。《蘋果日報》與《壹週刊》在香港民主運動發展上所扮演的角色，也與眾不同。遭到香港當局通緝的知名海外運動者、律師任建峰就說：「沒有《蘋果日報》，就沒有香港的民主運動。就這麼簡單。」

在黎智英的領導下，這兩份刊物不僅推動民主議程，還幫助香港人相信自己，擺脫了殖民地居民常有的次等公民心態。黎智英與他的團隊在這座城市裡培育了政治及公民參與的意識，雖然居民經常將此地視為過渡的中繼站。

黎智英的財富與堅定捍衛個人自由的態度，讓他成為中國當局眼中的危險反對者。北京對這名七旬老者是如此恐懼，所以讓他面臨了「勾結外國人」的罪名，非常可能在獄中度過餘生——原因包括跟美國前副總統邁克・彭斯（Mike Pence）與前國務卿邁克・龐培歐（Mike Pompeo）會面，並呼籲美國對侵犯香港人權者施加制裁。

極權政府無法容忍異議人士。在習近平治下的中國，所有反抗謊言與宣傳的人都被視為威脅。今日有一個反對政府的人，明天就可能變成一百個，下週可能變成一千個，一個月後甚至可能變成一百萬人。事實上，黎智英與他的編採團隊就展現出他們能對香港政府產生這樣的反對力量。二〇〇三、二〇一四及二〇一九年，他的報紙與雜誌協助號召數十萬、數百萬名抗議者走上街頭。

香港回歸中國後的二十多年裡，黎智英一直推動民主。黎智英在一九九二年成為英國公民，並經常出國，特別是前往美國，經常與知名律師暨民主運動者李柱銘同行。黎智英在華府相當有名。

他在二〇一九年與彭斯及龐佩歐的會面，讓中國相當憤怒。「黎智英是什麼人，一貫持什麼立場，在香港社會扮演著什麼角色，美方心知肚明。」中國外交部發言人指名道姓怒斥：「美國政府高層在當前香港局勢的敏感時期，排著隊會見這麼一個人，別有用心，發出嚴重錯誤訊號。」

但彭斯不這麼看。他在龐佩歐的要求下，在白宮會見黎智英，接待「香港民主的偉大英勇鬥士，表示鼓勵。」對彭斯來說，黎智英與蘇聯時代英勇的異議人士安德列・沙卡洛夫（Andrei Sakharov）、納坦・沙蘭斯基並列。彭斯對黎智英的堅持印象深刻，黎智英「願意站出來，最終被戴上手銬帶走，儘管他本可選擇去任何地方。他不用留下來，但他選擇留下來。這對我來說是極大的啟發。」

二〇二〇年遭到逮捕監禁之前，黎智英本有許多機會可以離開香港。他在京都、倫敦、巴黎與臺北都擁有房產。他知道中共在二〇二〇年中對香港全面實施《國安法》後，他若留在香港，將成為當局的目標。然而他沒有離開，選擇堅持留下。最後五個月的自由期間，他每週進行直播，邀請政治人物、外交官、記者與宗教人物接受訪問。他寧願為自由民主入獄，也不願放棄這座「給了我一切」的城市。

入獄以來，黎智英獲頒許多媒體的自由獎項。頒授獎項的機構，從記者保護委員會、美國天主教大學到主張自由至上的卡托研究所（Cato Institute）。法國里昂市（Lyon）也授予他榮譽市民身分，以表彰他對自由及法國美食的熱愛。

黎智英並非禁慾者。他博學多才，對美食美酒研究頗深。他待人慷慨好客，許多外國記者都曾是他家的座上賓；無數商業夥伴、外國政治人物、宗教人物及其他賓客都曾造訪過他家。這名快時尚企業家的年少時代，也曾有過放蕩奢靡的生活。然而，一切已成過去。現在，他在赤柱監獄裡過著近乎修道者的生活，專心閱讀天主教哲學，描繪耶穌基督與聖母瑪利亞。他不抱怨，因為他選擇了這條道路。

我在一九九三年遇到黎智英，當時我替《遠東經濟評論》（*Far Eastern Economic Review*）撰寫他的人物專訪。接下來三十年中，每年都會見到他幾次。他為人慷慨，因此我有幸無數次搭乘他的私人遊艇，前往香港的離島——第一艘是簡樸的中式遊艇（「自由中國號」），後來變成阿茲穆豪華遊艇「麗莎號」，這艘遊艇以他妻子李韻琴（Teresa）的英文中間名字命名。其他許多場合裡，我跟其他記者、教授、傳教士、經濟學家與政治領袖，跟他共進午晚餐。黎智英與李韻琴以熱情好客、美食及溫暖的待客之道聞名，總是熱情迎接賓客進入他們家中與船上。

二〇一七年五月，我跟黎智英與其他十多人一同參加為期一週的環美巴士之旅。一度跟香港民主派議員李銘柱工作的人權運動者艾倫・伯克（Ellen Bork），二〇一六年十一月在黎智英家中晚餐時提議，我們應該環遊美國，以深入瞭解當時新當選的川普總統魅力。在那場選舉裡，黎智英支持川普，他立即對這個想法表示很有興趣。行程從紐約市開始，途經哈利斯堡（Harrisburg）、匹茲堡（Pitsburg）跟克利夫蘭（Cleveland），最終到達芝加哥。接著我們往南行駛，途經德莫因（De Moines）、托皮卡（Topeka）與達拉斯，最終抵達休士頓，然後東行前往紐奧良。這次行程的知識亮點，是跟三所大學的資深領袖見面——卡內基馬隆大學、聖母大學與西北大學，討論主題從人工智慧、機器學習到變化中的媒體世界。我們還會見幾位重要的共和黨人物，包含堪薩斯州長山姆・布朗巴克（Sam Brownback）和路易斯安那州前州長鮑比・金達爾（Bobby Jindal）。在克利夫蘭一間由釋囚服務的餐廳用餐時，稍微接觸到一般人的想法，隔天早上還跟一名身處鴉片危機前線的女性見面。

我自二〇一八年起擔任黎智英的媒體公司壹傳媒的董事會成員，直到二〇二一年當局強行關閉這間公司為止。黎智英創辦了這家在香港證券交易所掛牌的公司。壹傳媒最初的英文名稱為Next Media，後來更名為Next Digital，他持有該公司百分之七十一的股份。從二〇二〇年七月開始，直到十二月遭到囚禁為止，他大約開播了二十場的每週直播節目，我主持了其中多數場次。因此，我參與了《蘋果日報》及其他地方的一些活動，這些活動成為政府起訴黎智英的核心。最令我驚訝的是，他以極大勇氣與尊嚴，接受自己的命運。

我有幸保有自由——黎智英遭囚後，《蘋果日報》六名同事也入獄，包括另一位同屬壹傳媒董事會的同事。公司的銀行帳戶遭到凍結，報紙被迫關閉。政府發動四次針對公司倒閉的調查，企圖查出包含我在內的董事會成員可能要承擔的責任；若非我的同事們仍身在囹圄，這種把責任推給受害者的「卡夫卡式轉折」本應令人捧腹。我人不在香港，在當地也沒有業務或家庭聯繫，遭到報復的可能性較小。如今，我領導著「香港自由委員會基金會」（The Committee for Freedom in Hong Kong Foundation），尋求釋放香港所有政治犯，包含黎智英。

我從未想過會寫一本關於黎智英的書，但他的非凡境遇促使我動筆。倘若黎智英有罪，那麼他的罪名就是過度樂觀，罪名是相信中國會遵守承諾，五十年不干涉香港。

歷史上有許多先例，單一個體對極權政權帶來震撼性威脅。奇異的是，正是獨裁政權發揮最大壓制力量的時刻——當所有其他人都在恐懼沉默中退縮之時——這些固執的個人往往是最令人頭痛的。隨著習近平的權力掌控日益緊密，中國的民主運動處於數十年來的最低點，黎智英依然拒絕屈服。這就是中國共產黨怕他的原因。他的勇氣至關重要。

第一章

「食物就是自由」

黎智英在三、四歲的時候，他的父親就走了。黎智英的父親黎善林是個成功商人，一九五二年左右決定離開中國南方的家庭，前往附近的英屬香港殖民地避難。一九四九年，中國共產黨宣布成立中華人民共和國，毛澤東宣告：「中國人民站起來了。」成千上萬中國人為逃避毛澤東治下的饑荒與政治迫害，選擇了英國殖民地的不確定生活。

黎智英的父母都獲准離境，這是他們在一九四〇年代支持抗日、支持中共、賄賂當地幹部的回報，但條件是得留下孩子。黎智英的母親梁少霞選擇留下。父親離開時抱起年幼的他，說：「你會做大事。」這一幕幾十年來在黎智英的腦海揮之不去，即便他一生都在找尋那個拋棄他的父親，仍舊因父親的話強化了自己是天選之人的信念。

黎智英目前的英國護照顯示他生於一九四七年十一月四日，比他自己認定的實際出生日期早了十三個月。黎智英跟他的雙胞胎妹妹黎思慧在十二月八日這天過生日，但沒人知道他們真正的出生日期。甚至年份也混淆不清；黎智英最終將自己的生日提前到一九四七年十一月。由於年紀大一點，可以讓他少年時期更容易在香港找到工作，因此他大多數的官方文件都使用一九四七年出生。他母親則將他們的出生日期定在中國生肖的鼠年：一九四八年。根據傳統，鼠年出生的人通常被形容為「聰明、機敏、靈活、適應力強且外向」——這恰如其分地描述了黎智英。事實上，他的第一本英國護照（一九九二年簽發）上顯示，他生於一九四八年十一月八日。

確定的是，黎智英與黎思慧兩人是母親的最後兩個親生孩子。梁少霞生下雙胞胎時，已經三十多歲。她的長子在孩提時期去世，另一個女兒在她二十多歲時去世。家人眼中有點像南丁格爾的梁少霞，曾經收養過另一個女孩。然而，黎智英童年的大部分時光裡，家中只有黎智英、黎思慧，以及大兩歲的姐姐煥英。

在共產黨之前的國民政府時期，其他同父異母的兄弟姐妹都曾入讀廣州的私立學校。然而黎智英則在全然不同的中華人民共和國時期長大，當時中國正深陷政治鬥爭。他活在貧困之中，只受過最基本的正式教育。但他始終堅信自己註定要成就一番大業。

「黎智英總覺得自己生在舊世界，並幻想過去的生活有多美好，」他的妻子李韻琴說：「他總認為『我是特別的，別瞧不起我』。他覺得自己是被選中的。他不在乎別人看不起他。他知道自己與眾不同。」她說，黎智英的態度是，「即便跪下來給你綁鞋帶，我也不在乎，因為站起來的時候，我會比你高。」

一九三七年日本侵華，中國自此就一直處在戰爭狀態。接下來兩年間，日軍沿著大陸東海岸往南推進，進入廣東省。數十萬難民逃避戰火，去到鄰近的香港避難，但日軍最終也在一九四一年佔領香港。一九四五年日本敗戰後，英國奪取了香港，當時中國共產黨與反共的國民黨在大陸上的衝突愈發劇烈。黎智英的家庭只是在入侵、內戰、革命及其後續殘酷際遇中，生活被撕裂的千萬家庭之一。

黎智英的父親娶了一名出身富裕航運家族的女性，並加入家族事業。當髮妻與病魔搏鬥時，黎智英的母親被納入家中成為二房，這是當時中國富裕家族的常見做法。黎智英的母親梁少霞來自農民家庭，因為身強體健而雀屏中選。她夫家希望她能照顧大房的孩子，也能生育更多孩子。元配垂危之際，元配的母親羞辱地強迫梁少霞將嘴對上垂死婦人的嘴，進行某種倒過來的人工呼吸。這種做法反映出讓瀕死婦人的靈魂入駐繼任者身體的迷信。

「二媽」——黎智英整個童年時期一直如此稱呼自己母親。儘管父親的元配在黎智英出生前就已去世，但黎智英的母親無法反抗富裕婆家的要求，甚至連自己的孩子也永遠只能以如此貶低的稱呼來叫她。

這個大家族住在省會廣州市南郊順德的大宅裡。家族傳聞黎智英的祖父擁有廣東省第一輛勞斯萊斯汽車。一如珠江三角洲許多地區，順德也是一片濕潤低地，水道縱橫。武術家李小龍亦生於此地。順德雖然封閉，卻能輕易沿著珠江三角洲水道，通往廣州及其他城市，特別是葡萄牙殖民地澳門與英國殖民地香港。

一九四九年中共掌權後，當局下令將黎家大宅分割成多間公寓。中國的新統治者將外來家庭安置在房子裡，共用廁所與廚房。內戰激烈時期，黎智英的父親曾讓共產黨人在家中樓上舉行秘密會議，獲得的回報卻是迫害。他失去事業，失去家園。這段經歷讓他崩潰。

一九五〇年代初期某一天，當黎智英的母親外出辦事，年幼雙胞胎在家中休息，黎善林曾試圖在同一個房間裡上吊自殺。梁少霞及時返家救了他，但光是想到他若自殺成功，將被視為反革命，導致全家遭受更多迫害，就令她憤怒。黎父前往香港後，幾乎與家人斷絕聯繫，並在香港重組新家庭。黎智英、母親、思慧與煥英（黎智英稱她為「我輕微智障的姐姐」）則被留下。黎智英直到三歲半才開口講話；當時家人都擔心他是個啞巴。

黎智英是他父親第二段婚姻中最小的兒子。他有個大七歲的哥哥黎載英，及另一個姐姐黎碧英。父親離開後，黎智英的哥哥姐姐也都四散，偶而才見上一面。

黎智英跟他們之間有個黎思慧不具有的聯結，他名字中的「英」字。傳統華人命名的慣例裡，姓氏後面通常跟著兩個字：一個是個人獨有的字（黎智英的情況中是「智」，意指智慧或知識），另一個是同輩手足的共用字。黎智英跟哥哥與三個姐姐都是「英」字輩，但思慧卻沒有用上這個字。這反映出黎家父祖輩對小兒子的期望。

黎智英的母親婚前是農民，現在卻擁有富裕婆家及逃往香港的商人丈夫。因此共黨當局將她視為階級敵人。「很不幸，因為我們家族有錢。當你有錢的時候，自然就成了人民的敵人。」黎智英回憶道。他看到母親被迫跪在碎玻璃上，被扣上反派的帽子，向譴責並將她遊街示眾的共黨官員鞠躬道歉。

黎智英的母親被判定為逃亡商人的妻子。她定期被送往黎智英所稱的勞改營，雖然通常能在週末返家，但大部分時間，四歲的黎智英與兩名姐妹都必須自力更生。黎母雖然擅長烹飪，她在勞改營裡會故意把飯燒焦，將鍋巴帶回家餵養孩子。

革命中國的童年經歷讓黎智英終生難忘。三十年來，他經常在惡夢中重現囚犯遭到處決的情景。「大人們忙著被詛咒或被送往勞改營，」黎智英後來回憶道，「我不知道發生什麼事。我們得掙扎求生存，但我們還是孩子，哪裡會懂。」黎智英不是會耽溺在過往困境的人。他用一種含蓄語氣，回憶那段「非常混亂的時期。我們只能掙扎求生。」

他勉強完成五年學校教育，中間至少重讀過一次。思慧輕鬆完成課業，能夠迅速看完一段話並且背誦，這讓黎智英的學習困難更加明顯。他的心思不在學業上，出席率差強人意。六歲的時候，他就開始在街頭謀生。他會從半根沒抽完的香煙裡，擷取剩餘煙草，重新捲起來賣。他偷食物，也替火車乘客搬行李。隨著母親在勞改營進出，他成了這個破碎家庭裡主要養家糊口的人。

黎智英曾經多次跟警察發生衝突。由於年紀小，躲過了嚴懲。有些當地警察甚至對他產生一種叔叔般的照顧心態。有一次他開門，發現警察站在門外。他大喊「我沒做！」但原來警察跟同事只是想請這個飢餓的小男孩吃頓飯。黎智英發展出書法技能，幫他避過重罰。在影印機普及前，他用優秀的書法替當局寫宣傳海報。黎智英似乎從小就對文字充滿興趣。儘管不喜歡學校，黎智英總是喜歡閱讀大部頭書籍，給人留下深刻印象。

七歲時，黎智英跟一名他稱為表親的人，一起去廣州附近某個地方，購買打火機及火石，在黑市上轉賣。（從黎智英其他著作來看，這名年長男子可能是個黑市商人，跟他沒有親戚關係。黎智英當時也在街頭兜售。嘗試透過降價來提高銷量，結果卻被競爭對手以破壞行情價為由，痛打一頓。）

他的「表親」帶著年幼的黎智英當作掩護，因為帶小孩旅行通常能讓警察少找麻煩。黑市聯絡人還沒抵達，表親決定再等會兒。但黎智英不想過夜，擔心母親會擔心生氣。於是自己返回廣州。他後來寫下了那次驚險的火車之旅。所有乘客都穿著油污斑駁的藍色毛衫。車廂裡充滿了「嚴肅臉孔與空洞眼神」；唯一的聲音是咳嗽與吐痰聲。

「我不知道他們是太累還是難過，但車廂內氣氛悲傷壓抑。擠在車廂裡，我被這種緊張氛圍壓迫著。透過窗戶看出去，高聳煙囪處處冒著濃密黑煙。黑煙將晚霞燻得淒慘陰沉，令人害怕，我更擔心這些人會把我綁到哪裡去。」

他一個孤單孩子，不敢看其他乘客，也怕問路，竭力聽著到站廣播。終於，他聽到「廣州」，急忙衝下車，卻發現自己早下了好幾站——離目的地還很遠。他跑回火車，但火車已經駛遠。「我嚇得腿軟，站不起來，倒在地上哭了出來。」

當他爬起來時，車站已經空無一人，四周杳無人跡。黎智英描述孩子被遺棄時的恐懼：

「我似乎被全世界遺忘了，像埋在墓園裡的人。當我站起來的時候，那種孤獨空虛的感覺，彷彿整顆心都被掏空了。全身疲憊無力，好像鬼魂纏身，一步也抬不起來。」

不知怎地，他最終安全返家。回顧往事，黎智英覺得這次返家是個奇蹟，既回應他生命後期皈依的天主教信仰，也符合父親早年灌輸的「天選」信念。半個多世紀後，在聖誕節這一天，黎智英寫下那一天遭遇的救贖。他遇到一名少女——基本上認定她是天使——幫他跟小販買了芝麻餅，並告訴他怎麼搭公車回家。雖然回到順德時已經過了午夜，終於鬆一口氣的母親輕撫著他的頭，說他有多幸運。

大約八歲時，黎智英開始在廣州火車站當搬運工，那裡是廣九鐵路的北端終點站。廣九鐵路在一九一一年十月開通，五天後，一場起義推翻了清朝，結束中國兩千多年的王朝統治。這條鐵路代表著明顯的帝國主義企圖：維持英屬香港作為主要貿易中心，吸取來自廣州與中國南方的貨物。同時間，另一條競爭中的法國鐵路則威脅要分走商業流量。

中共接管後沒多久，就停止直通香港的火車班次，廣州的出口也隨之崩潰。一九五〇年六月爆發的韓戰則進一步孤立了新成立的中華人民共和國。美國及聯合國對支持北韓的中國施加禁運，限制貿易及旅行。國際航班數量驟減，航運頻率也大幅下降。

廣九鐵路儘管相當脆弱，卻是少數可以連接外界的通道。一九五〇年代中期，這條鐵路的有限服務是外人進入中華人民共和國的少數途徑之一。那是一段令人印象深刻的跨境旅程。乘客得在香港邊境城市羅湖下車，走過一座跨越深圳河的橋進入中國，然後再搭乘另一列火車繼續前往廣州。黎智英就是爭搶搬運這些乘客行李的工人之一。

黎智英認為自己能在車站找到工作是幸運的。「可以說，我成了擁有某種擁有特權的人。」當時八或九歲，他就已經獲得控制車站工作的幫派老大青睞。賺來的錢養活了母親跟姐妹，但他還獲得更多。「在火車站工作讓我有了接觸外人的特權。」五十年後他回憶：「當你活在四周充滿謊言的共產國家裡，你會對外面的世界感到害怕，因為你總會聽說外界有多可怕。」

就像所有極權政權，中共大部分權力來自於它編造的敵人故事。黨警告，中國革命得避免遭到內部敵人威脅。這些敵人包括黎母這樣被判強迫勞動的農民婦女；那些被戴上高帽子，脖子上掛著控訴標語遊街的驚恐教師與醫生；以及黎智英在廣州殺戮現場親眼見到被處決的那些人。來自香港的訪客，帶著自由思想與隨意揮霍的方式，特別具有威脅。外來者可能會將資本主義的毒瘤帶進來，威脅到革命。

身處最多外國人入境的中國火車站，其中大部分是香港華人，擔任搬運工的黎智英很快意識到官方說法與現實之間存在巨大差距。他開始認清共產主義的謊言。「我給外國人搬的行李袋聞起來多香。」他驚訝地說：「我能看到人們穿得多好，講話斯文，對我們的態度多好。在中國，從來沒有中國人對我這麼好。這個經驗對我來說很有教育意義。它改變了我對世界的看法。我對自己說，『我想住在那個地方。我想去香港。我想去外面的世界。』」

一塊巧克力標誌著轉折點。有一天，當他替一名下車乘客搬運行李時，男子從口袋裡掏出一塊吃了一半的吉百利六塊裝巧克力。包在鋁箔紙裡，外面一層亮橘色包裝紙，這塊吉百利巧克力跟中國製造的東西完全不一樣。黎智英有點害羞，轉過身去咬了一口。「我太餓，這實在太好吃。簡直不可思議。我轉身問他：『這是什麼？』他說：『巧克力。』我問：『你從哪來？』他說：『香港。』我說，『香港一定是天堂，因為我從來沒吃過像這樣的東西。』這激發了我去香港的決心。」

「巧克力的滋味」大概發生在一九六〇年，那是中國的饑荒年。由於食物極度匱乏，黎智英回憶起烤田鼠是他在那段艱難歲月中吃過的美味佳餚。他的童年充斥著飢餓與悲傷。他後來寫到自己的童年：「傷口很深，疤痕更深。」品嚐到另一個世界的希望後，黎智英懇求母親允許他前往香港。「我花了一年時間說服她。」

香港不僅是巧克力樂土，也是他父親的新家。黎智英離開前一年左右，當時十一、二歲的少年寫了一首詩，傾訴對父親的思念：「離父九年真心想……父親人慘有誰訪？／只有靈魂伴在旁。」然而黎母擔心「去香港就像登月，『因為我可能再也看不到你。』」最終，她勉強同意，但沒有讓他直接去找父親。梁少霞的姐妹住在香港，那裡對年幼的孩子來說，是比較可靠的第一站。

黎智英說他在十二歲半離家，時間是一九六一年的上半年。他離開時正值「大躍進」期間，這可能是人類史上最嚴重的人為災難。一九五八年，決心發展國家經濟的毛澤東，啟動一項激進的工業化與農業發展計畫。共產黨廢除私人農耕，推行集體農業生產，導致糧食產量大幅下滑，卻沒人敢對毛澤東坦白實情。官員徵收每一顆能找到的糧食。毛澤東為了向其他國家領袖展示革命成果，還將糧食出口到蘇聯，中國人民卻困於饑荒之中。無情的中國地方幹部甚至指控飢餓農民囤積糧食。

毛澤東的工業化計畫還包括建立土法煉鋼廠。這項荒誕計畫讓國家困境雪上加霜。人們將精細打造的工具及廚具熔化，製成劣質鋼材。年幼的黎智英也試圖貢獻家裡的金屬，加入這項運動，卻被母親嚴格禁止。（但他最終還是在黑市上出售一些家中金屬；家裡存貨用盡時，他甚至偷起鄰居的金屬。）不是所有人都如此明智。狂熱的共黨幹部在尋找煉鋼燃料跟原料的過程中，摧毀了估計百分之三十到四十的住房。毛澤東還下令人民捕殺全國的麻雀，認為牠們是偷竊農作物的「害蟲」。這場「成功的」運動後續卻引發蝗災，少了自然天敵麻雀，導致蝗蟲數量失控。

「大躍進」造成人類史上最嚴重的饑荒。一九五八至一九六一年間，估計有三千萬到四千五百萬人死亡或被迫自殺，絕大部分死於飢餓、過勞、酷刑與政治迫害。人們吃下一切能吞得下肚的東西——泥土、樹皮、樹根與皮革。一些絕望村民甚至開始食人。黎智英的童年無可避免地被飢餓主宰；黎母知道他若留下來，性命可能會不保。

無論是中國共產黨，或者中華人民共和國政府，都從未對大躍進禍害進行任何清算，更別說向應該負責這場災難的人究責。中國在後續年代的成功，讓數億人得以脫離貧窮，但卻不能掩蓋這場數千萬人不必要的死亡。這正是黎智英想要逃離的中國。

然而中國並不允許公民自由離境，香港也不歡迎中國人。即便黎智英成功逃出中國，他還得穿越香港的武裝邊界。英軍駐守的邊境哨所，沿著香港與中國大陸之間短短的陸地邊界，豎起鐵絲網。英國皇家海軍也在沿海巡邏。一九五〇年代已經接納了超過百萬難民的殖民地，並不想要更多人前來爭奪稀缺的住房資源。

黎智英設法從一名不良官員手中拿到前往鄰近葡萄牙殖民地澳門的許可。由於這名官員的女友住在黎家大宅切分出來的公寓裡，黎智英幫忙舉報幾名競爭者，換來官員給了黎智英一張前往澳門的許可證。黎智英完成「任務」的當晚立刻出發，經過六十英哩，來到珠海的拱北口岸。

排隊準備通過澳門邊界時，黎智英看到隊伍前方出現一陣騷動。官員逮捕了試圖將黃金偷運出國的人。黎母將一枚金幣縫在他的內褲裡，好讓他到香港時身上有點錢。因為害怕被發現，黎智英覺得與其滯留在中國，不如身無分文前往香港，於是脫離隊伍，把金幣藏起來。最終，他順利進入澳門。

從澳門，黎智英還得經過四十英哩的航程，才能抵達珠江三角洲東側的香港。許多人在航程中溺斃。英軍會將抓到的人遣返中國。

黎智英後來描述這段冒險航程時，講得像是搭乘普通渡輪一般：「我運氣不錯，（在澳門）有人脈」，很快搭上一艘往香港的漁船。船員將大把人藏在船底，黎智英不確定共有多少人，但至少有四十個，甚至可能有八十個想要移民香港的人擠在艙底。幾小時後，「因為風浪太顛簸，大家都吐出來」時，船長允許乘客上甲板短暫透透氣。隨後他們又得躲回船底，躲避英國海軍巡邏艦。他們最終在香港新界西端一處偏僻海灘登陸。

五十年後，黎智英回想起自己首度踏足香港的那一刻，當時他跟將他從澳門偷渡過來的蛇頭站在一起。即便這段回憶帶著倖存者的美化色彩，他的描述仍舊讓人清楚感受到香港對黎智英的意義：

「我沒再回頭望多一眼背後的汪洋大海……這地方我陌生，這裡的人、他們的是非、甚至他們清潔的海灘，我都陌生。

我是從很骯髒的地方來的。這骯髒不僅是那些街道、那種氣氛、那個時世，還有那些人的思想和他們的心。當你看到骯髒不僅是垃圾和污垢，還有人性的醜惡，你才知道什麼叫骯髒。

看著前面這陌生的世界，我更知道了，我知道我到了人世間。當時我十二歲，曾與地獄擦身而過。踏上這海灘，我已經成長。」

船長將這些移民分批放下海岸，免得被盯上。蛇頭將十二歲的黎智英跟其他四個人推上一輛等待的汽車。他要一名女性跟他一起坐在前排座位，隨後立刻開始對她毛手毛腳。黎智英震驚不已。「坐在後面我看不到她了，但我心中一慄。這裡到底不是天堂。我看見人的醜惡。窮就是醜惡嗎？不，富人的世界更多醜惡。」

蛇頭把黎智英帶到他姨媽位於九龍的家，並收取四十七塊錢的費用。「我嚇了一跳！什麼？這就是他們的家！」他們在光禿禿的泥土地上搭起一間用鐵皮跟木板蓋的小屋。蚊帳掛在唯一的床上，床前的火水爐上放著煲跟小鑊。加上當作便桶的小木桶，就是這間屋子裡的全部傢俱。

香港也許是巧克力樂土，但黎智英的姨媽與姨丈的生活，比他在順德時還窮。他們住的棚屋區是掛在香港陡峭山坡上的幾十個貧民區之一。亞熱帶殖民地遭遇的颱風跟暴雨常常將簡陋棚屋沖走；三不五時發生的火災，也會帶走千百條生命。一九五三年聖誕夜，距離黎智英姨媽住處不遠的石硤尾發生一場大火，一夜之間就有超過五萬三千人無家可歸。席捲石硤尾的火災照片，看來就像二次大戰期間東京空襲的畫面。

黎智英姨媽住的那種擁擠住所及貧民窟，正是所謂繁榮香港的灰暗縮影。但對逃離中華人民共和國，到英國殖民地尋求庇護的難民來說，這些並不構成阻礙。多數有幸在香港住進正常樓房的家庭，都需要共用廚房及浴室。石硤尾大火之後，政府啟動一項雄心勃勃的住房計畫，興建大型公共屋邨（國民住宅），為每個家庭提供一間一百二十五平方英呎的小房間，廁所與廚房則是共用。即便這些房間比今日美國廚房的平均面積還要小，但對那些有幸獲得一個單位的家庭來說，仍是邁向生活改善的一大步。這些簡陋住所都有漫長的等待名單。

黎智英來到香港時，身上的衣服跟口袋裡的幾塊錢就是他的所有。姨媽帶他去購買生活必需品——衣服、被子、毛巾、牙膏及牙刷。隨後，他們跟姨丈在九龍熱鬧的深水埗區，吃了一頓簡單的客家菜，慶祝一下。由於他們的小屋沒有空間容納黎智英，因此夫妻倆得替他找個地方過夜。

晚餐後，姨媽帶他去附近一家工廠——福榮街的織奇手襪廠。廠長雇他來打雜，黎智英還記得廠長是個叫任叔的中年人，「不高，胖胖的，一對大眼睛咪咪笑。」任叔給了黎智英一塊三毛錢，「並叫另一小工（「阿賢」）照顧我……（幫我）找個地方睡覺，明天再算（工錢），然後他就走了。」黎智英在跟其他在廠裡過夜的工人打過招呼之後，就躺下來睡著了。「我找了張包裝檯睡在上面，睡得很酣。」

第二天早上六點，他被食物的香味叫醒。雖然只是煮米飯的味道，但對黎智英來說，那也是自由的味道。阿賢帶他去香港隨處可見的街頭小吃攤——大排檔，他吃了「白粥腸粉油條」即油炸麵包棒。這就是幸福，黎智英還記得當時這樣想。「那不僅是食物，這裡的人窮，但這股奔放開陽的氛圍充滿機會，令人希望澎湃。」

六十年後，黎智英在《紐約時報》的播客節目《*The Daily*》上，詳細回憶他在香港的第一頓早餐：

「那是我第一次看到那麼多食物。也是我第一次意識到，食物其實就是自由。當你有選擇食物的自由的時候。食物端上桌時，我很激動。吃了第一口，我就站起來吃。我也不知道為什麼，那像是一種對食物的致敬。當時我很窮，但我從來不覺得自己窮。因為我充滿希望，知道有一天我會有錢。」

儘管踏上香港土地時，黎智英大言不慚地說自己「已經成長」，他畢竟仍是個十二歲的男孩，剛剛逃離自己的國家，得在這座新城市裡孤身奮鬥。他聰明、性格開朗，什麼工作都願意幹。他的姨媽也盡可能幫忙。大約這個時候，他取了「Jimmy」這個英文名字；跟很多香港人一樣，他也喜歡擁有外國名字的自豪感。黎智英住在工廠，長時間工作，每月賺八塊錢。「我們得在七點以前起床，掃地、開機器……我們工作到十點。」到了睡覺的時候，「你就把幾張椅子拼在一起睡覺。那時累得背都疼，可是一覺醒來，又發現還好。那是一段非常快樂的時光。」當時他一天賺三十五美分。

他的目標很簡單——賺錢致富。「我知道我有未來，」他後來說：「我知道我是被選中的人。」重覆著他從父親的離別訓勉裡領悟到的主題。黎智英總是輕描淡寫他面對的困難。有時他幾乎沒有東西吃，其他工人每個人給他留下一點食物，讓他不至於挨餓。手套工廠的一次事故裡，他的右手無名指尖被削掉，因此失去一個指尖。同時因為在長期缺乏噪音防護的情況下靠近重機械工作，他的一隻耳朵永久失去聽力。然而，他很少談論失去手指或聽力，或是他在香港初期所做的髒活跟危險工作。

童年初期在中國就要為生活拚搏的黎智英，現已生活在一個提倡自立自強、工作換現金的城市。香港提供的機會，激發了這名靈活勤奮、渴望取悅他人的少年向上爬的慾望。

他很快意識到，外語能力是在香港殖民地往上爬的保證。他替一家西德公司工作時，一開始是在歌德學院學德文；歌德學院是由政府資助，推廣德國文化及語言的機構。但他發現英文更有價值。「我注意到所有成功的人都講英文。」他遇到一個從工廠退休但仍進來幫忙處理英文信件的人。「他很喜歡我，所以有空時就教我英文。」這個人也許是一系列對他伸出援手，成為他的老師或導師的前輩中的第一位。

當黎智英不用工作到很晚的時候，他會讀字典來提升自己的詞彙量。他記得自己使用的語言入門書，都是簡單的單詞跟重複句子，例如「一個男人與一個鍋子，一個鍋子與一個男人。」他會閱讀英文報紙，參加夜間課程。黎智英透過收聽美國政府資助的美國之音

（Voice of America）廣播節目來提高英聽能力。儘管美國之音在節目編輯製作上享有獨立性，但它仍是美國政府的一部分，明確服務美國的外交政策，特別是在冷戰時期。

黎智英在十二歲時離開中國，那是一場豪賭，但留在中國或許是更危險的選擇。「我在不知不覺學會冒險。中國的生活如此糟糕，以至於冒險變成希望。」藉由逃離中國的大膽舉動，「你並不是在冒險，而是押注未來」，投資另一種可能性。「我專注（想去）更好的世界、更好的生活——因此風險不在我的腦袋裡。」

黎智英在對的時間點來到香港。日本佔領期間，香港的人口減少到約六十萬。到了一九四九年共產黨在中國取得勝利時，這處英國殖民地的人口已經超越了戰前的一百五十萬，達到一百八十多萬人。到了一九六〇年，就在黎智英抵達香港的前夕，人口已經幾乎翻倍，達到三百萬。

殖民地官員擔心他們口中的「人口問題」，以及隨著大量中國難民湧入所帶來的疾病、犯罪與貧困問題。短短十多年內，香港的人口數就翻了一番，這些新移民對香港造成難以想像的壓力。貧民窟滿布山坡；英國軍方在食物援助站分發米糧。霍亂與結核病只是威脅殖民地的眾多傳染病之一。爭奪難民忠誠的國民黨與共產黨，在一九五六年引發暴動，造成六十多人喪生。

中國的革命摧毀了作為商業中心的上海，隨後，中國經濟也因為韓戰帶來的禁運，與自由世界隔絕。香港因此接替了中國在國際經濟中的角色。許多中國最著名的企業家，特別是來自上海的紡織世家，移居香港，並在此重新開始生意。中國損失，讓香港受益。黎智英生活的這個城市，充滿了活力與機會。

黎智英最終會在香港找到他的父親，儘管兩人的關係從不親近。直到他父親在一九六〇年代末去世時，黎智英很少跟他人提起父親；時年十九歲的黎智英當時正在日本出差的路上。多年後，他寫下：「我很少提到我父親，故此我把這幾句話留到最後。我跟他關係疏遠，見面的時間很少。」

不過，他接著說：「不過到現在我還是很想知道他會怎麼看我。」

「自從懂事以來，我便以父親為做人目標。我一直把這個事情藏在心底，家人都不知道。每當遇上困難時都會問自己，換作是父親，他會怎樣做呢？就算到了今日，我還是時常這樣想。我一直都是活在他的傳奇裡。

這些年來我其實一直在找一個人。我到過他去過的地方，坐過他坐過的椅子，站在他站過的峭壁上，在他走過的路上徘徊，把自己放在他的位置上想他想過的事。讀他讀過的書，體驗他的情，細細品味他最愛吃的東西……我一直在找他，可卻不知道他在哪裡？他的地址，我很久前便丟掉了。爸爸，你在哪裡？」

無論這段未解的父子關係對黎智英造成何種心理影響，但同時也帶來意想不到的好處。黎智英發現自己一再尋求年長男性的引導。他們不僅對他的思想與精神發展有幫助，還對他的事業產生決定性作用。他的領導魅力、開放心態與激情能量也吸引其他人靠近。黎智英更充分利用他們願意出手相助的這份熱情。

第二章

「你玩的是什麼魔術？」

剛到香港不久的某一天，黎智英跟朋友外出買了一塊糯米雞，這是一種糯米、雞肉、香菇與臘腸混合的日常廣東菜，包在荷葉裡。他拿著糯米雞，宣告自己的雄心壯志：「我要有錢到，每天都能吃上一隻糯米雞。」

對於經常靠著賒帳、自己煮白米飯，混著油和醬油吃來過日子的人來說，這是個合情合理的目標。但他總是心懷更高的志向。

到了一九七五年，黎智英已經在香港工廠裡工作了快十五年。他在工廠工作、過活，他也管理工廠。現在，他想擁有一家自己的工廠。那年他二十六歲。

在二十一歲之前，黎已經晉升為德安織造廠的生產經理，這是一家員工達三百人的毛衣製造商。「我能生產並創造利潤，這是他們幾年來都沒能做到的。」快接近二十歲的時候，他就一直在生產管理和銷售之間穿梭。身為銷售員，他會在外國買家來香港時招待他們。如果他們想在「遠東」狂歡，黎智英會幫他們安排好一切。女人、威士忌或大麻：沒什麼是黎智英辦不到的。

辛勤工作、好運和拼搏，帶來了財富。一九六〇年代末期，香港以充滿活力的創業文化聞名。這時的創業既不高端，也沒什麼科技，卻成為許多財富的基礎。今日香港最富有的人李嘉誠，擁有超過三百億美元的淨資產，當初是從製作塑膠花起家。「那時候來到香港的人，不需要教育，不需要背景，也不需要人脈。」來自蒙特婁的服裝設計師兼採購珊德莉娜．卡盧梭（Sandrina Caruso）回憶道，她在一九七〇年代的香港行遇見黎智英。「你只需要勇氣、野心跟創意，你就能成功。那是個機會之地。」

來自洛杉磯的服裝採購鮑伯．阿胥肯納西（Bob Aschkenasy）在一九七五年第一次見到黎智英。他幾小時前剛從美國抵港，入住位於尖沙咀海濱的半島酒店。這家豪華旅館面對著香港島，但離九龍與新界的紡織工廠都很近。半島酒店擁有世界上規模最大的勞斯萊斯車隊，是外國高級主管的最愛去處。

黎智英跟他的老闆來到客房，阿胥肯納西向他們展示一款他希望在香港生產的新毛衣設計。黎智英說他可以接後，向服裝採購阿胥肯納西告別，隨後他就著手處理相關業務。當時黎智英一夜之間所做的事，至今仍令阿胥肯納西嘖嘖稱奇。「晚上十點，他去了工廠，找到相似紗線與色調，調整打孔卡（針織機生產用）。然後上午十點，他就帶著樣品毛衣回來了。」即便在香港，黎智英的工作能力也是極為出色。

然而他想要更多。香港周遭看見的財富，養大了他的胃口。黎智英開始玩股票。他從九百元美金開始，另外又向一名叫梁鉅榮的同事借了三百八十五元美金。黎智英開了一個信用交易戶口，並承諾跟梁鉅榮分享利潤。這個信用交易戶口讓他能買進更多股票，加速收益，也會放大任何損失。「我不是那種有耐心存錢的人，」他後來回想：「我說，『那就試試運氣吧。』就在股市炒起股票。」當時的香港經濟因為出口強勁激增而蓬勃發展，出口主要是由黎智英工作的服裝工廠所推動。這些出口收入意味著大量資金在香港這個小經濟體裡流動，推動了火熱的股市跟房地產市場。市場規模在一九七二年增長到兩倍多，飆升百分之一百四十七。

黎智英一直熱愛讀書，一九七〇年代，手邊總是有本教人快速致富的書，希望能成功學到其中的投資秘訣。《股票作手回憶錄》是著名投機客傑西・利弗莫爾（Jesse Livermore）所寫的小說體自傳，更是黎智英的最愛。閱讀確實為他帶來利潤。「不知不覺，我已經賺了二十五萬。」將最初的兩千元美金本錢轉換成將近五萬美金。

儘管投資成功，黎智英還是決定放棄股市交易。他覺得炒股太過刺激。「賺錢的時候，激動到睡不著覺；虧錢的時候，沮喪得睡不著覺。我問自己，什麼時候才能真正睡覺。」至於那些發財書呢？「讀那些書就像吃泡麵。」黎智英懊悔地說：「沒有真正的營養，也無助於增加知識。」

於是黎智英從股票市場回到服裝業，過去德安織造廠的老同事梁鉅榮同意跟他合作創業。黎智英承認自己「為人獨行獨斷」，梁鉅榮卻能包容他。梁鉅榮專注在生產的技術細節，黎智英則專心銷售。但首先他們需要一間工廠。曾經讓黎智英獲利的牛市在一九七三年轉向衰退，市場下跌了百分之四十九。一九七三年十月贖罪日戰爭爆發後，隨之而來的阿拉伯石油禁運，令形勢更加惡化。由於石油輸出國組織（OPEC）減少出口，石油價格翻了四倍。香港以出口為導向的經濟遭受重創。一九七四年恒生指數暴跌百分之六十一。殖民地從繁榮走向蕭條。黎智英在市場崩盤前已經退出股市，但也看到許多朋友傾家蕩產。三十年後談起這段經歷，這件事對他仍舊影響深遠。

全球經濟衰退導致許多香港出口商倒閉，這也意味著突然開始有工廠因破產而放售。一間位於工廠旺區新蒲崗的四千多平方英呎毛衣廠，因前擁有者周轉不靈而遭銀行收回放售。黎智英知道像這樣擁有現成機器設備的二手工廠，能夠維持公司的低成本，並盡可能縮小企業啟動所需要的時間。

新蒲崗是個小型工業區，就位於啟德機場北側獅子山腳下的陡峭山坡邊。獅子山是一塊自然形成的岩架，也是殖民地的標誌。一九七二年開播的電視劇《獅子山下》，成為這個時期的熱門劇集。這部戲劇讚揚新蒲崗周邊地區辛勤工作的老闆與工人，他們讓香港脫離貧困。這部破格的電視劇，關注當時香港各種艱難社會問題，從燒毀貧民窟的大火，到大陸移民帶來的挑戰。《獅子山下》正是黎智英身處的世界。

然而另一名更有經驗的商人也對新蒲崗這間工廠很有興趣。黎智英稱他為馬老闆，他擁有一家毛料漂染廠，是一位「好好先生」，跟黎智英當時的雇主有生意往來。儘管黎智英與夥伴還在考慮其他工廠，「可是一旦知道馬老闆也對這間廠有興趣，我們便變得很是著急，對它志在必得。」

黎智英前往銀行，試圖搶先馬老闆，提出立即購買工廠。銀行負責人「不勝其擾」。馬老闆是銀行的長期客戶，有過往的良好記錄，而黎智英並沒有。銀行表示，將先讓馬老闆決定是否購買，才會考慮黎智英的提議。

黎智英本可以選擇放棄。畢竟還有許多其他工廠待售。他之所以喜歡這家工廠，正是因為馬老闆也想要這家。他跟梁鉅榮安排跟馬老闆在九龍窩打老道的「慶相逢餐廳」共進晚餐。馬老闆知道黎梁兩人計畫創業，希望能接到他們的漂染生意。他談到年輕準創業者已經知道的事：馬老闆也想買間毛衣廠。但他又說家人擔心他年紀大了，身體又不大好。他們擔心他要多兼顧一間工廠會太辛苦。

馬老闆告訴黎智英，他計畫找個算命師看看神靈的意思才決定。算命在香港是非常普遍的行為，今日依舊如此。成功的生意人經常請風水師，提供建築跟設計的建議，以確保他們的辦公室、工廠及住家都符合風水原則。廟裡的算命師也很受歡迎。黎智英告訴馬老闆，有位解籤先生非常靈驗，曾經準確建議一名廠主朋友搬遷工廠。聽從解籤先生建議後，他的朋友果然生意大旺。馬老闆向黎智英問了那解籤先生的名字；黎智英答應幫他查。

實際上，黎智英並沒有這個朋友，當然也沒有那位著名的算命師，但他還是繼續推進這個騙局。第二天早上，他就跑到黃大仙廟，打聽哪位解籤先生最有名。黃大仙廟位於獅子山腳下，從許多棚屋區都能看見，這間相對較新的廟宇深受難民歡迎。賣蠟燭的阿婆告訴黎智英，李先生是最有名的解籤先生，也最多人光顧，就位在廟門口右手邊的第三個攤位。黎智英找到李先生，等到他的時候，面帶尷尬地解釋情況。然而，跟李先生交談時，黎智英卻將馬老闆變成自己的「叔伯」。

他告訴李先生，明天他的「馬叔伯」會來找他解籤，問他購買新蒲崗毛衣廠的事。他的家人擔心叔叔的健康，黎智英說：「但他為人固執，不會聽家人勸告。」李先生問了馬老闆的樣貌和毛衣廠的細節。解籤先生很樂意協助黎智英的詐騙計畫：「沒問題，反正這是好事，我當然樂意幫忙。」黎智英給了李先生美金一百二十八元——這在當時是筆不小的錢，解籤先生每次算命也才收費二十六美分。

一切都按著黎智英的計畫進行。馬老闆去黃大仙廟找李先生，李先生則告訴他不要買那家工廠。馬老闆相信了李先生的話。從黃大仙廟回來後，馬老闆打電話給黎智英，建議他跟梁鉅榮買下那家工廠。黎智英的夥伴對馬老闆突如其來的決定覺得很驚訝，他當然不知道這場騙局。他們很快買下工廠。也許馬老闆本來就決定不買那家工廠，這個決定也許維護了他的健康。馬老闆本來的公司成為黎智英最大的漂染商，讓他也從年輕人的成功中獲益。無論如何，黎智英後來寫下，這個故事「是個可恨的謊言。」他說：「我自己卻知道，買得到這間廠是因為我出老千，因而心裡一直感到不安。」

回顧這段經歷，黎智英總結道：「年輕人理想多而顧忌少……衝勁有餘，卻往往罔顧現實；做生意，操守、誠信也較鬆懈；只看到眼前利益，不顧長期效果。覺得別人做事不如自己。」最終，黎智英寫下：「起碼這便是年輕時我的寫照。」

黎智英將公司命名為公明織造（Comitex），後來解釋他希望展現出紡織業（-tex）裡崛起中（Com-）的創業者形象。他在一九七五年四月註冊，終於擁有了一家自己經營的公司。他熱愛這項挑戰。多數早晨，他在六點左右出門去上班，時間早到街上幾乎都沒人。他從唯一開著的檔口買腸粉或柴魚花生粥，一邊點餐一邊跟老攤主打招呼。「清早出門踢到金子呀，怎麼笑成這樣？」攤主會這樣說。是的，黎智英心想：「每早開工，我都心情興奮；碰見人，我便不由自己地擠出了笑容。」

黎智英心懷宏大計畫，只需要訂單上門。按照香港創業的慣例——也許也是當時他從商的普遍態度——他本打算從前雇主那裡挖走客戶。然而潛在客戶卻抱持著觀望態度，希望公明織造證明自己的品質和可靠程度，因此他的商業計畫很快就崩潰了。

黎智英隨之做出調整。公明織造拿不到出口訂單，因此開始替其他公司代工。它變成了黎智英口中的「模仿工廠」。公明織造艱難度日；關鍵財務是靠香港富裕家族繼承人，亦即後來的立法會議員張鑑泉支持。黎智英與梁鉅榮削減成本，簡化公司架構。每天大清早就親自將布料、紗線、鈕扣、拉鍊及其他當天要用的物料，搬到每個工作站，好讓工人一上班便可以立即開工，不用為了補充物料而中斷工作。勞力密集的工作讓黎智英有機會研究生產過程，「不斷簡化及修正」。

他們將不同顏色的紙條綁在衣服上，幫助工人識別和統計衣物數量。他們確保每位工人都清楚自己當天的工作任務。倘若某個工序很耗時，他們就會提高產品的價格。黎智英持續逐步改進的直覺作法，跟日本人的「改善」（kaizen）理念很相近，後者專注持續改善，讓日本企業在七〇年代於國際間大放異彩。

黎智英後來說，倘若他早知道新公司得依賴低附加價值的代工，他就不會辭去德安的工作來創辦公明織造。然而創業初期的困難反倒讓事業建立了更堅實的基礎，迫使黎智英得深入了解生產的方方面面。他專注在工人身上，並學到「與工人緊密溝通和合作，是解決問題最有效的辦法，而這也是加速生產最有效的方法。」在生產問題上，「我們體會到工人的困難便是我們的困難，解決了他們的困難也就克服了生產上的困難。克服了這些困難，生產便快捷了起來。」黎智英在德安的時候曾管過生產，但當時並未直接涉入工廠日常運作。當他帶著個人特有的強烈熱情，全心投入這項挑戰，學習新事物，解決問題，發展新能力，「怎能不每一天都興奮莫名？」

經過八個月幾乎無利可圖的代工後，黎智英終於拿到了第一筆出口訂單。這筆生意來自美國大型百貨公司傑西潘尼百貨（JCPenny）。一九七〇年代，傑西潘尼百貨、凱馬特百貨（Kmart）、蒙哥馬利．沃德百貨（Montgomery Ward）及西爾斯百貨（Sears）這些零售商，是全球最大消費市場中最強大的買家。他們的巨型百貨公司成為全美各地將近兩萬家新建購物中心的核心。建商在一九六〇、七〇年代興建這些購物中心，服務往郊區拓展的美國社會。這些大型連鎖商店的採購人既嚴格又挑剔，但他們的採購量也很龐大。對他們直接銷售將讓黎智英聲名鵲起，既保證高銷售量，同時還迅速撐起公明織造的聲譽。

傑西潘尼百貨香港分公司的經理羅艾迪（Eddie Lo）提點黎智英，公司有一位來自紐約的採購即將來到香港。喬．帕帕（Joe Papa）負責公司女裝部門的毛衣採購，他對傑西潘尼百貨的現有供應廠不滿，想要找個新供應商。羅艾迪說他會在晚上七點半左右，帶帕帕回到旅館。黎智英在那裡等了三個半小時。

晚上十一點後，羅艾迪跟喝醉的帕帕回到旅館。黎智英跟羅艾迪陪帕帕回他的房間。帕帕直截了當地說：「可是你是新廠」，傑西潘尼百貨為何要冒險接受公明織造可能粗製濫造的產品呢？或甚至根本交不出貨。黎智英懇求：「請你給我一個機會吧。」

傑西潘尼百貨的採購向黎智英展示了十多款毛衣樣式。黎智英給出報價跟交貨期；最終，帕帕給他下訂單，要求製作五個款式，每個款式三百到六百打，一共兩千三百打。這筆訂單總數為驚人的兩萬七千六百件女性毛衣，須在七十五日內交貨。每件毛衣都必須完美無瑕。

黎智英回到家時，已經凌晨一點多了。「可是我卻沒有一點睡意，我只是把那幾件毛衣樣品翻來覆去研究，心裡盤算，怎樣才可以做得比樣品更好？」幾乎徹夜未眠，早上他步行到工廠，一路走一路沉思，迎面吹來的冷風令他精神一振。賣腸粉跟粥的阿婆問他：「為什麼今天心情這麼沉重？」黎智英馬上綻開笑容：「阿婆，我今天踢到金子了。」黎智英後來回想，當一個人還在追求機會的時候，他的心情是興奮的；可是一旦他接到訂單，他的心情就會凝重起來──因為隨著機會而來的，是責任。現在，他得如期交貨。

黎智英知道這是他的機會。傑西潘尼百貨是間大公司，而帕帕是個重要採購人。每年光是他的部門就會從供應商採購超過一億美元的商品。倘若傑西潘尼百貨按照慣常價格，以每打四十五美元的價錢向公明織造採購大眾市場毛衣，那麼光是初始訂單價值就會達到十萬三千五百美元。「把這批貨做好並不足夠，」黎智英心想，「我們一定要做到一鳴驚人。」未來，「我不想再要求他給我們生意，」黎智英發誓：「我要他需要我們。」

黎智英打算謹慎承諾、超額交付。回到工廠後，梁鉅榮也同意這一點。競爭對手工廠製造的毛衣，每打重量通常在七到八磅之間。就傑西潘尼百貨支付的價格來說，黎智英認為品質算是不錯的了。但他覺得毛衣手感太鬆軟，用重一點的料，「手感會豐厚得多」。於是他決定每打多用半磅毛料。當然成本會高出許多。可是目標並不是眼前利潤，而是今後源源不絕的訂單。

公明織造在幾天內做好了毛衣樣品。羅艾迪表示對產品很滿意，但他無權批准開始生產。黎智英需要喬．帕帕的批准。因此他決定隔天飛往紐約，親自拿樣品給帕帕看。「有問題，當場與他解決。」羅艾迪安排黎智英兩天後在紐約跟帕帕見面。

第一次見面進展非常順利，順利到帕帕邀請他到紐澤西的家中，與妻子、女兒及父母共進晚餐。黎智英跟帕帕一家相處愉快。為期兩天半的旅程結束前，帕帕還將初始訂單的數量翻了一番，給同一批款式再多下兩千三百打。帕帕更將黎智英介紹給其他傑西潘尼百貨的採購。這家零售商立刻成為公明織造最大的客戶。黎智英回想起贏得傑西潘尼百貨訂單的過程中，需要幸運與努力的結合：

「我們真的很幸運。然而要是你問我，幸運與努力，哪一樣更為重要？那麼毫無疑問，我會告訴你，努力更重要，因為只有努力可以讓人真正幸運起來。接到傑西潘尼百貨的生意，如果我們沒有視之為贏取客戶信心的機會，不計成本地將品質做到最好，我們會給他留下個深刻的印象嗎？如果我沒有不辭勞苦地拿樣本到紐約去給喬・帕帕看，後來他和他的同事會給我們源源不絕的生意嗎？我們的努力和樂觀的取向，讓我們打進了一個良性循環的軌跡中；努力使我們幸運，愈幸運我們便愈努力，因此而愈幸運。幸運是靠努力賺回來的。」

一九七五年，珊德莉娜・卡盧梭選擇了黎智英作為她的第一家供應商，生產的服飾系列由加拿大城堡服飾（Chateau of Clothing）零售商進行銷售。加拿大於一九七〇年跟中華人民共和國建立外交關係，卡魯梭的上司想了解公司可否開始從中國採購服裝。她在一九七四年參加了廣州交易會，卻只能買到毛裝（毛澤東式套裝）。因此她轉往香港尋找生產商，因為她的父母長期住在半島酒店。卡魯梭記得在殖民地的生產商之中，黎智英十分突出。她喜歡他的「氣場」。她回憶：「他有強烈的抱負，無論做什麼，他都想要成功。」

創辦公明織造一年後，一個炎熱的夏日裡，黎智英前往海員俱樂部游泳。海員俱樂部位於尖沙咀中路，離黎智英的工廠車程不遠，幾分鐘步行就能抵達半島酒店，黎智英在此跟阿胥肯納西與其他採購見面。他在泳池邊跟幾個國泰航空機組員閒聊時，注意到泳池另一側一名泰國華裔年輕女性。朋友叫她「茱蒂（Judy）」的皮倫尼雅·阿薩皮蒙瓦伊特（Pilunya Assapimonwait），在前一年搬到香港，開始替香港本土的國泰航空工作，擔任空服員。

黎智英以他一貫近乎急切的熱情追求茱蒂。不到幾個月的時間，他開始催著她結婚。他強烈渴望黏在她身邊，因此說服她即刻辭職。她同意了，並付給國泰一個月薪資，作為未能按照公司要求提前三十天通知辭職的賠償。「一切都很快，」茱蒂回憶：「他就是這樣。他知道自己要什麼。」茱蒂覺得黎智英的樂觀及深信所有問題都能解決的態度，與她成長的嚴格背景相比，帶來截然不同的欣喜感受。「他的生活哲學很好，」她說：「跟黎智英一起生活，他總是說，『為什麼要煩惱那些（可能）發生的事呢？』他就是順應生活，從生活裡的所有問題學習。」

一九七六年秋天，他們在殖民地新界區辦公室舉行簡單的登記結婚，沒有宴客。黎智英當時二十七歲，茱蒂二十三歲。他們搬進黎智英長期租住的公寓，位於獅子山隧道入口附近窩打老道一百二十一號的房子裡。他們公寓對面正是歷史悠久的印度裔家族——夏利萊一族（Harilelas）。夏利萊家超過百名成員住在一個大宅門，那裡更像宮殿而非普通住家。

兩人一結婚，黎智英立刻就想要孩子。三個月過去仍無喜訊時，他就開始擔心不孕問題。「他抱怨我有問題，因為我沒能（立刻）懷孕。」茱蒂說。黎智英的擔心最終證實是多慮。一九七七年十月，他的長子黎見恩（Tim）誕生。茱蒂又在一九七九年和一九八一年分別產下女兒黎明（Jade）與次子黎耀恩（Ian）。

大約在黎耀恩出世時，五口之家便租下一幢獨立房屋，這也是黎智英財富日益增長的象徵。新家距離原來住所不到半英哩，位於衙前圍道與喇沙利道的交叉口，對面就是著名的男校——喇沙書院（La Salle College）。他們還買下一條中式遊艇，這是一種以傳統中式木造漁船為模型的寬體緩速船隻，後來被改造成休閒用船。香港人喜歡拿來探索偏遠沙灘及海邊村落。

因為茱蒂喜歡游泳，黎智英買下這艘船，這是多年來他擁有的多艘船隻中的第一艘。黎智英本人並不怎麼喜歡游泳，但茱蒂說：「他可以放鬆、思考跟讀書。」黎智英一家的船停在香港東北方西貢區牛尾海的一處碼頭，此處深受船主歡迎。他們搬離窩打老道那一天，許多物品還沒整理好，便決定在船上過夜。第二天返家後卻發現房子被盜，女傭被綁了起來。這次入室竊盜事件讓他們意識到香港的危險。

大約一年後，他們搬到不到半英哩外的渭州道（Wiltshire Road）五號。這條只有一個街區的路反映出香港作為英國殖民地的身分，四周圍繞著劍橋道、對衡道、禧福道及牛津道。儘管叫著英國名字，這塊人口密集的區域，卻是香港城市的精神中心，擁有各式各樣工廠、餐廳、商店及住宅。這裡不是無數旅遊照片裡的傳說海港，而是「香港最便利的中心區域」，茱蒂這麼說。從這裡出發，他們可以輕鬆前往停在西貢的船，黎智英位於新蒲崗（後來遷往長沙灣）的工廠，以及外商採購人員所在的半島酒店或啟德機場。每個地方都是幾英哩的距離而已。

一九七〇、八〇年代，這塊區域的樓房仍舊低矮，包括獨棟房屋、小型公寓樓及傳統的四層唐樓。唐樓在香港及東南亞各地的華人聚落中普遍可見，通常設置有頂的拱廊來遮風避雨，也為樓上居民提供小陽台。隨著建築高度限制放寬，街邊餐館及商店樓上開始出現六層樓的「上樓公寓」。

除了二〇〇〇年代初期短居臺灣，黎智英一直住在當年他跟茱蒂相遇時那間窩打老道公寓附近的幾英哩範圍內。那裡的餐廳、商店與工廠就是他的生活場景。每天早上，他會在九龍仔公園或喇沙書院游泳鍛鍊，兩者都只要幾分鐘步行的距離，直到他加入著名的賽馬會（Jockey Club）後，才有所改變。

九龍的核心地帶同時也以吃貨之都最好的吃食聞名。黎智英熱愛食物，現在他終於能夠吃上他想吃的任何美食。他跟茱蒂經常外出用餐，他不希望她做飯。「他說，『你不用煮飯。』」茱蒂還記得：「他不想因為他不喜歡我煮的飯讓我不開心。」他們經常去附近尖沙咀的天香樓跟福臨門兩家知名杭州菜與粵菜餐廳用餐，餐廳提供蟹黃、燉湯及乳豬等菜餚。「他對食物有著執著。」女兒黎明說：「愛吃豐美油膩的食物。」他也吃得很快，甚至能喝下一碗熱騰騰的粥。

跟服裝採購阿胥肯納西在一起的時候，他們就去半島酒店附近另一間傳統廣式餐廳鹿鳴春用餐。「我們以前常一起抽大麻，然後去鹿鳴春。」阿胥肯納西回憶：「黎智英會說，

『下道菜我付兩倍價。』（這樣他就能更快吃到多一點菜）我們剛去那裡的時候，他還默默無名。五年後，他有點名氣。再過五年，他成了很有影響力的人。我們走進去的時候，人們會低聲說，『那是黎智英』。」

儘管總是坐立不安且充滿活力，黎智英花很多時間在旅館大廳等待，讓他能見到服裝採購。就像許多缺乏正式教育的成功人士，他熱衷閱讀。一九七〇年代中期某一天，在等待一名凱馬特百貨採購的同時，他正閱讀查爾斯・麥凱（Charles Mackay）的《異常流行幻象與群眾瘋狂》（*Extraordinary Popular Delusions and the Madness of Crowds*），這是一本研究歷史上各種投資泡沫的經典著作。

另一名銷售員（「一頭銀色捲髮、皮膚曬成棕褐色，穿著講究……比起推銷員更像教授的紳士」）主動跟他搭話。兩人很快成為朋友。不久，比爾・米爾肯（Bill Milken）和他的妻子凱特（Kate）邀請黎智英每次到訪紐約時，都住在他們家。黎智英熱情誠懇的態度，加上他對人的關懷熱心，讓米爾肯夫婦樂於助他在紐約走動。黎智英的開放熱情讓人願意伸出援手教他。「我自小離家，真的沒有家教。」他回想。但他從採購喬・帕帕及銷售員比爾・米爾肯，及第一間工廠裡教他學英語的半退休員工身上，找到導師。

對米爾肯夫婦來說，黎智英的行為粗鄙，簡直就跟狼養大的一樣。有一次，凱特・米爾肯問他，能否私下教他一些餐桌禮儀。他當時並未意識到自己舉止粗魯。他在中國家庭裡長大的，中國人不會把菜餚遞給其他人。他不知道怎麼使用西餐餐具。但他很快學會，也學會觀察別人怎麼行事。「住在他們家裡，有機會學會與人相處的規矩和禮儀，是個很寶貴的經驗。」這一點幫了黎智英。他說：「幫我避過不少尷尬場面，」並給了他信心「更悠然自得地和別人相處」。從廣州火車站到紐約街頭，黎智英在三十多歲的年紀裡已經見識許多，但還有很多事情需要學習。

米爾肯夫婦鼓勵黎智英追求知識。凱特會給黎智英講她讀書會正在讀的書——《伊里亞德》、索弗克里斯的《伊底帕斯王》或吳爾芙的《燈塔行》。她甚至帶黎智英到哥倫比亞大學旁聽文學課。「那真把我弄得啼笑皆非。到知道我對文學小說真的毫無興趣了，她才放過我。」雖然黎智英聲稱自己不大聽得進耳，但過了一段時間，他還是學到一些文化知識，並且「覺得自己高貴了起來。當然這只是我的虛榮心在作祟而已。」

一九七〇年代末期，黎智英跟紐約變得「密不可分」，他稱這座城市為他的導師，在這裡磨練英文能力與商業技巧。每年，他都會前往紐約數次，通常待上兩、三個星期，會見主要客戶，包含傑西潘尼百貨與凱馬特百貨的採購。這些客戶會下大單，因此他願意在他們的辦公室等候，直到能跟他們面對面講話。

「嘻，實在太棒了，你玩的是什麼魔術？」黎智英記得傑西潘尼百貨少女部的毛衣總採購湯姆．希金斯（Tom Higgins）這麼問他。「每次向你要樣品，不要幾天你便有貨交了，而你的樣品又都叫他們稱心。」黎智英不願對希金斯透露他的秘密——他的「魔術」。但後來他寫下了這個秘密。

黎智英充分利用他在紐約的時間。他到布魯明岱爾（Bloomingdale's）及梅西（Macy's）等高檔百貨公司的過道來回觀察，了解更有錢的顧客試穿和實際購買哪些商品。更重要的是，他還結識那些女售貨員，從她們嘴裡獲得更多資訊。「我可以從她們口中掌握銷情：哪個款式賣得最好？」他後來寫下：「哪個款式賣得最快？顧客對這些款式有什麼反應？」

傑西潘尼百貨跟凱馬特百貨的採購認為，像布魯明岱爾跟梅西這樣高檔次公司流行的商品，一年後也會在他們的公司流行起來。但黎智英認為這樣的假設太模糊，希望更清楚瞭解產業，更準確回應零售商。

他進一步挖掘，帶著女售貨員去二十一俱樂部及俄羅斯茶室這類高檔場所，讓她們留下深刻印象。他穿得像是早年版的「瘋狂亞洲富豪」，范倫鐵諾（Valentino）西裝、古馳（Gucci）領帶、由香港詩閣（Ascot Chang）量身定製的瑞士精梳棉襯衫、昂貴袖扣及巴利（Bally）皮鞋。

「我其實不喜歡這樣打扮，」他後來寫下：「可是，我是從香港來的中國人。為了跟女售貨員交朋友，我唯有這樣遮蓋我那老粗猥瑣的模樣了。」儘管自嘲，他還是迎合他人對亞洲銷售員的刻板印象，並巧妙利用這一點。

黎智英向他的女售貨員朋友詢問詳情，哪個款式賣得最好，哪些不受歡迎。她們告訴他哪些款式得補貨，尤其是那些反覆補貨的商品，以及哪些商品因為賣得太好而有補貨困難。他發現高檔零售商的中價位商品最適合大眾市場，並逐漸理解季節性，並在季中引進新鮮商品的重要性。「有了這些領悟，我對毛衣市場便有了反射動作般的本領。」他後來回想：「碰上對眼的款式，我馬上會有爆發性的開竅感覺。」

每當採購要他提供新款式樣品時，他只消跑到布魯明岱爾或梅西百貨，蒐集幾款他研究中認定下一季大眾市場會賣的毛衣。他買下每件樣品的所有顏色。然後，他將最好看的顏色當成樣品，剪下原標籤，貼上自己的標籤，包括編號、重量和價格。每個款式的其他顏色則當作色樣。「這個作法成本低又快捷、簡單，而這就是我的竅妙了。」這個妙招的背後，是他對消費者實際購買的深入調查。對常識的進一步探索，黎智英發展出一種敏銳的「魔術」能力，能夠準確掌握潮流。「我沒什麼祕訣，我只是事前多做調查跟研究而已。」黎智英堅稱。

這是魔術嗎？還是抄襲？還是什麼呢？黎智英從布魯明岱爾或梅西等高端零售商挪用款式，既不特別，也非不尋常。這正是傑西潘尼百貨的湯姆·希金斯與其團隊所做的事（全國各地大眾百貨的同行也是如此）。單純抄襲款式很簡單。但黎智英的魔術部分出自比別人更努力且更聰明的作法，在電腦數據出現前的時代，通過跟售貨員培養關係，深入挖掘高端零售店的實際銷售趨勢。他的成功證明了那句名言：天才是百分之十的天分與百分之九十的努力。他既勤奮又聰敏。「任何竅妙往往都包含一些特殊技巧，否則竅妙便不是竅妙了，是不是？」

專業也支撐了黎智英的成功。他能當場報價，因為他瞭解生產與交貨的每個細節。「我還有一樣大多數銷售員沒有的本領——拿起任何毛衣我都可以當場報價。我自小在毛衣廠當工人，對每一個工序、原料和成本都瞭若指掌。」他不僅能更快報價，還能更加準確——無論在計算利潤，還是確保生產可行性與按時交貨上都是如此。

黎智英還擁有很好的視覺感受性；他欣賞設計，特別是色彩。這一點在他後來的時尚跟媒體事業中更加明顯。在公明織造時，這意味著他能夠從布魯明岱爾或梅西百貨的毛衣樣品中，選出最有市場潛力的顏色，然後展示給傑西潘尼百貨的採購看。「他在這一行上真有品味。」卡魯梭回憶：「我們看某個款式跟設計的時候，他就能挑出最好的那件。他挑出那件，不只是知道它好看，還知道它會賣得好，會受歡迎。他就有那種能力，這讓他獨一無二。」

香港此時已經成為世界上最高效率的服裝與紡織品出口地之一。憑藉著廉價勞動力、充足電力跟數以千計致力追求利潤的企業家，香港在一九五〇年代末期已經成為紡織品主要產地。出口貿易的成功特別令人驚訝，因為四、五年以前，這處殖民地的繁榮來自充當中國門戶的地位，並非自主產業中心。當時本地製造業僅佔很小的部分。

香港在服裝生產上的成功，證明了太多好事也未必就是好。亞洲低廉的勞動力成本，加上黎智英這樣的精明企業家，威脅到了工業化國家既有的製造商。美國南卡羅萊納州跟英國蘭開夏（工業革命發源地）的紡織廠發現，他們在價格跟品質上無法跟香港競爭。

英國透過名符其實的《蘭開夏法案》（Lancashire Pact），從一九五九年開始對香港紡織品設下出口限額。美國則於一九六一年開始根據《國際棉紡織品貿易短期協定》（Short-Term Arrangement on Cotton Textiles）限制來自香港的紡織品出口量，這些限制後來演變成長達數十年的服裝貨運限制。這些措施發展成一套廣泛規則，以限制國外的服裝進口量。

黎智英卻找到方法，將限制轉化成自己的優勢。配額制度對各類商品設下詳細的數量限制。例如，它針對每年出口到美國的女性棉質針織衫數量設下上限。在香港，現有供應商則根據先前的出口量獲得配額。對黎智英跟許多人來說，這個制度產生的限制性競爭，反而提供了發財管道。此外，配額持有者還可以出售或出租未使用的配額。半島酒店斜對面的星光行（Star House），擠滿了數十家交易配額的小型仲介，彷彿是某種原始的股票交易所。

「我們為什麼不想辦法創造新配額呢？」他問摯友兼合夥人，同時也是英國服裝零售商芬恩．萊特．曼森公司（Fenn Wright Manson）的共同創辦人葛林．曼森（Glynn

Manson）。「我們創造了一種免出口配額的奇蹟紗線（miracle yarn）。」為了繞過對棉質針織衫的出口限額，黎智英推出由百分之五十五的麻線跟百分之四十五的棉線製成的針織衫。棉針織衫的關稅是百分之二十，而麻針織衫的關稅僅為百分之三。最終結果是：黎智英送往市場的麻針織衫幾乎跟棉針織衫難以區別，每件售價五美元，而棉針織衫的售價為九美元。業界慣常做法是將工廠價格乘以四倍，這意味著黎智英的麻針織衫零售價為二十美元，競爭對手的棉針織衫則為三十六美元。

這些價格便宜的麻產品十分受到歡迎。因為太受歡迎，以至於美國又對這些新布料施行配額限制。身為主要生產商，黎智英獲得麻與安哥拉羊毛產品的大額分配，針對這些產品，他又同樣開發出新布料，並取得成功，也因此又引來新的配額限制。一九八〇年代末當他逐步退出製造業時，他將這些配額轉租給其他紡織品製造商，每年獲得三百八十萬至五百一十萬美元的財務收益。黎智英從配額制度獲利的方式，讓阿胥肯納西驚嘆不已。「我開始收購香港的紡織配額，」他回憶：「而黎智英會告訴我什麼時候買。你可以用三美金的價格買入，然後將它轉租出去，一年收一美金。」三年後，最初的投資就能回本；此後每一年都是利潤。阿胥肯納西回想，「這無疑是我做過最好的投資。」

紐約除了讓黎智英變得富有，並改善禮儀之外，還激發了他在知識上的覺醒，迫使他更深入思考他在中國所經歷的苦難及在香港享受的自由。他的知識頓悟發生在一九七七年。黎智英記得那是個星期二晚上。比爾與凱特．米爾肯帶他去一名「退休猶太律師的家」。晚餐話題圍繞著共產主義。黎智英清楚表達他對中國共產主義的厭惡。他回憶：「我把共產黨罵得尤其兇。」主人從書架拿下一本書，遞給黎智英。他堅持：「拿去慢慢看。」

那本書是奧地利－英國經濟學家與政治哲學家弗里德里希．海耶克（Friedrich Hayek）的《到奴役之路》（*The Road to Serfdom*）。黎智英一口氣讀完海耶克的著作，這位諾貝爾經濟學獎得主提倡小政府與經濟自由。「我非常受到啟發，」黎智英回憶道，「我讀了所有書，除了利息理論，那個我看不懂。」海耶克經常引用另一位奧地利－英國政治思想家卡爾．波普（Karl Popper）討論極權主義危險的著作。因此黎智英也投入到波普的著作中。紐約市跟這次晚餐「啟發我做個有用的人」，那些速成致富的書籍被扔掉了。此後黎智英開始擁抱自由的志業。

到了一九八〇年，公明織造自認是香港最大的毛衣製造商之一。黎智英現在的主要客戶包含 The Limited 及 Polo 等高端品牌。但這名來自順德、充滿精力與探索精神的年輕人卻準備好要邁向新領域。他決定要將從布魯明岱爾及梅西百貨獲得的知識，長時間等待採購時所閱讀的書，以及泡在二十一俱樂部和俄羅斯茶室的無數夜晚所取得的經驗，付諸實踐。他意識到自己不再需要湯姆・希金斯這樣的採購。他要透過自己的零售店面，直接面對消費者，來施展他的「魔術」。

第三章

快時尚之父

一次夜間外出，一張塞在外套口袋的餐巾紙，啟發了黎智英下一個創業的名稱。他在紐約忙碌拜訪客戶一整天後，獨自在曼哈頓時裝區周邊西三十九街的佐丹奴（Giordano's）餐廳用餐。

他後來回想那次經歷：「有一天在曼哈頓見完客戶後，走時已肚餓得很。我整天都在辦公室，沒時間吃飯。我走進一家披薩店，用完餐後拿了一張餐巾紙，上邊寫著『Giordano』這個義大利名字。我心想：『這個名字很好啊，不難令人誤會我們是義大利品牌。』不是說我想騙人，但這名字真的不錯。於是我回頭（到香港），便把餐巾紙交給做設計的同事，請他照抄。Giordano 這個牌子就是這樣開始的。」

黎智英對《紐約時報》的奧斯汀．蘭奇（Austin Ramzy）描述了另一版略為不同的故事。他說去餐廳前，無意間吃了一塊摻有大麻的布朗尼蛋糕，結果非常饑餓。吃完披薩後，他將餐廳的餐巾紙放進外套口袋，隔天發現這張餐巾紙。前一晚對披薩的渴望，促成下一個創業計畫。這將是他首度涉足消費品事業。

公明織造獲得驚人成功。但創立公明織造五年後，黎智英對單純經營製造業務開始覺得厭倦。他的創意才能想要找尋新出路。此時他不僅培育了自己的供應商，並在毛衣、馬球衫及套頭圓領衫的生產上，比其他競爭對手更積極投入設計過程。他與英國時尚商品專家葛林・曼森合作，建立一個快速採購系統，大幅縮短生產與運輸時間。他們將對零售商的交貨期，從五個月縮短到兩週。他精通生產、設計與零售的基本運作，也清楚知道他的毛衣從公明織造出貨後，價格會在美國百貨公司裡翻四倍。因此，他決心要將手伸往此刻進入零售商口袋的利潤。

當時，美國正經歷一場零售革命。二戰剛結束的那段期間，美國的服裝市場清楚劃分成兩大類。一類是像傑西潘尼、凱馬特及西爾斯的大眾市場全國連鎖品牌；另一類則是像布魯明岱爾、梅西及羅德與泰勒（Lord & Taylor）等高端百貨公司。這些高端品牌價格更高，分店不多，通常集中在主要城市。不論高端或低端，這些品牌銷售的商品種類都十分廣泛。

然而公明織造這樣的製造商，則催生了大眾市場專業服飾銷售的新時代。公明織造最大的客戶之一，是一九六三年由萊斯利・威克斯納（Leslie Wexner）創立的 The Limited。它是不像傑西潘尼或梅西百貨，The Limited 的商品並非從廚具到開襟毛衣，應有盡有。它是以自有品牌銷售一系列數量不多、高品質但價格適中的女性服飾。這個連鎖品牌推出有限的款式與顏色，但經常更換款色。

The Limited 委託黎智英生產一款熱銷的棉麻開襟毛衣，由百分之五十五的麻線與百分之四十五的棉線混紡製成，以規避棉織品配額限制。然而，從下單到交貨，公明織造卻面對需要五個月以上生產時間的困境。染色色調需要得到批准，接著紡製布料，然後海運運輸。因此黎智英說他會先製作白色的「胚衣」，然後再根據公司需求進行染色，將生產週期縮短到三十天。他還提議將毛衣空運到美國，而非通過太平洋海運。更快的交貨時間讓零售商能夠更快抓住流行勢頭。

「黎智英給商品銷售的思維帶來革命。」一名 The Limited 的前高級主管回憶：「若我負責採購流行商品，補貨時間可以從五個月或六到九個月，縮短到四十五至六十天，這將改變一切遊戲規則。那一刻改變了零售業的一切做法，也改變了 The Limited 的一切做法。我買的第一棟房子，就是靠那款毛衣賺來的。」很快地，黎智英開始租下大型飛機，填滿毛衣及馬球衫，送往 The Limited 位於俄亥俄州哥倫布（Columbus）的總部。

黎智英想發展自家品牌，最終創建自家連鎖店的衝動，部分出於實際上的短處。公明織造仰賴少數幾家大客戶，這些客戶有眾多製造商供其選擇，因此定價的時候公明織造明顯缺乏議價能力。國外零售商的採購長於挑撥供應商之間的飢餓競爭，對每分錢都斤斤計較。

黎智英稱這種情況「非常危險，因為你會被挾制。不管價格好壞你都得做，所以我覺得身為製造商受到很大束縛。」儘管零售商通常會以工廠出貨價提高四倍後在店裡銷售，但他們無法保證所有商品都能售出，特別是以全額出售，同時還要承擔運輸、租金、水電、售貨員及採購與商品規畫團隊的成本。然而，潛在的高利潤對黎智英來說，仍然十分具有吸引力。

對黎智英來說，比起金錢，他更渴望不同的挑戰。「當了很久的製造商，我覺得無聊。身為製造商，你沒辦法很有創意……至少當時我是這麼想的。當然，這並不正確，你仍然可以很有創意。但我當時覺得，也許零售是我應該嘗試的方向。」

「製造業本身不是個令人興奮的行業。」加拿大服裝設計師兼採購卡魯梭回憶，她在一九七〇年代中期首度與黎智英合作。「對我來說，看見自己的創意獲得實現且效果很好，真是件美好的事。而他唯一的角色只是做衣服。」

一九八一年，黎智英創立了佐丹奴。一開始他懷抱著建立品牌的雄心壯志，希望跟當時定義優雅風格的產品如 Lacoste 的鱷魚標誌馬球衫一較高下。卡魯梭回憶當時外國採購對這家新創企業充滿期待：「佐丹奴是香港從未有過的全新概念。他雖是製造商，但那些都是他的創意跟設計。」但對香港公司來說，要建立自己的品牌相當艱難。一開始，黎智英嘗試做批發，但收效甚微。之後，他轉向開設自營店面。第一家佐丹奴分店於一九八三年開幕。

一九八〇年代，亞洲四小龍——香港、新加坡、臺灣和南韓——見證了千百萬中產階級消費者的崛起，這些經濟體實現了世界前所未見的經濟持續快速增長。經濟繁榮主要依賴出口製造業，黎智英的公明織造廠堪為代表；但面向本地市場的行業如零售業，仍舊停滯不前。

香港擁有的百貨公司如連卡佛（Lane Crawford）及永安百貨，前者由兩名蘇格蘭人創辦，後者則是一對澳洲歸來的華人兄弟創立。殖民地的中心商業區群聚進口奢華品牌，如自我定位輕奢華的法國品牌丹尼愛特（Daniel Hechter）等。全市各處也有許多獨立服裝店；香港更以裁縫店聞名。但對想購買時尚休閒服飾基本款的人——這也是在富裕國家裡才剛由 Gap 等品牌帶動流行的時尚概念，選擇卻寥寥無幾。而新加坡、南韓跟臺灣的消費者選擇更少，因為當地政府並不鼓勵消費性支出。

黎智英在公明織造累積了全球製造經驗。因此他想專注在時尚但價格實惠的休閒服飾。他的眼光跟能力，讓他在競爭激烈的美國市場裡得以預測潮流與時尚走向。他也對如何將資訊運用在零售時尚業務，有著敏銳直覺——無論是來自資訊科技，還是他對市場趨勢的洞察。儘管具備這些優勢，佐丹奴創業的前五年，以黎智英的話來說，卻是「一場失敗」。款式太多，選擇過於繁雜，管理過於複雜，許多商品堆積如山乏人問津。

政治上的不確定性跟經濟低迷，進一步擴大黎智英所面臨的挑戰。一八四一年，英國在第一次鴉片戰爭中奪下港島。不到二十年，第二次鴉片戰爭後，英國又取得港島對岸一小片中國土地——九龍。中國同意英國「永久」統治香港島與九龍。當英國又佔領北方更大片土地——新界——時，簽訂了一份九十九年的租借協議。這項協議將於一九九七年六月三十日到期。一九八一年黎智英創立佐丹奴時，殖民地居民已經開始對十六年後即將到來的關鍵日期感到惶惑不安。

英國首相柴契爾夫人（Margaret Thatcher）於一九八二年九月訪問北京，成為首位訪中的在任英國首相。中國領導人鄧小平直言，中國將收回整個殖民地。當年，給予英國

「永久統治」的承諾是在壓力下所做的決定，此刻則遭到鄧小平推翻。黎智英在前一年創立佐丹奴，現在他得面對共產黨接收香港的倒數計時緊迫感。

對香港未來的疑慮引發港幣拋售潮。一家過度負債的地產公司倒閉，進一步引發更廣泛的經濟衰退。黎智英原本預期消費者強勁的購買力會支撐佐丹奴，但潛在顧客此時並沒有心情在新店頭揮霍。

「我犯了很多錯誤，做了很多假設。」黎智英反思道。他採用傳統的高利潤、多款式零售模式，新業務卻「一敗塗地」。一次董事會上，其他董事建議，如果黎智英無法改善業績，就該關掉公司。「我原本打算結束它，因為我認為自己做不出什麼成績。」但他最終無法下定決心。「我走進去的時候，就是無法結束它。我的內心告訴我，應該繼續經營下去。」思考下一步該怎麼做時，黎智英回到二十五年前剛來香港工作的那家工廠。他回憶：

「我回到那家熟悉的麵店，坐下來吃碗麵。我想起剛來工廠的第一天，心想：『我不會放棄，我決心投身這筆生意。』看著當年剛到香港時生活的工廠，回首中國經歷的艱辛，我知道自己有多幸運，也明白自己該感恩。我不能因為遇到困難就放棄。我不能放棄。」

一次帶著三個年幼孩子去麥當勞的經歷，讓他找到佐丹奴的方向。一九七五年，麥當勞在香港開設第一家分店，迅速成為全球最繁忙的分店之一。一九八一年十月，觀塘工業區內的麥當勞分店創下了全球單日交易量最高紀錄。黎智英對麥當勞簡單的菜單跟快速服務特別著迷。「我想，我可以讓佐丹奴也像麥當勞一樣簡單。」

他將佐丹奴的產品從高達四百款縮減到五十款以內。但通過增加不同色調，給了消費者更多選擇的錯覺。針對單一商品，他將顏色從四種增加到三、四十種。他解釋：「顏色不會讓業務變得複雜，款式才會。」為了避免滯銷顏色造成庫存積壓，所有商品都是先製成白色成衣，再依據訂單染色。此舉改變了傳統以染色布料製衣的做法，大幅降低滯銷數量。倘若萊姆綠賣得好，而橘色滯銷，佐丹奴就會多染萊姆綠的衣服，以避免橘色滯銷帶來困擾。「簡化成了主題。我每天都問自己：『我能不能讓它更簡單一點？更便宜？更好？』」

黎智英開創了快時尚（fast fashion）的先河。黎智英的成功吸引了一位名叫柳井正（Tadashi Yanai）的日本企業家。柳井正起初是在日本百貨公司擔任廚具售貨員，後來則在他父親的服裝店工作。一九八四年，他在廣島開設了第一家優衣庫（Uniqlo）服裝店。他前往香港時，佐丹奴的馬球衫引起他的注意。「儘管價格相對低廉，品質卻很好。」柳井正回憶道：「我去拜訪佐丹奴的創辦人黎智英，並學到貿易、生產跟銷售是無國界的。我們同歲，我心想，『如果他能辦得到，我也可以。』從那以後，我就開始在香港做生意，幾乎每週都會來這裡。」

柳井正花了大量時間與黎智英交流，深入瞭解佐丹奴的經營方式。他的日本零售網絡當時還很小，但他有宏大的擴展計畫。他邀請黎智英投資自己的事業，提議以五百萬美元的投資，換取百分之二十五的股份。當黎智英猶豫時，柳井正提高條件，提出以百分之三十的公司股份換取五百萬美元。然而，黎智英一向不喜歡合夥，他也無法輕易拿出這筆資金，因此最終拒絕了這次合作——而柳井正後來成了全球最成功的零售商之一。

柳井正從黎智英那裡學到簡化的精髓，以及對麥當勞運營模式的著迷，運用這些理念打造出服飾零售的全球強權。他成了快時尚之王，提供持續更新的平價時尚服飾。他如今擁有約三百八十億美元的淨資產，成為當前日本首富。他的非凡成就偶爾會讓黎智英思考，倘若當時選擇投資這位日本企業家，結果又會如何。黎智英承認，柳井正達到他難以企及的品質水準。優衣庫成了全球巨頭，而佐丹奴卻沒有。但佐丹奴提供了一個借鏡範本。

「他一直談起跟柳井正共事的經驗。」黎智英的長期助理馬克・西蒙（Mark Simon）說，但他並不後悔沒跟柳井正合夥。黎智英告訴西蒙，他真正的遺憾是當初沒把佐丹奴的概念帶到美國。美國擁有龐大的消費市場，是令人垂涎的機會。但對黎智英來說，美國離香港太遠，他無法確信佐丹奴能在那裡成功。

然而，黎智英對簡單的堅持，讓一九九一年在香港證券交易所上市的佐丹奴收穫豐厚。上市為公司帶來額外資金，支持業務擴張，也讓黎智英持有的公司股份價值超過一億美元。

為了準備股票上市，佐丹奴披露了詳細的財務資訊。公司銷售額從一九八九年的九千一百萬美元，成長到一九九三年的兩億九千五百萬美元，幾乎翻了三倍，這段期間的年增長率達到百分之四十。即便天安門事件後香港經濟低迷，也幾乎沒有影響到公司發展；大屠殺後的那一年，銷售額仍增長了百分之二十五。利潤則從三百七十萬美元，飆升至一千七百七十萬美元，增長了四倍多。

無論從哪個企業指標來看，公司都處於蓬勃狀態。債務大幅下降，股東報酬大幅提升。股東權益報酬率——即當年利潤佔股東投入資金的比例——高得令人艷羨。這期間表現最差的一年，股東權益報酬率也達到百分之三十四，意味著利潤滾動飛快，投資者僅需三年時間即可回收全部投資。（這幾乎是二〇二三年美國一般零售商平均回報率的兩倍。）一九八九會計年度，股東權益報酬率高達百分之一百四十二，也就是說，投資人每投入一美元，公司就能產生一點四二美元的利潤。黎智英找到了成功的公式。

佐丹奴利用上市募得的資金展開大規模擴張。一九九二年，佐丹奴在中國大陸開設第一間分店。即便黎智英反對中國共產黨，他仍然深信中國將發展成一個逐漸以市場為導向的經濟體，日益增長的消費階層將強力推升零售業的獲利——而經濟發展將自然而然推動政治改革。此外，佐丹奴也擴展到馬來西亞，一九九五年進入泰國、南韓，及中東的杜拜、阿曼與沙烏地阿拉伯。一九九五年，香港貿易發展局（Hong Kong Trade Development Council）頒發出口行銷獎項，正式肯定佐丹奴為香港的國際成功典範。

香港人熱愛黎智英色彩鮮豔的馬球衫與實惠價格。為了實現物超所值的策略，黎智英將大眾歡迎的馬球衫價格，從十一點四美元降到七點六美元。香港經濟傳統上依賴低工資驅動，直到二〇〇九年才設定最低工資。然而，黎智英選擇讓員工薪資翻倍，以提升士氣，營造佐丹奴友善顧客的氣氛。

為了確保高品質的顧客體驗，黎智英跟香港中文大學梁覺教授密切合作，開發訓練課程。他們教育員工如何迎接顧客，如何在銷售過程中展現出對顧客的關懷。梁覺與黎智英不只訓練售貨人員，還舉辦消費者的焦點團體，讓他們跟高層管理人員分享喜好與不滿。

佐丹奴透過明亮店面、頻繁更新的商品及友善但不過份熱情的員工，來吸引顧客。看似無窮無盡的多種產品其實是種錯覺，多色掩蓋了有限的產品種類，但價值與負擔得起的時尚風格卻是貨真價實，這源於黎智英對製造效率的深刻理解與運用。一九九一年採訪黎智英的《國際先驅論壇報》（*International Herald Tribune*）記者羅倫斯・祖克曼（Laurence Zuckerman）回想起一開始還誤以為佐丹奴是個歐洲品牌。這並非出於品牌名稱，而是因為店面的現代化氛圍，跟多數香港品牌給人的壅塞沉悶感大相逕庭。祖克曼說：「你會覺得黎智英（跟佐丹奴）很可能會成為全球商業巨頭。」

黎智英還投資科技，特別是能讓他追蹤銷售狀況的電腦系統。他深知即時、準確的銷售與生產數據非常重要，因此引入電腦化銷售時點情報系統（POS）。這些系統能即時將銷售資料傳到總部，讓黎智英跟他的管理團隊能更有效管理庫存。到了一九九〇年代初期，黎智英自豪表示，從員工下訂熱銷馬球衫，到商品上架佐丹奴店面，過程只需五天時間。

這樣的速度顛覆服裝業的傳統運作模式。過去公明織造的毛衣需要七十五天才能送達傑西潘尼百貨的倉庫。更快的節奏讓黎智英得以縮小商品的成本加成定價幅度，這個靈感來自英國零售商馬莎百貨（Marks & Spencer）。他放棄零售業普遍以出廠價四倍定價的慣例，為每件商品設定更低的利潤空間。然而，藉由減少需要削價出清的商品數量，他仍舊維持了高利潤。

黎智英的成功並不僅僅依靠紐約披薩店的靈光乍現，或帶孩子去麥當勞吃東西時的頓悟。他持續大量閱讀，孜孜不倦尋找新想法。他的閱讀重點從如何在股市致富，轉向如何打造成功企業。他訂閱《哈佛商業評論》（*Harvard Business Review*），並將他感興趣的文章影本轉發給高層經理。他還閱讀《女裝日報》（*Women's Wear Daily*）等業內刊物，緊跟時尚業動態。一九九三年，《富比士》雜誌（*Forbes*）記者安德魯・坦澤（Andrew Tanzer）採訪黎智英時，注意到他「經常在談話中引用美國知名零售商如山姆・華頓（Sam Walton，沃爾瑪創辦人）的言論，熱情分享他讀的書跟經濟學研究。」

坦澤與妻子大內和子（Kazuko Ouchi）受邀到黎智英家中共進午餐。坦澤回憶，黎智英穿著牛仔吊帶褲迎接他們，親自烹煮一鍋冬瓜湯，還聊起一九九〇年代初半退休時期正在上的烹飪課（他的烹飪老師是著名的中國美學家王世襄）。坦澤注意到黎智英家裡有許多書，「我訪問過很多大亨，他們家中一本書都沒有。」他說：「黎智英所受的正規教育雖然不多，卻能說出條理清晰的長句，這讓他跟其他香港、中國商人形成鮮明對比。」坦澤注意到後者通常「務實、物質至上、自私自利」，但黎智英「無疑是其中最富哲思的人」。

黎智英自然地吸收和吐出新思想，努力彌補他連小學都沒完成的教育。他熱愛跟他人分享自己的喜好。多年來，黎智英送出無數本海耶克的《到奴役之路》。二十年後經營《壹傳媒》期間，他買了五十本關於美國通用電氣（General Electric, GE，奇異）開發六標準差製造業改進程序的書，分發給員工。他還送出不少本商業暢銷書《追求卓越》（*In*

Search of Excellence）。

坦澤注意到，黎智英與成千上萬白手起家華商的不同之處，在於「他仔細研究並借鑑他人在零售業成功的公式」。黎智英對坦澤說：「我挑出市場上最棒的產品，偷學他們從反覆試驗中獲得的經驗。」儘管他當初不願跟傑西潘尼百貨的希金斯分享自己所知，但隨著事業成功，他變得更加慷慨。這種慷慨表現在他對柳井正的指導。對黎智英來說，資訊是一種貨幣，也是一種權力形式——有時需要保密，有時需要分享——這個觀念持續令他著迷不已。

第四章

「就像母親的呼喚」

佐丹奴的零售革命，是在中國翻天覆地變革的背景下展開。一九七八年十二月，中國最高領導人鄧小平謹慎啟動了後續二十年席捲全國的經濟改革。一九八〇年，毗鄰香港的中國邊境上，設立了深圳經濟特區，廣九鐵路在此跨越邊境。

這處毗鄰香港的自由市場飛地點燃了殖民地的活力。在三十年封閉的毛主義經濟政策之後，接壤香港的一小角將成為中國資本主義的安全之地。中國市場的吸引力再度浮現，正如過去幾個世紀一樣。對於黎智英這樣的香港製造商來說，更重要的是取得勞動力。佐丹奴與公明織造都受惠於這些改革，香港製造商得以就近在殖民地邊界上，利用幾乎無限量的廉價勞工。

隨著一九八〇年代中國在鄧小平的領導下逐步開放，黎智英對中國經濟改革的前景愈發樂觀。公明織造與佐丹奴開始在中國設廠。到了一九九七年，光是在廣東省，他跟其他香港企業就創造出約五百萬個製造業工作機會。公明織造跟國有企業華潤合作，這家北京擁有的公司在一九八七年買下公明織造百分之三十的股份。「他非常親中，」阿胥克納西回想起黎智英對一九八〇年代鄧小平經濟改革的信心，談到中國經濟時，「他就像個熱情的猶太復國主義者」。

鄧小平雖開放經濟，帶來三十年高速成長，但政治依舊牢牢握在共產黨手裡。一九八二年柴契爾夫人與鄧小平會面時，她當面質疑中國能否像英國一樣成功管理香港。她告訴鄧小平，他無法真正理解以自由市場原則運作且市民珍視自由的城市。她提議將香港主權交給中華人民共和國，但主張過渡期間仍由英國掌控行政。

鄧小平斷然拒絕。這名身材矮小的政治倖存者對痰盂啐了一口，告訴柴契爾，中國完全有能力管好香港，謝謝妳。即使管得不好，他補充道，收回帝國主義鼎盛時期被奪走的中國領土，政治上的重要性遠超過重要貿易金融城市衰敗的可能損害。柴契爾認為鄧小平並不理解自由社會的運作方式，也不明白自由的重要。她是對的，鄧小平根本不在乎。

一九八〇年代的黎智英並未涉足政治，但他確實不喜歡將香港交給中國大陸統治的想法。他缺乏政治參與，反映出香港人在決定香港命運的談判中只是旁觀者的現實。英中兩國進行兩年談判的緊張過程中，英國把香港人排除在外交團隊之外。最終，他們屈服在中華人民共和國的意志下，背叛了殖民地人民對自由的渴望。

這場談判最終於一九八四年十二月劃下句點，當時柴契爾夫人飛往北京簽署《中英聯合聲明》。這份國際條約確立了香港主權在一九九七年移交中國的條件。作為英方和平移交香港統治權的交換條件，英方談判出一項創新安排。後來稱為「一國兩制」的北京方案，承諾中國接管後，香港將保有五十年的自由與自由市場，直到二〇四七年。一九八二年柴契爾會見鄧小平時，本希望以某種方式保住香港，但鄧小平的強硬態度與柴契爾顧問的警示，導致她很快退縮。她後來感慨寫下，她很想讓香港獨立，但那從來就不是現實的選項。最終，她妥協，接受了中國不干預香港的承諾。

這座由逃離共產主義者組成的城市，如今面臨大限。十三年後，充滿不確定性的北京將統治這片土地。隨著香港移交的倒數開始，黎智英跟許多人一樣，尋求外國護照的保障，在一九九二年取得英國公民身分。雖然香港仍然自由——報紙可以刊登任何新聞，示威者也能上街遊行——但殖民地本身並不民主。伊莉莎白女王任命總督，總督永遠都是英國白人，擁有極大權力。

保守的殖民地官員、極其保守（應該會在維多利亞時期的英格蘭如魚得水）的中英商人，以及試圖阻止任何民主形式的北京政府，聯手打壓政治改革。只有極少數人有權投票選出立法局議員（Legislative Council）。這個被簡稱為「Legco」的市議會本身權力有限，甚至連提出預算支出的權力都沒有；所有財政要求都來自政府。

同時間，黎智英自己家中也後院著火。一九八四年，黎家搬到九龍後方山頂大埔道的一棟別墅。儘管這裡離開黎智英長期居住區域的西北方僅幾英哩，地點卻很偏僻。他乘坐司機駕駛的金色勞斯萊斯進城。他在家裡蓋了一座迷你動物園，養了孔雀、狐蝠、鹿、一隻猴子及一隻喜歡喝忌廉汽水（冰淇淋汽水）的寵物熊。那隻熊一度試圖逃走，黎智英想阻止，並跟牠扭打起來，結果被抓傷。女兒黎明回憶，這座動物園是「瘋狂八〇年代暴發戶的幻想」。他還常常邀朋友來家中蒸三溫暖、游泳、吸大麻，一邊俯瞰壯麗港灣與港島上的摩天大樓。

但這些都掩蓋不了黎智英與茱蒂婚姻關係的惡化。每次家庭度假時，黎智英都有自己的房間，他躲在裡面讀書；茱蒂則跟孩子住另一間房。黎智英仍舊全心投入事業，但他從不在家裡談公事。茱蒂覺得他拒絕她想要交流的努力。一九八七年，黎智英帶著孩子下跪懇求茱蒂留下，她經歷這傷心場面之後，仍舊決定離去。孩子則留在父親身邊。

黎智英長久以來渴望母親的讚許，卻始終未能如願。當他帶著三個孩子到廣州告訴母親自己將要離婚時，母親卻出人意表地表示理解：「兒子，你是個好人，不要害怕，相信自己，這一切都會過去。」

黎明回想起來，黎智英「總是非常投入」父親的角色。黎智英、黎見恩、黎明跟黎耀恩每晚都會共進晚餐。黎智英在一九八〇年代初加入香港賽馬會，他們常去那裡游泳，也常去香港崎嶇鄉間健行，也常駕船出海。黎明憶起弟弟黎耀恩有次不小心掉進海裡，黎智英立刻跳進水裡救他。「我們花了很多時間在一起，」黎明說：「他真的很酷，也很有趣。」黎智英的朋友同事也反覆提及他的趣味性格。對抗共產黨的嚴肅承諾，不該掩去黎智英性格中的歡樂與活力。即便在困難的情況下，黎智英幾乎總能找到讓自己振作的理由。

一九八九年，香港人最深的恐懼成為現實。四月，中國前領導人胡耀邦去世。以共產黨的標準來說，胡耀邦可算是改革派；兩年前，鄧小平因為他過於自由派的立場，免去他中共中央總書記的職務。北京天安門廣場上，大批人群聚集悼念胡耀邦，最終演變成數十萬人的持續抗議，他們要求更多民主、終結腐敗。抗議活動迅速蔓延全國。示威者打亂五月份蘇聯領導人米海爾・戈巴契夫（Mikhail Gorbachev）的訪中行程，他是三十年來首位訪問中國首都的蘇聯領導人。

持續佔領北京天安門廣場的行動，以及全國數十城市的類似抗議，點燃了中國改革的希望。香港人將物資跟資金送到北京，支持這些民主派抗議人士。距離中國接管香港僅剩八年，香港人深知殖民地的命運取決於中國的未來。「今日中國，明日香港」——掛在中環中銀大廈上的標語，簡明總結了這座城市的憂慮。幾乎每個香港家庭都有親人——父母、姑姨、叔伯——是從中國大陸的共產統治之下逃出來的。

天安門廣場上的學生抗議啟發了黎智英。他的早年歲月並沒有參與政治的餘裕。中國政治曾經摧毀他的家庭，也毀了他的童年。每當想起自己的祖國，黎智英的感受總是介乎在尷尬與羞恥之間。他在一九六〇、一九七〇年代背離中國，在香港尋求發展。

香港市民紛紛站出來支援北京示威者。在一九八八年的香港，數千人的集會已可算是大規模民主活動。一九八九年五月，百萬市民走上街頭，遊行到港島的政府總部前面；親共團體與民主派齊肩並進。整個殖民地迎來空前激盪的民主春天。

黎智英也試圖以實際行動表達支持。他售出兩萬三千多件套頭圓領衫，為民主運動籌得十二萬兩千美元，還替佐丹奴樹立更大膽的品牌形象。其中一款佐丹奴圓領衫印著大大的驚嘆號，下面寫著「你好嗎？」下方小字則直指北京中南海的領導老人：「請下台！」黎智英又從自己的口袋拿出六萬四千美元，捐給香港市民支援愛國民主運動聯合會（Hong

Kong Alliance in Support of the Patriotic Democratic Movement in China）。除了現金捐款，他還給天安門廣場上的示威者送去大量帳篷。

他的勇氣引起了李柱銘的年輕助手香灼珊的注意。李柱銘畢業於香港著名的耶穌會華仁書院，隨後在香港大學攻讀法律，並在倫敦接受大律師訓練。他的父親李彥和是前國民黨將領，但與中共領導層，特別是毛澤東時代的總理周恩來有著密切聯繫。

李柱銘在一九八〇年代初期擔任香港大律師公會主席，一九八〇年代末期加入《基本法》起草委員會，這個委員會負責起草一部迷你憲法，成為九七年移交後香港「一國兩制」治理的基礎。然而，因為他支持天安門的學生，一九八九年就遭北京從起草委員會中除名。當時的李柱銘是個心懷抱負的政治家，不久之後，他將成為香港民主的國際代表人物。

香灼珊回想當時，「我們對黎智英完全不熟——他是個商人，在政治界並不有名。」她記得當時心想：「『哇，這個人真有勇氣。』許多人雖然譴責對學生的嚴厲措施，卻沒有哪個商人像黎智英這樣採取行動。」她打電話到黎智英辦公室，三人在新開幕的金鐘太古廣場裡一間北京餐廳見面。

「黎智英出現時，我沒想到他那麼年輕。」香灼珊回憶道。他穿著輕鬆的佐丹奴馬球衫，跟李柱銘的大律師西裝形成鮮明對比，「他非常平易近人」。午餐期間，黎智英問起他能做什麼。「他很高興見到李柱銘，」她回憶：「他說：『我完全支持民主運動。』」李柱銘提到他精簡的辦公室連一台傳真機都沒有。「第二天他就送來一台傳真機。」香灼珊記得黎智英很低調。「他不愛社交，也很少參加晚宴。他不混圈子，是個很重視隱私跟家庭的人。更關心教養子女跟經營他的事業。」

黎智英推出第二批兩萬件套頭圓領衫，大大印著學生運動領袖的照片。他希望結合名字與臉孔，讓民主抗爭更人性化。黎智英選擇三位最知名的學生領袖——王丹、吾爾開希與柴玲。這次成功的圓領衫運動結合了黎智英的視覺判斷與銷售專長。他知道怎麼賣衣服，現在他開始推銷理念。「很激動人心，」黎智英談到自己初次涉足政治時說：「我想參與其中。我捐款，捐衣服，在我的店裡掛上橫幅。」

黎智英對天安門廣場學生運動的支持，反映出當時香港的主流民意。身為商人，他年紀比較大，也比較有錢，比起天安門廣場上的抗議者，更是某種社會上有頭有臉的人物。然而一九八九年的香港人普遍跟他持相同立場。那個春天，香港社會自發性掀起一場有機的草根運動。「任何運動都需要有人帶頭，」他當時說：「我猜我跟其他人的感受相同，只是我有表達的管道。」

北京當局在五月二十日實施戒嚴。六月四日，鄧小平下令鎮壓，主持了一場造成至少數百人在天安門廣場及周邊地區喪生的大屠殺。對黎智英及許多同輩中國人來說，一九八九年的民主運動和天安門廣場大屠殺，成為生命中的轉折點。他最初顯得有些挫敗，隔月接受採訪時說：「如果我們當時想清楚，可能會更加謹慎。那是衝動之舉。」

這場運動觸動了他的情感核心。「第一次注意到天安門發生的事情時，讓我很感動。」他在施立果神父（Robert Sirico）的採訪中回憶，施立果製作了一部關於黎智英的紀錄片《香港人》（*The Hong Konger*）。儘管對中國經濟改革抱持樂觀態度，「逃離中國以來，我一直試圖想要逃離跟中國的一切聯繫。中國代表的一切，我都想忘記。我想跟中國保持遙遠的距離，至少在情感上是如此。」黎智英談起「愈了解外面的自由世界，愈體會到自由的美好，」共產主義就愈發「荒謬」且「令人厭惡」。「直到天安門事件發生之前，我對中國幾乎沒什麼感覺。突然間，就像是在黑夜裡聽見母親的呼喚，我的心打開了。」

母親在黑夜裡的呼喚，敞開心靈。一九八九年那個情緒波動的命運春天裡，黎智英的內心發生變化。天安門鎮壓後，中國所選擇的道路，讓香港與中國境內的許多人都感到失望。從那時起，黎智英選擇的道路則是公開堅定地站到中國共產黨的對立面。

天安門事件之前，黎智英就一直在找尋下一個創業機會。他花了十年時間打造佐丹奴，已經預備好上市到香港證交所。在公明織造賺到第一桶金之後，金錢對他來說已不再是主要的驅動力。他熱愛創業，喜歡將想法變成有利可圖的現實。他對施立果神父說：「企業家更多是受到挑戰、創造力的驅動，做一些前人未曾做過的事。」

有什麼比新鮮食品更新鮮的呢？從十二歲移民來港後的第一頓早餐，香港的香鮮燒賣、熱騰騰滾粥及濃郁煲湯，都不只是填飽肚子而已。香港食物象徵著希望與自由。現在，他看見這些食物的商業潛力。他認為香港多數速食店品質低落，市場上大有可為。

黎智英想將佐丹奴在休閒服飾上提供的消費選擇，複製到中式速食領域。他打算用新鮮食材取代新潮款式。顧客可以像在佐丹奴選擇多種顏色一樣，客製餐點。然而，食材的選項會有限，就像實際上佐丹奴只有約五十款商品。一如服飾店面，黎智英計畫中的餐廳也會有友善員工，提供一流服務。黎智英的設想，類似數年後在美國首開先河的奇波雷墨西哥燒烤連鎖店（Chipotle）的中餐版本。

然而，天安門大屠殺徹底改變了他的想法，一如此事對許多香港人跟中國人造成的深遠影響。黎智英也被捲入政治之中。

大屠殺後不久，他讀到關於美國普林斯頓大學教授林培瑞（Perry Link）的報導。林培瑞負責美國國家科學院位於北京的學術交流計畫，這位傑出學者曾於一九七二年擔任中國國家乒乓球代表團訪美時的口譯，對中國知之甚深。天安門屠殺後，林培瑞協助中國著名天文物理學家方勵之前往駐北京美國大使館尋求庇護。方勵之是中國最有影響力的科學家之一，也是民主運動的重要聲音。最初美國大使館拒絕接納方勵之，林培瑞遂與美國官員進行談判，大使館官員在接到華府指示後改變立場。六月五日破曉之前，美國外交官發現躲在旅館裡的方勵之，將他隱密送入美國大使館。方勵之在北京大使館內滯留了超過十三個月，此事令天安門事件後已很緊張的中美關係更加惡化。

美國國家科學院隨後要求林培瑞停止北京業務。黎智英讀到林培瑞在援救方勵之夫婦行動中所冒的風險，認為這位學者是值得結識之人。他通過一名相識的普林斯頓大學教授聯繫上林培瑞。天安門事件發生五天後林培瑞抵港，黎智英親自接待他跟他的家人，安排專車載他們前往遊樂園，並在餐廳設宴款待。他還安排與李柱銘共進晚餐。三十多年後，林培瑞仍對此印象深刻：「素不相識的人卻是如此慷慨關切」。

有錢有勢的人很少主動聯繫學者或運動人士。黎智英不僅主動聯繫林培瑞，還聯繫多位著名的中國異議人士。這些人包括服刑十八年後流亡美國的早期民運領袖魏京生，以及天安門學運領袖王丹。林培瑞表示：「這兩次都是黎智英主動聯繫。」王丹回憶起一九九八年四月，他從中國監獄直接被送上飛機，前往美國中西部的底特律後沒多久，黎智英與他共進早餐。黎智英鼓勵他繼續從事政治工作，給他裝有現金的信封袋，和一本海耶克的《到奴役之路》。王丹說：「他告訴我要讀這本書。」兩人之後便建立起友誼。

黎智英放棄速食連鎖店的計畫。他充滿熱情，但同時也敏銳意識到商機，因此決定改進軍媒體業。他深信中國必須回到改革的道路上，也確信經濟自由將為政治自由鋪路。此外他還注意到資訊傳播的變化——移動速度更快，同時比起當年替傑西潘尼及凱馬特百貨供貨時，數量更是大得多。

一九八九年民主運動期間，才創立九年的有線電視新聞網（CNN）從天安門廣場上轉播，讓全球觀眾首度即時目睹事件發展，黎智英看見世界進入全新的資訊透明時代。他想利用科技為香港跟中國的自由發聲；他想運用大眾媒體傳播民主與自由市場的理念。

懷著一貫的自信，他告訴同事，他讀過很多出版品，如《富比士》、《時代》及《經濟學人》雜誌，知道如何經營媒體事業。

儘管投資媒體的決定出自感性，但無可諱言地，黎智英始終視媒體為一門生意。他辦公室的牆上掛著一幅中國書法卷軸，上面寫著「販賣自由」四個大字。他全身心都是個企業家，而非政治運動者。他替《壹週刊》團隊吸引潛在員工時，是以財富願景相誘。「我們要把這件事情辦起來，然後賣掉它。」黎智英給潛在員工描繪未來時，如此總結：「誰想辦雜誌？太麻煩了。」

佐丹奴證明了黎智英在零售業的成功。媒體同樣是面對消費者的行業，甚至可說是最終極的消費行業。報紙每天都要提供新鮮內容。如果賣不出去，這些「商品」就過期了。新聞的保鮮期，比快時尚還要短。

媒體吸引黎智英，因為它象徵自由——特別是資訊的自由流通。關於資訊與知識的理念，令黎智英愈來愈著迷。他曾經運用在紐約百貨公司過道上收集來的資訊，將公明織造推向亞洲成衣製造業的頂峰。他也運用焦點團體收集來的資訊，造就了佐丹奴的成功。現在，他決心要用資訊的民主化力量，讓他的媒體事業既受歡迎且大發利市。

第五章

「王八蛋」

一九九〇年三月十五日，黎智英創辦了《壹週刊》，這是一份融合八卦與商業新聞，同時提倡自由市場與民主的週刊。《壹週刊》以快時尚的方式提供新聞，滿足讀者需求。黎智英明白，人民渴望民主，但其他出版商害怕觸怒即將接管香港的中國當局而不敢支持民主。

黎智英的思想逐漸成熟。他一向痛恨中共，但這種憎惡是源於情感上的赤裸反應，來自目睹母親遭到侮辱與羞辱，以及童年時被迫為員警撰寫傳單的遭遇。讀過海耶克、波普等思想著作後，他的視野拓展開來。他現在知道經濟自由與政治自由息息相關。法治保障財產權，支撐經濟增長。民主確保不稱職的領導人可以被罷免，減少另一個毛澤東崛起的可能性。

一九八九年中國的民主春天撼動了黎智英。在那之前，他只是個典型的製衣業者，是個對政治無感、養著寵物熊、坐著豪華勞斯萊斯的布料外貿廠老闆。此後，他從厭惡逃避轉向積極行動。「我投入參與，因為那些為中國爭取自由的年輕人讓我很感動。」黎智英在二〇〇六年回憶：「我很激動。我問自己，我若賺了夠多錢，只是繼續賺錢，對我來說沒有任何意義。但我若進入媒體業，傳遞資訊，資訊帶來選擇，選擇就是自由。我就可以一邊經營賺錢，一邊推動自由。這是多美好的事。」

黎智英將雜誌的英文名字命名為《*Next*》，「因為我覺得其他事業都是我的過去，我希望下一段人生，下一個事業」體現在這本雜誌上。黎智英構想中的《壹週刊》，會成為一種全新刊物。當時香港多數雜誌僅專注政治、商業或娛樂，在擁有六百萬人口的城市裡，發行量不過一到兩萬份。

黎智英的構想是將所有內容融為一體。狗仔隊追蹤明星，確保雜誌在娛樂報導方面出類拔萃。衣著暴露的女星跟自由市場經濟學者並列在頁面上。黎智英高薪邀請知名專欄作家執筆，提供深入的商業與市場分析，同時組建調查報導團隊，積極挖掘新聞的程度是殖民地前所未見。不論是性醜聞、政治醜聞，還是財務醜聞，《壹週刊》無所不揭。這份刊物讓精英階層充滿又愛又恨的罪惡快感，但他們仍忍不住一讀再讀。

一九九〇年三月十五日創刊後不久，黎智英再次展現出敏銳的行銷能力。為了提高重中之重的書報攤銷量，他首創一個新概念，將兩本獨立雜誌以同一名稱捆綁銷售。從一九九〇年底的第三十八期開始，《壹週刊》分為兩冊。跟其他雜誌一樣，《壹週刊》也是騎馬釘裝，因此中間自然形成一個開口。這個開口讓一冊雜誌能嵌入另一冊，彷彿兩隻大小相同的俄羅斯娃娃。黎智英希望提供兩本雜誌，因此週日飲茶時，夫妻都能各自享受閱讀。「A冊」涵蓋政治及商業報導；「B冊」則聚焦娛樂與生活主題。兩本雜誌一個價，給讀者帶來物超所值的感覺。

雙封面也意味著封面能賣兩次錢。這似乎是全球雜誌業的首例。沒人曾試圖在勞動階級地區，將政治經濟雜誌塞在華麗娛樂雜誌裡銷售；而在中環商業區，娛樂版則藏在商業或政治大亨為封面的商業政治雜誌裡。通常會出現在封面上的，都是些不走運的人物。有些書報攤同時展示兩本封面，讓《壹週刊》在零售貨架上比其他單本雜誌多出一倍的陳列空間。

黎智英在港島舊太古糖廠原址的華蘭中心（Westlands Centre），利用借來的辦公空間，創立《壹週刊》。黎智英的生意一直都是在港口對面的九龍，但出版人鄭經翰有些空間，能夠容納《壹週刊》的初創團隊。人稱「鄭大班」（大班為大老闆之意）的鄭經翰，是個性格張揚的媒體名人，也是月刊《資本雜誌》的老闆。黎智英對外宣稱鄭經翰是他的老師，他也確實是個天資卓越的學生。《壹週刊》擴展迅速，很快就租下華蘭中心的半層樓，隨後租下一整層。到了一九九四年初，空間已經不敷這本年輕雜誌使用，因此《壹週刊》搬離港島，遷到九龍長沙灣青山道的製衣工業中心（Garment Centre）。

儘管有天安門屠殺，香港的金融市場卻開啟了一段長期成長，讓這座城市逐漸成為亞洲最重要的國際金融中心。據傳當時美國商業雜誌《財星》（*Fortune*，港譯《財富》）正在洽談，以將近一千三百萬美金的價格收購《資本雜誌》。至少在早期，黎智英試圖改變中國的同時，一邊仍想賺錢。「來替我工作，我們把這辦起來，然後賣掉它賺錢。」一名早期員工回憶在中環新交易廣場一間高級粵式餐廳跟黎智英共進午餐時，他這麼說。「他試圖這麼跟我推銷。」黎智英從自己口袋掏出六百萬美元投資這項事業。

他雇用錢能買到的最好作者、漫畫家與設計師。他刊登犀利漫畫、大膽標題與挑釁社論。一度，他跟競爭對手《東周刊》展開發行量競爭。高層員工曾運用模型估算，價格戰若持續三或六個月將會造成多少損失。黎智英對這類詳細財務模型一點也不感興趣。一名早期員工回憶：「他只是對我說，『不行，生意不是這樣做的。』」黎智英依靠直覺跟知識，而非試算表。他有時看似揮霍無度，其實並非如此。他重視利潤，但持續磨練產品的過程中，他也願意承受虧損。他的建議是：「別光想著成本，專注產品。持續嘗試，不斷實驗，錢自然會進來。」

由於《壹週刊》一開始還摸不清讀者，黎智英將初始印刷量從七萬五千份，降至最低僅三萬份。憑藉對香港名人、犯罪、政治、公司報導、市場評論及調查報導兼容並蓄的內容，雜誌開始找到受眾，銷售量也跟著攀升。到了一九九四年，雜誌每週銷量達到十八萬份，單期廣告頁數超過九百頁。《壹週刊》的成功祕訣在於強烈關注香港。早期雜誌重點放在富商的成功祕訣。例如出身平凡，今日卻擁有電信、基礎建設、零售及房地產等千億資產的「超人」企業家李嘉誠的相關報導，保證雜誌的高銷售量。

曾在競爭對手《東方日報》工作的葉一堅，加入《壹週刊》後，以打造咄咄逼人的狗仔隊報導而聞名。他聘用更多攝影師，加強既有模式，配給他們汽車與司機，確保他們能更快趕到醜聞或犯罪現場。

「我跟姐姐會為了誰先看而吵架。」《壹週刊》創刊當年剛從大學畢業的許田波回憶。「當北京非常成功地」壓制批評聲浪的時候，「黎智英出現了」。這本雜誌擁有進行嚴肅調查報導所需要的資源，這種新聞報導在當時的香港是前所未見。「突然間，你睜開眼睛看見那些富人、名流與權貴的秘密，」今日已成為美國聖母大學政治學教授的許田波說：「那些故事就是最大的吸引力。」

《壹週刊》不怕挑戰香港惡名昭彰的組織犯罪集團三合會，吸引了更多讀者。雜誌刊登黑幫生日派對、組織賣淫及吸毒場所的照片，並揭露黑幫如何控制全市的小巴車隊。記者透過秘密錄音，詳細記錄整個系統運作的方式——誰給了誰什麼資源。《壹週刊》的編輯群發現，當他們純粹報導三合會的故事時——不加評論，只呈現事實——通常能免於報復。雖然也不是完全沒事。

一天上午，一群歹徒闖入《壹週刊》的鰂魚涌辦公室，砸毀電腦設備。當時在場的少數員工之一回憶：「損壞其實不算嚴重，但效果驚人。這是香港首度有媒體辦公室被洗劫。」儘管有錄影畫面，但這起光天化日下的襲擊事件最終未能破案。

接著《壹週刊》爆料廣東省爆發神秘疾病的消息，該地距離香港邊境僅一步之遙。當時，店舖裡的醋被搶購一空。《壹週刊》刊登工廠大量煮醋的照片，因為人們認為醋能殺死氣態的病菌。廣東當局向香港政府否認有任何異常情況，香港領導層則接受了這個說法。直到這種神秘疾病蔓延到香港之後，才被確認為「嚴重急性呼吸道症候群」（SARS）。二〇〇三年的SARS，就如同二〇一九年的新型冠狀病毒（Covid），中國的掩蓋動作造成生命傷亡。《壹週刊》協助揭露這次隱瞞，很可能阻止了疾病進一步蔓延。黎智英對資訊自由流通的信念，證明是先見之明。媒體自由不是奢侈；它不只讓市場更有效率，還能挽救生命。

《壹週刊》的自由意志哲學也對香港統治產生深遠影響。它遏止了末代港督彭定康推出的年金計畫；黎智英與《壹週刊》編輯認為此舉過度國家主義，與香港長久以來的小政府傳統相違背。一九九七年後，《壹週刊》成功推動廢除遺產稅及酒稅，阻止徵收營業稅的行動也告捷。這些稅務減免措施鞏固了香港成為全球最自由經濟體的地位，這是香港享受了數十年的榮耀。

媒體不僅帶來塑造思想的力量，對黎智英而言，也代表著另一種消費產業。他將曾為佐丹奴進行焦點團體研究的梁覺教授團隊請到《壹週刊》，以取得快速坦率的市場回應。《壹週刊》雜誌上市後的週四晚間，邀請六、七名讀者前來辦公室參加讀者會，討論他們對這一期內容的喜惡反應，並支付每人六十四美元的酬勞。員工則透過單向玻璃觀察。黎智英專注提升出刊速度及完善客戶服務。他特別關注錯誤與失敗。他後來說：「錯誤只是前進的階梯。當你不能犯錯的時候，你就死透了。只要你還在工作，錯誤是無法避免的。我相信每個錯誤背後都帶著訊息，我們要透過反覆試驗來修正。」

訂閱刊物的香港人不多，多數人習慣從書報攤買單期雜誌。《壹週刊》為數不多的訂戶中，有些人抱怨週三報攤已上市的雜誌，郵局要到週五才會送到家中。為了解決這個問題，黎智英雇用騎摩托車的披薩外送員，以更快的速度遞送雜誌。

一九八九年夏天，一位名叫李韻琴的文靜學生在殖民地的主要英文報紙《南華早報》（*South China Morning Post*）實習。天安門事件發生幾週後，《南華早報》編輯派二十四歲的李韻琴，去訪問製作圓領衫支持天安門學生的傲慢服飾業大亨。兩年前茱蒂離去後，黎智英的私人生活一直不太穩定。他發現自己被這位小他十六歲的年輕記者吸引。李韻琴離開後，黎智英告訴助理，他對實習記者一見鍾情，便開始以一貫的熱情追求李韻琴。

黎智英發現李韻琴是個出身截然不同世界的女性。李韻琴來自關係緊密的天主教家庭，李家源於中國北方山東省，她有五名姐妹、一名兄弟。李韻琴精通多種語言，她的法語及義大利語，就跟華語、英語一樣流利。黎智英個性直率喧鬧，容易激動落淚，也常大喊大叫；相較之下，李韻琴則沉穩從容，以天主教信仰為內心支柱。

深深著迷的黎智英，追著秋天返校的李韻琴前往巴黎。黎智英形容那段在巴黎的時光有如充滿文化誤解的瘋狂拼貼畫。當時的巴黎並不常看到亞洲人，特別是在他租住一間套房的奢華旅館雅典娜廣場飯店（Hôtel Plaza Athénée）。有次，一名男子要他幫忙提行李；一如既往，熱心的黎智英笑笑聳肩表示同意，還收下對方給的小費。那名客人正是伍迪・艾倫（Woody Allen）。

另一次，飯店司機拒絕接受黎智英給的小費。被問到原因，司機回答：「我聽說您是日本山口組（黑幫）的老大，所以我不敢收。」聽了之後，黎智英覺得挺妙：「剃光頭的日本人能住進套房，不就是黑幫嗎？」由於日本黑幫經常切斷手指以示忠誠，更強化了這種文化刻板印象；因為黎智英曾在手套工廠受傷，失去右手無名指指尖。

一九九〇年十月創辦《壹週刊》後僅六個月的時間，黎智英又再度返回巴黎，繼續追求李韻琴。他後來在自己的每週專欄中寫了一首給巴黎的情詩，提到成功贏得李韻琴的芳心：「巴黎，你異常感性，讓矜持的女孩墜入愛河。」一九九一年七月十九日，黎智英與李韻琴公證結婚，距離兩人初相識剛好兩年。隔年，他們在巴黎教堂舉行婚禮。

一九九〇年秋天，離開香港前往巴黎之時，黎智英對《壹週刊》的員工說：「別擔心，這件事一定會賺大錢。」即便黎智英從不擔憂資金或成本，雜誌的相關供應商卻沒有同樣的信心。當時經營不善的香港老闆經常從殖民地出逃，留下債主一場空。

黎智英離港後的第二天，公司的審計員便進到辦公室，擔心地問：這間公司還活得下去嗎？以專業術語來說，他想知道《壹週刊》是否能「持續經營」，還是會在未來十二個月內有倒閉的危險。不久之後，印刷廠也找上門來。印刷廠才剛因《壹週刊》逐步穩定而延長結算帳期，但黎智英離港之後，他擔心自己收不到欠款。討論之後，印刷廠同意維持寬鬆的付款條件。同時間，雜誌的每週銷量從低谷時的不到三萬份，迅速攀升到九〇年代中期每週超過二十萬份的高峰；證明了黎智英的自信是有道理的。

黎智英不僅擁有《壹週刊》，從一九九〇年三月的創刊號開始，他就替雜誌撰寫每週專欄。專欄文章展現出他大膽、有時粗獷的風格。接下來的三十年裡，他共寫了約一千六百篇文章，內容涵蓋政治到創業經歷、童年往事乃至美食等多種主題。早期專欄文章是手寫，後來則常用手機簡訊撰寫，通常是他在船上獨處時完成。

一九九四年七月的一篇專欄文章，標誌著黎智英成為中國共產黨公開批評者的里程碑。當月，中國總理李鵬在數週訪歐行程中出訪德國；他是五年前天安門屠殺事件以來，首位訪問西方民主國家的中國領導人。黎智英跟許多人都認為李鵬是替鄧小平執行天安門屠殺的主要打手，李鵬也因此被冠上「北京屠夫」的惡名。

一九九四年李鵬訪歐期間，黎智英恰好也在歐洲。他跟懷著六個月身孕的妻子李韻琴一起前往巴黎，這是兩人的第一個孩子。想到他們的孩子未來將生活在即將被中國共產黨控制的城市，促使黎智英寫下一篇專欄文章，讓他跟北京站上了對立面。

黎智英在文章中譏諷李鵬是「國恥」。他批評中國共產黨野蠻、腐敗且衰敗，指出共產黨把人民當作工具，而非看見人人有其價值與尊嚴。黎智英還觸及資訊與民主的主題，對李鵬說：「你奴隸主的嘴臉在今日資訊明、人人平等的世界僅是個笑柄。」他在專欄文章的結尾，對總理拋下強硬戰書：「我要同你講，你不單只是個王八蛋，你還是IQ零蛋的王八蛋。」他基本上稱總理是「王八蛋」，「王八蛋」是日常咒罵詞語，暗指對方跟烏龜一樣，不知父母是誰。

「這篇文章完全是從天上掉下來，」黎智英的手稿從巴黎傳真過來後，負責這篇文章的編輯回憶道：「我們從未關心過中國大陸的政治。從第一天開始，我們的焦點始終是香港。誰在意中國發生什麼呢？」然而，編輯也沒想太多。畢竟香港仍是英國殖民地，而中國也承諾香港現有自由不會受到影響。「我們相信『一國兩制』的承諾，相信法治與言論自由。這只是一篇專欄文章，不到七百字。再說了，黎智英是誰？香港每天報紙上都有人寫比這更惡毒的話批評李鵬。」

黎智英是誰？對中國共產黨來說，他是非比尋常的威脅。他是億萬富翁商人，從紡織業巨頭轉型成零售商，現在又是成功的雜誌經營者。他甚至宣布將創辦一份報紙。他擁有三樣共產黨擔憂的資源：資金、獨立與影響力。從北京的角度來看，必須遏止黎智英。於是，中共祭出慣用手法，對佐丹奴發動攻擊。兩年前在香港證交所上市後，這名零售商就在中國開設首批門市。八月份，中國當局在國有媒體上對黎智英展開抨擊，開始騷擾佐丹奴的北京門市，突然切斷電力，調查所謂「執照問題」，最終關閉該店。

黎智英選擇加倍反擊。九月份，他撰寫另一篇專欄文章，為前篇文章辯護。他在文中為自己的粗俗用語道歉，但進一步闡述反對共產黨的理由。他重申資訊自由流通的重要性，並表達共產黨在面對更民主的資訊環境時必然衰敗的信念。這兩篇《壹週刊》上的文章，充分表達黎智英對自由與透明的核心信念，以及他對正義必將得勝的樂觀態度。但同時，它們也更強化中國共產黨打壓他的決心。它們為黎智英後半生的命運定下了基調。

「是的，我是反共的。我徹底反對共產黨，因為我嫌惡所有鉗制個人自由的東西。共產主義意識的基礎是絕對鉗制個人自由。

今日，共產黨已無立足之地。資訊透明令人們的意識日趨獨立……人們都渴望得到更多的選擇自由，更少的掣肘。在這種新的意識形勢下，共產主義哪裡還會有生存空間？共產黨已無可救藥，今日的中國卻充滿希望……

我對中國充滿信心。我決定在九七後留下來，因為我實在捨不得香港，我更相信我反共的意識不會為我造成不便。我真的相信，今日的共產黨幾乎已名存實亡，一旦鄧小平去了，就更不重要……我反共不是因為仇恨，而是出於知識、良知和信念的驅使。我沒有做英雄、救世主或殉道者的虛榮，我別無他求，我只想做誠實的知識分子。

中國的經濟愈開放繁榮，人民對世情認知日深，對個人選擇自由空間要求愈大，共產黨作為主導中國政治意識的力量，亦會逐漸敗壞和沒落。

亦是因為六四（天安門屠殺發生的日子），共產黨威信盡失，醜態盡露，加速了其敗壞和沒落，進一步保障了中國的開放。今日中國政府要靠經濟開放、改善人民生活才能保住權力……有什麼好怕？

今日中國的經濟成果，是因為中共變得愈來愈務實。中國經濟愈開放、政府愈文明，共產黨便愈不可怕。

我反共，因為極權意識令我厭惡和反感，我太愛自由了。」

文章結尾，黎智英為前一篇專欄文章辯護，並提出信條：「我會爭取自由，我不會放棄反共，我絕不會放棄做人的尊嚴，永遠都不會。」

第六章

推土機

黎智英的下一步是加碼投入媒體事業，創辦一份報紙。當時距離中國接管香港僅剩兩年時間。他的舉動是勇敢，還是瘋狂？《蘋果日報》迅速成為這個擠滿競爭報紙的市場上，讀者量最多、也最賺錢的報紙之一，儘管這也引來政府關注，給黎智英帶來麻煩。

黎智英發表抨擊李鵬的專欄文章後，中國政府開始騷擾佐丹奴的中國門市，認為此舉能令黎智英妥協。這類經濟施壓正是共產黨控制手法的典型策略。幾乎毫無例外地，商人面對這類威脅時，都會選擇將利益置於原則之上。黎智英並未因此而結束《壹週刊》或放軟報導力度。相反地，他在專欄文章刊出後的一九九四年八月辭去佐丹奴董事長一職；一九九六年，他以一億八千五百萬美元出售自己在佐丹奴的百分之二十七股份，用來支付《蘋果日報》創刊的相關費用。

一九八九年天安門事件發生九個月後問世的《壹週刊》，既受歡迎又能獲利，但它每週只出刊一次。一份日報將讓黎智英與他的團隊每天都有機會推動反貪腐、自由及民主議題。黎智英深知報紙是穩健的商業構想。儘管他的媒體事業最終成為一場聖戰，投資《壹週刊》起初只是出於商業考量。

香港擁有全世界競爭最激烈的報業市場之一，超過六十家主要中文報紙與三家英文日報。中國大陸上的媒體受到共產黨控制，香港的媒體生態卻是一片自由競逐的天地。然而隨著一九九七年中國接管香港的時間逼近，許多報紙逐漸開始畏懼觸碰中國議題。即便是曾經支持一九八九年天安門民主運動、哀悼中國政治改革遭到鎮壓的媒體業者，也逐漸減少對民主的支持。

香港人則普遍更加支持民主。一九九一年，香港立法局首次舉行普選，約有六成港人投票支持民主派候選人。因此，黎智英明白《蘋果日報》有了穩定的潛在市場。當時的港督彭定康正推動全面民主改革，不僅帶來大量新聞議題，報紙也有機會在香港的民主抗爭中發揮重要作用。

黎智英將他的報紙命名為《蘋果日報》，靈感來自伊甸園的故事。「夏娃吃了蘋果，」這是知識之果。「沒有蘋果，就不會有新聞。」他曾對施立果神父表示：「某晚禱告後，我靈光一現，覺得應該叫它《蘋果日報》。因為夏娃若沒咬下蘋果，我們還在天堂裡，就不需要報紙了。」黎智英從沒見過史蒂夫・賈伯斯（Steve Jobs），也不承認報紙的名字跟當時在加州苦苦掙扎的同名電腦公司有任何關係。倘若如此，這倒真是個非凡巧合；因為蘋果公司創辦人賈伯斯在一九八五年也曾創立一家名為 NeXT 的公司。

《蘋果日報》於一九九五年六月二十日創刊，距離英國將香港殖民地移交給中國僅剩兩年又十天的時間。黎智英以他在佐丹奴期間熟悉的經營手法，包含低價、敏銳市場行銷、大膽版面設計，以及讀者會意見回饋，來滿足讀者需求。

黎智英曾雇用摩托車披薩外送員，加速《壹週刊》配送。到了《蘋果日報》，他進一步提升速度，安排許多記者與攝影師騎摩托車進行採訪。某個時期，《蘋果日報》擁有三十輛汽車與十五輛摩托車供記者與攝影師使用。葉一堅從《壹週刊》轉到《蘋果日報》，將狗仔隊文化推向新高峰。有一次，一名從離島坐船到港島的孕婦在中環碼頭臨盆，《蘋果日報》的攝影記者竟然比救護車還早抵達現場。還有一次員警追捕兩名持槍搶匪時，《蘋果日報》的攝影記者竟然也加入追捕隊伍，拍下整場驚險過程。

黎智英出售佐丹奴股份後獲得大筆現金，他自資九千萬美元投資創辦《蘋果日報》，確保新事業擁有成功所需要的充足資源。從創刊開始，他就砸下大錢，以全彩印刷整份報紙，並選擇高品質的紙張。當時的印刷媒體還是以黑白為主。《紐約時報》直到一九九三年才首度刊登彩色插圖，一九九七年才開始在頭版加入彩色圖片。而黎智英的全彩印刷讓《蘋果日報》可以向廣告商收取更高費用。《蘋果日報》使用昂貴紙張與頂級印刷機的策略，跟二十年前他為了第一份傑西潘尼百貨訂單，採用高成本紗線的理念如出一轍。

高品質的彩色印刷吸引了奢侈品廣告商，這對高發行量的報紙來說是個重大突破。《蘋果日報》的成功引發一場價格戰，市場領導者《東方日報》將價格從六十五美分降到二十五美分。有能力斥資更新印刷設備的競爭者都轉成全彩印刷，其他人則退出市場。《快報》與親臺的《香港聯合報》則在一九九五年底停刊。

黎智英是個事必躬親的出版人。除了撰寫專欄之外，他還擔任《蘋果日報》的首席發言人與行銷者。他拍攝了無數以蘋果為主題的照片，宣傳報紙創刊。一支令人印象深刻的電視廣告裡，一群戴著面具的弓箭手圍著黎智英，在他全身中箭後，成功射中他頭上的蘋果，重現威廉・泰爾（William Tell）的場景。（或者，考慮到幾個月前他剛迎來兒子黎崇恩 [Sebastien] 的誕生，心中也許還浮現天主教聖人聖巴斯弟盎 [St. Sebastian] 殉難的形象。）接著黎智英不慌不忙拿起蘋果，一口咬下。「那支廣告定義了九〇年代的香港，」後來成為立法局議員的律師郭榮鏗憶起：「那則廣告、這份報紙及黎智英本人，他們改變了遊戲規則。」

知名粵語流行歌曲填詞人兼雜誌專欄作家林振強則協助制定市場行銷策略。他的口號之一是：「每日一蘋果，冇人呃到我！（沒人能騙我！）」黎智英跟林振強的親近友誼及對他專業的依賴，突顯出黎智英善於尋求圈外人士協助的能力。這段香港變遷的時期中，林振強幫黎智英跟新一代的粵語主流文化建立連結。林振強的姐姐林燕妮是高產作家兼報紙專欄作家，多年來跟《獅子山下》電視劇主題曲填詞人黃霑同居。黎智英負責大構想，而林振強則是組建創意生態的一部分，推動黎智英的媒體事業。

「我們是為香港人辦報。只要讀者選擇我們，支持我們的報導，認同我們的立場，不論壓力多大，我們一定能屹立不倒。」創刊社論上堅定宣告。《蘋果日報》首日便售出二十萬份，很快成為僅次於大眾報《東方日報》之後的第二大報。黎智英後來回想起大眾對《蘋果日報》的熱情時說：

「那時距離中國接管香港還有兩年。大部分媒體都很怕共產黨管控媒體的方式，全都開始自我審查……忽然間出現一個人，他不在乎共產黨接管，也不怕他們。人們從這裡找到一些力量。看起來像個瘋子，但這瘋子給了他們一些依靠。」

但事情並不像他講得那麼簡單。《壹週刊》的強硬作風，以及批評李鵬專欄後中國對佐丹奴的打壓，已經讓黎智英成了燙手山芋。其他商人不想被視為同道中人。《蘋果日報》一開始將印刷業務外包給出版之友印務集團（Premier Printing Group），這間公司當時已經在印製地鐵站免費發放的報紙。但是《蘋果日報》的快速成功讓黎智英需要一間能夠輕易滿足印量持續增長的合作夥伴。於是，他的團隊聯繫了《南華早報》。

生於馬來西亞的商品大亨兼旅館業者郭鶴年剛從梅鐸（Rupert Murdoch）手中買下《南華早報》，並在新界的大埔設了一座印刷廠。「當時《南華早報》的業務經理是個低調英國人，」曾聯繫《南華早報》商談印刷合作的《壹週刊》編輯回憶：「我們在賽馬會見面。那個英國人態度模棱兩可。《南華早報》剛在大埔建了一座新印刷廠，顯然有過剩產能。但考慮到郭鶴年跟北京的關係，他們根本不可能幫我們。」最終黎智英只能繼續跟出版之友合作，直到幾年後《蘋果日報》在新總部建立自己的印刷廠。

身為當時發行量最大的報紙，面對價格戰跟《蘋果日報》的強勢報導，《東方日報》感受到極大的競爭壓力。《東方日報》立場親北京，定位採取徹底大眾路線，直到《蘋果日報》創刊前，它的發行量遠超過其他對手。《東方日報》是一九六九年由馬惜如與馬惜珍兄弟兩人創辦；一九七〇年代兩人因涉嫌從緬甸金三角走私七百噸鴉片進入香港，而逃往臺灣。隨著跟《蘋果日報》的競爭白熱化，《東方日報》試圖強迫書報攤主接受超出銷量的報紙，且不作回購安排。一名拒絕接受配額的女報攤主甚至遭人持刀砍死。

《蘋果日報》則以創新取勝，以粵語俚語取代書面語。大膽標題、大幅彩色照片及穿著暴露的女明星，讓社會輿論熱議不休。政府官員、企業高層及專業人士常以《蘋果日報》為攻擊目標。人們聲稱討厭《蘋果日報》，卻仍忍不住要讀它；通常一份報紙會有多人傳閱，因此《蘋果日報》的實際讀者數量並不輸《東方日報》，且讀者教育程度和收入也比較高。沒人能忽視它的存在。

早在一九九七年香港交接之際，就有傳聞黎智英名列中國掌控局勢後將逮捕的秘密名單之上。同年六月，他在香港君悅酒店的大宴會廳上，當著數百人及對談人《今日美國報》（*USA Today*）創辦人艾爾・紐哈斯（Al Neuharth）的面，崩潰落淚，坦承擔憂自己恐將入獄。

黎智英致力於揭露不法及貪腐，推動透明與問責。《蘋果日報》顛覆了原本舒適的新聞界，一次又一次披露獨家新聞。一九九九年，《蘋果日報》揭露香港稅務局長秘密持有妻子會計事務所的股份，他因而遭到免職。翌年，該報揭發親北京的立法會議員鄭介南將政府機密資訊洩露給他公關公司的客戶。鄭介南最終遭判刑三年。

《壹週刊》專注長篇深度調查報導，而《蘋果日報》則以無所畏懼的八卦風格著稱。雖然在版面尺寸上是大報規格，但內容卻傾向小報的辛辣刻薄。「我總覺得《壹週刊》像是一把劍，而《蘋果日報》則是把劍推進要害的推土機。」二〇〇四至二〇〇六年間擔任《蘋果日報》總經理的馬克．西蒙說。兩者文化截然不同。《壹週刊》更講究思考，也更需要分工合作，所有週刊都是如此。《蘋果日報》則像所有日報一樣，自由奔放而混亂。

《蘋果日報》的過份積極也會導致錯誤。創刊號因為採信不實線報，而在頭版刊出重大錯誤報導。中國接管香港的兩年前，《蘋果日報》曾猜測香港首位行政長官將姓梁（Leuong 或 Neo），結果卻大錯特錯，真正的人選是董建華。「第一天他們就猜錯新特首的名字，」一名《壹週刊》資深編輯譏諷道：「我們當時覺得《蘋果日報》就像個笑話。」

兩家刊物有時會對同一議題，採取截然不同的立場。例如，二〇一〇年《壹週刊》反對一項政治改革法案，《蘋果日報》卻表示支持。這種分歧讓讀者跟員工皆感困惑。「我說，『誰在乎呢？』」一名《壹週刊》編輯回憶：「我們是《壹週刊》，他們是《蘋果日報》。」黎智英鼓勵這種多元，甚至競爭。儘管意見分歧，兩家刊物在追求自由跟透明的共同目標上形成強有力的「左右開弓」，在編務上堅定不移追求民主。

黎智英在編輯的選擇上也頗為特立獨行。他雇用了跟中共及國民黨都關係密切的爭議記者李怡。二〇二二年去世的李怡，是黎智英雇用過的數名共媒記者中，知名度最高的一位。早前與李怡共事過的異議記者金鐘認為，黎智英之所以雇用李怡並給他重要的專欄，是為了擷取共媒裡頭深厚的中國知識份子傳統。然而批評者，包含部分黎智英的員工，仍舊認定李怡是共產黨的代理人，對黎智英的決定百思不解。

最簡單的解釋是，黎智英看重的是才華。「許多左派記者的學識比一般香港記者更好，因為後者是在殖民體制下長大。」同樣從大陸移居香港的金鐘表示，黎智英「為了建立一支優秀的作者與編輯隊伍，必然得往這個圈子拓展人脈。」無論原因為何——李怡跟臺灣的緊密關係也許是另一重原因，此事再次展現黎智英跳出思考框架，不願受限傳統商業模式。

《蘋果日報》跟《壹週刊》的報導，都反映出黎智英願意挑戰殖民地最有權勢的人物。不過幾週前，黎智英才跟全港最有錢有勢的商人私下見面，讓李嘉誠取消對他旗下刊物的廣告封殺；《壹週刊》隨即報導警方涉嫌掩蓋李嘉誠妻子去世的消息。黎智英面對李嘉誠的勇氣迅速傳遍整個區域，也奠定了權勢威脅在前也不退縮的企業精神。

黎智英對李嘉誠並沒有任何私人敵意：後來有人試圖利用《壹週刊》對李嘉誠進行勒索，黎智英果斷拒絕。一名消息人士向雜誌編輯提供李嘉誠涉嫌不當行為的消息，卻毫無根據；隨後又告訴李嘉誠，聲稱《壹週刊》握有對他不利的消息，李若支付酬金，他可以阻止文章刊出。黎智英指示《壹週刊》編輯遠離這位深具背景門路的人物。事後，編輯群才看清這是一起勒索陰謀。

香港的商業巨頭跟政府高官長期以來會否決他們不喜歡的報導，但黎智英對李嘉誠的強硬態度卻打破這種否決權。他面對香港第一富豪的態度，鼓舞了旗下的記者與編輯。李嘉誠與旗下企業停止在黎智英的刊物投放廣告，黎智英自外於香港菁英社交圈的生活則讓他不受影響。「我有個優點，就是我不參加社交活動，」一九九四年他告訴記者提姆．弗格森（Tim Ferguson）：「我不跟人交往。我獨來獨往——徹底的孤獨者，因為我不需要依賴任何人。」

無論是巨富還是異議人士，都逃不過黎智英團隊的報導。黎智英曾將天安門學生領袖柴玲的臉印在一九八九年的佐丹奴圓領衫上。鎮壓事件後，柴玲逃往香港，輾轉前往巴黎，並跟黎智英一家成為朋友。柴玲後來在二〇一五年出版的《柴玲回憶：一心一意向自由》一書中，感謝黎智英與妻子李韻琴。後來在黎宅她認定的私人晚宴中，柴玲向黎智英透露婚姻破裂的消息。黎智英與柴玲的友誼並未阻擋《蘋果日報》搶先揭露她即將離婚的消息。

《蘋果日報》從創刊起就不乏爭議。創刊時最惡名昭彰的一篇每日專欄，是提供香港砵蘭街消費指南；砵蘭街是九龍的紅燈區。專欄風格近似餐廳評論，甚至詳列每位妓女的特長。（在香港，賣淫並不違法，但拉皮條卻是非法。因此，數百家看似「單人店」實際上由皮條客操控的場所遍地開花。）「消費指南」專欄的作者或作者群以「肥龍」署名，這個筆名取自驕奢淫逸的香港財經事務司長許仕仁的暱稱。

拿許仕仁的暱稱當作妓女指南的署名，充分體現了《蘋果日報》的冒險性格，也成功吸引了黎智英想要的關注。《蘋果日報》一再挑戰新聞倫理的邊界，甚至經常越過界限。黎智英曾坦承，《蘋果日報》對性議題的過度關注「令人厭惡」，但當他取消「肥龍」專欄後，報紙銷量立即下降百分之三十。這讓他陷入兩難：「是辦一份沒人看的小報」，還是繼續走這種低俗的路線？「這是我得背的十字架，」他告訴施立果神父：「我知道我是罪人。」

《蘋果日報》最嚴重的倫理錯誤，發生在一九九八年。一名年輕母親將兩個孩子從屋頂推下後跳樓自殺，喪妻失子的丈夫陳健康卻表現得毫不在意，反而偷偷越境到無拘無束的深圳。拿了《蘋果日報》記者提供的六百五十元，陳健康跟他的妓女情婦大肆狂歡，整個過程被報紙詳細記錄。兩週後，黎智英發表了一整版的道歉信，承認他跟團隊「做得太過分」，表示「深感歉意」，並承諾會「從這次令人遺憾的經歷中吸取教訓」。他也曾因為《蘋果日報》篡改圖片，誇大出版人兼前導師「鄭大班」鄭經翰在持刀襲擊中所受的砍傷及瘀痕，而再度道歉。

黎智英那種大膽無畏的風格深入公司文化。業務員接到廣告訂單後，會大按辦公室牆上的喇叭以示慶祝。「這跟道瓊（Dow Jones）形成鮮明對比，」《遠東經濟評論》及後來《華爾街日報》（*Wall Street Journal*）出版人高登・克羅維茨（Gordon Crovitz）說：「我們接到廣告當然也很高興，但從沒想過要在牆上裝個喇叭。」

黎智英常被拿來跟威廉・藍道夫・赫斯特（William Randolph Hearst）相提並論。同樣都是報業大亨，兩人都結合煽情報導與深度調查新聞，醒目標題及挑釁漫畫來吸引讀者目光。科技讓黎智英將煽情報導推到赫斯特未能企及的高度，一切都以全彩照片呈現：車禍現場、孕婦在街頭分娩、政客跟情婦偷偷進入酒店，甚至是腦漿四濺、斷肢屍體等畫面。《蘋果日報》毫不避諱地以鮮明圖片呈現這些內容。

若說赫斯特曾在美西戰爭敲響戰鼓，鼓吹美國建立海外帝國，最終導致美國取得菲律賓跟波多黎各，黎智英則致力於在香港推廣民主。「他擁有一切，」克羅維茨說：「社論水準堪比《華爾街日報》，八卦內容超越《人物》雜誌，相當專業的政治報導，還有女星照片。他關注香港人想讀的內容。身為媒體創新者，他有一大優勢，那就是他並非業界出身，他可以隨心所欲做自己想做的事。」

前西北大學麥迪爾新聞學院院長布拉德・哈姆（Brad Hamm），自二〇一五年起擔任壹傳媒董事，認為約瑟夫・普立茲（Joseph Pulitzer）是更好的對照。普立茲跟黎智英一樣，敏銳結合煽情跟調查報導，建立起他的新聞帝國。兩人同樣面臨法律挑戰。普立茲曾因揭露巴拿馬運河貪污醜聞，被聯邦政府以誹謗老羅斯福總統（Theodore Roosevelt）為由起訴，但最終取得勝訴。

黎智英還將自由市場經濟理念融入辦報之中。一九九〇年代初期，他透過香港大學教授張五常，結識諾貝爾經濟學獎得主米爾頓．傅利曼（Milton Friedman）。張五常曾與傅利曼在芝加哥大學共事，後來返回亞洲協助中國經濟進一步改革。一九九三年，在張五常的安排之下，黎智英與傅利曼及其妻蘿絲（Rose）同行前往中國。傅利曼在回憶錄中特別提到黎智英跟《壹週刊》社長楊懷康，是「此行認識最有趣的兩個人」。

簡介了黎智英的背景與佐丹奴公司後，傅利曼如此描述黎智英：「更驚人的是，他靠著自己取得自由主義教育，成為自由意志主義者，吸收了從亞當斯密、路德維希．馮．米塞斯（Ludwig von Mises）到海耶克等所有經典著作。」

傅利曼描述中國旅程時，特別提到黎智英樂於嚐鮮的飲食習慣。有一晚，他們在長途車程後抵達餐廳，菜餚陸續上桌。「第一道菜是小狗肉。雖已切成小塊，但擺盤仍能看出一頭是尾巴，另一頭是耳朵。第二道菜是駱駝蹄，接著是蛇。這是一桌最奇異的菜餚，我們跟多數團員都明智地沒有碰。」而黎智英「毫無疑問，是我們這群人裡最勇於嘗試的，他樣樣都試，結果回到飯店後全都吐出來。」

米爾頓與蘿絲．傅利曼夫妻跟黎智英李韻琴夫婦後來成了好友。一九九八年，傅利曼夫婦以黎家客人身分，前往香港兩週。黎氏夫婦也常前往加州拜訪傅利曼夫婦。雙方幾乎每年都會見面，直到二〇〇六年米爾頓去世。傅利曼家的後人在父母去世後，將米爾頓跟蘿絲蜜月時購買的一條毯子贈予黎氏夫妻，紀念這段友誼。

黎智英堅定致力於維護香港的自由市場理想，他擔心香港可能會失去小政府、低稅收與輕度干預的特質。除了港督彭定康試圖引進強制性公積金及其他社會保障措施，香港民主派中日益明顯的社會福利傾向，也令他深感憂慮。為此，他私人發起一系列經濟研討會，由香港大學經濟學教授王于漸主持。王于漸也一同參加過傅利曼的中國之行。

這些晚宴通常在可以俯瞰港灣的優雅餐廳海都酒家舉行，出席者包括許多民主派政治人物。一九九五年李韻琴的姊姊李偉琴（Irene）嫁給民主黨領袖楊森，黎智英與民主派的友誼因此深化，但他仍對民主派的經濟干預主義保持戒心。「晚宴的目的是要削弱他們的社會主義經濟政策。」一名參與過晚宴的編輯回憶。晚宴包含有架構的主題演講與討論主題：「持續了好幾年，也許更久，但後來逐漸失去動力。」

憂慮的香港政府、商界領袖及中國共產黨盯著黎智英的《蘋果日報》與《壹週刊》，一手揭露不法行徑，一手反對社會福利支出，提倡以自由市場解決住房等社會問題。激進自由主義的議題（自由人與自由市場）結合挑逗照片，加上追著城裡最有錢有勢者不放的報導，動搖了當時準備迎接中共接管、隨後又配合政權的刻板守舊香港精英階層。

《蘋果日報》給予旗下記者罕見的自由。過去在《東方日報》工作的記者王穎妍，形容《東方日報》的運作就像「跟非常嚴厲的父親工作，你什麼都不能說，甚至在辦公室拍照都不行。」（擁有該報的馬氏家族因避諱「馬」字，甚至禁止報紙提及跟馬有關的負面內容。）「而在《蘋果日報》，你什麼都能寫，任何報導都行。」報社只做校對和輕微編輯，沒有內容審查。「從來沒有什麼『不能寫』或『不能報』。」唯一的禁區是帶有社會主義經濟色彩的評論。

一九九八年，快速成長的壹傳媒從政府所有的香港科技園公司（Hong Kong Science and Technology Parks Corp）手裡拿到一塊土地的長期租約，在將軍澳工業村興建總部。新建的五層大樓頂樓甚至設有游泳池。當時少數擁有游泳池的香港公司通常僅供高層使用；但在壹傳媒，從保全到編輯，人人都可以使用泳池。唯一的例外是黎家人，黎智英不希望家人使用公司資產。

員工大多敬佩黎智英，但他對下屬也往往相當嚴厲。會議裡，他可能性子急躁、粗魯甚至尖酸刻薄。他的決策十分迅速，不論是投資新刊物，還是解僱某人，從不拖延。資深員工利世民曾說，當黎智英對一項提案「考慮很久」，意思是指「超過三十秒」。有時候，黎智英的決策看似衝動，甚至冒險。員工背地裡戲稱他是「講英文的毛主席」。

然而，果斷並不意味著黎智英是個獨裁者。他跟毛澤東一樣偏好大膽突兀的舉動，但不像他充滿殘酷與惡意。有時黎智英會深入日常營運，甚至跟高層編輯共同檢討前一天的報紙。但他也曾長期淡出，有時連續數年不參與《蘋果日報》的日常管理。「他不是個過度干涉的老闆，」葉一堅回憶，大部分時候，「他讓人自由發揮」。

一九九七年香港交接後，黎智英的媒體持續報導其他香港媒體避而不談的新聞。《壹週刊》曾揭露廣東的SARS疫情。二〇〇三年三月，當SARS仍在香港蔓延（最終奪走二百九十九條人命）時，《蘋果日報》曝光了財政司長梁錦松在宣布提高新車首次登記稅之前沒多久，才剛購入一輛凌志房車逃避稅款。梁錦松的逃稅金額達到兩萬四千港元。他的不當行徑迅速被稱為「零門事件」（Lexusgate）。

中國曾承諾在香港實現民主，卻逐步走向壓制，試圖於二〇〇三年推動《國家安全法》。香港《基本法》第二十三條要求香港施行《國家安全法》，批評者認為該法可能讓政治異議者入罪。黎智英運用旗下報紙與雜誌鼓動公眾反對這項由不民主且不得民心的政府所推動的法案。《蘋果日報》上充滿對立法的反對批評，並全力支持七月一日的反對大遊行。SARS疫情及零門事件的不滿情緒，融織著中國試圖以《國安法》限制自由的恐懼。

《蘋果日報》創刊後的八年間，專注揭露醜聞，打破記者與政客之間的親密關係。在公眾印象裡，《蘋果日報》跟低俗新聞脫不了關係，從砵蘭街妓女品評專欄到資助陳健康深圳狂歡的報導，無不如此。「九〇年代，許多新聞組織並不喜歡他，」一九九四年以《華爾街日報》專欄作家身分首次見到黎智英的提姆．弗格森回憶：「他給人一種粗獷感。個頭壯碩，英語也很粗俗……他的新聞被視為典型的剝削小報。」

黎智英在二〇〇三年對抗《國安法》，標誌著壹傳媒在政治參與上的重大轉變。《蘋果日報》和《壹週刊》首次成為催化反對力量的主導者，並鼓舞民眾走上街頭。這個城市裡，政權操控的體制意味著民主派政治人物難以接近權力，而《蘋果日報》和《壹週刊》則扮演了類似反對黨的角色。

七一遊行的前一週，《壹週刊》封面刊登一張合成照片，特區行政長官董建華的臉上被砸了一塊奶油派。七月一日當天，《蘋果日報》則刊出董建華的戲謔照片，該照片設計成可供遊行者剪下，拿來當成抗議標語。該報還號召民眾加入集會。

黎智英投入空前數量的個人資金，支持反《基本法》第二十三條的運動。遊行前兩週，黎智英自掏腰包，在《蘋果日報》及香港所有非親共主要報紙上刊登廣告，呼籲民眾在七月一日走上街頭。「這些費用全數由他自己支付，因為他覺得要股東支持並不妥。」助理馬克·西蒙表示。（這種行為本身就跟香港商界的慣例背道而馳，許多企業家往往將公司視為個人提款機。）黎智英還進一步定下政策，凡是有意在《蘋果日報》上刊登政治廣告者，只要內容得到黎智英認可，他個人支付一半的廣告費用。

他還購買抗議用的物品。「黎智英什麼都訂，」西蒙驚嘆，他替黎智英支付廣告費用、購買海報、橫幅及其他抗議物品。「我就像一台提款機，」他回憶起辦公室保險箱裡堆著價值一百三十萬美元的現金。當運鈔車保全將現金送到壹傳媒辦公室時，「財務部只拿走一個小袋子，我拿了兩大袋。」西蒙估計黎智英在二〇〇三年抗議活動中，花費超過一百萬美元的個人資金。光是他在《蘋果日報》刊登廣告的費用就高達七十七萬美元。

從一九八〇年代末期開始，黎智英幾乎就承擔了民主運動的大部分資金需求。從銷售圓領衫支持天安門事件開始，到他入獄為止，西蒙估算黎智英至少捐出了一億四千萬美元。

政府原本預測約三萬多人將參與抗議。然而，七月一日當天，酷熱難耐的天氣下，五十萬人走上街頭。他們從維多利亞公園出發，遊行兩英哩，前往市中心的中央政府辦公大樓。錯估人數反映出香港政府與市民之間的脫節。

公眾抗議在香港歷史上一直扮演著重要角色，但大規模的抗議卻相對罕見。最突出的例外就是一九八九年支持中國民主運動的上百萬人大遊行。自那之後，每年都有數萬甚至超過十萬人，參加在維多利亞公園舉行的六四天安門紀念活動。毫無疑問，在七百萬人的城市裡，五十萬人的遊行一種是對政府的明確譴責。

「如果沒有黎智英跟《蘋果日報》，我都不知道二〇〇三年會不會有五十萬人上街頭抗議。」聖母大學教授許田波說：「中國共產黨害怕他的動員能力。（從中共的角度來說）他的危險之處，在於他能將不同人團結在一起。當你能跟喜歡烹飪、賽馬與足球的人都侃侃而談，你就吸引了全香港的人。」

正面抗爭《國安法》激怒了北京。黎智英與其他港人對八九年民主運動的支持，已經令中國擔憂香港的民主熱情可能會往內地蔓延。他們也擔心香港可能會成為中國民主運動者的基地。前一年十月份港府宣布根據《基本法》第二十三條推動《國安法》立法時，最初的抗議集會只吸引了幾十人。將最初乏人問津的議題醞釀成九七年後香港政府最大挑戰，黎智英扮演了關鍵角色，這也引起北京的憂慮。

抗議取得顯著成果。根據《基本法》第二十三條制訂的《國安法》被撤回。推動法案並嘲諷抗議者的保安局長葉劉淑儀辭職下台；捲入「零門事件」醜聞的財政司長梁錦松也下台。二〇〇五年三月，行政長官董建華提前兩年離任。隨著董建華辭職，黎智英阻止《國安法》立法的運動取得了超乎預期的成功。十年前創辦的《蘋果日報》，如今已成為推翻城市領導者運動的核心力量。

然而，中共不可能容忍黎智英與記者群發動有力反抗；他的成功更加激怒北京。共產體制的核心正是特別設計來確保異議無法發聲；一旦發出聲音，黨就會徹底根除。正如林培瑞教授指出，共產黨堅持「正確」，而這裡的「正確」意味著「符合黨的利益」。

在黎智英的情況裡，異議伴隨著巨大財務資源，讓他更具威脅性，特別是他用自己的錢打造了一個可以反對政府的媒體平台。北京非常重視新聞，它視媒體為宣傳工具，堅持報紙、雜誌及媒體都應為政府與黨服務。然而他們卻買不動黎智英。他對妻子李韻琴恩愛忠誠，因此也無法被性勒索，讓他擺脫了共黨常用的控制手段之一。他不在意錢：他已經賺得太多，因此難以被收買。更何況，他還正把這些錢廣泛投資到全球各地。

距離香港摩天大樓半個地球之外，加拿大安大略省尼加拉湖濱（Niagara-on-the-Lake）的威爾斯王子旅館（Prince of Wales Hotel），喚起大英帝國輝煌時代的氛圍。馬車轆轆將客人送抵維多利亞風格的紅磚建築門口，此地與香港的飯店形成鮮明對比。在香港，只有建於一九二〇年代的半島酒店展現出相同的殖民時代奢華；正是在半島酒店，黎智英結識了許多服飾採購專員。

威爾斯王子旅館建於一八六四年，二十世紀初因為後來的英王喬治五世（George V）曾經造訪而改名。多年來，這座湖濱度假勝地接待過眾多皇室成員。多倫多本地與美國、日本、中國的旅客摩肩擦踵，享受旅館英式下午茶的司康與黃瓜三明治。頂級的「王子殿下」午茶套餐（His Royal Highness Tea）提供精選的地產起司冷肉拼盤、茶品及蘇格蘭艾雷島十二年單一麥芽威士忌。這些全都體現了旅館的承諾：為每晚房價五百元美金的客人提供「皇室般的尊榮享受」。

在黎智英逐漸擴大的旅館帝國中，威爾斯王子旅館成了旗艦產業。這處擁有一萬八千名居民的度假小鎮，位於尼加拉瀑布的下游，跟尼加拉河對岸的美國只有幾百碼的距離。尼加拉湖濱小鎮是一處歷史小鎮，古要塞跟歷史建物都提醒著遊客，一八一二年戰爭期間，美軍曾從此地入侵加拿大，試圖奪取多倫多卻未果。今日多數美國遊客只想脫離美國側的商業氣息，在此地尋求另一種悠閒步調。

黎智英擁有的十多間豪華旅館、餐廳及SPA，是他最大宗、也許也是最出人意表的投資項目。然而這樣的投資也顯得奇妙貼切：這位香港華人企業家，因為捍衛英國的自由理念而遭到囚禁，這些理念是他身為殖民地子民時所學到的；今日他卻擁有大英帝國巔峰時代建立的維多利亞風格旅館。黎智英的大投資讓這個一度落寞的小鎮，搖身一變成為國際知名的美食、葡萄酒與藝術中心。二〇二三年，《康泰納仕旅遊者》雜誌（*Condé Nast Traveler*）在評選全球五十個最美小鎮時，將尼加拉湖濱小鎮納入榜單，並特別提到威爾斯王子旅館。

旅館業跟黎智英在大規模生產中的商業成就，形成鮮明對比。他過去專長大規模標準化作業，例如佐丹奴的快時尚、為傑西潘尼及凱馬特百貨生產的大眾市場毛衣，以及《蘋果日報》每日數十萬份的發行量。然而，黎智英始終熱愛零售，而尼加拉湖濱小鎮的魅力正在於此地的獨特性。威爾斯王子旅館與館內著名的茶室，在全球獨一無二。如同其他所有事業，黎智英一向親力親為。他對美食與設計的熱忱也找到出口，特別體現在旗下數十間旅館內部餐廳及獨立餐飲事業的料理中。

然而尼加拉湖濱小鎮的過往並非總是如詩如畫。老住戶都還記得威爾斯王子旅館的老酒吧曾是重機騎士喜歡聚集的地方，女性寧願過街繞道而行避免經過此處。黎智英的雙胞胎妹妹黎思慧在他逃離中國四年後，冒險泳渡深圳灣，追隨他到香港尋求自由。黎思慧剛抵港的時候曾獲得黎智英幫助。一九七二年，她在香港生下女兒廖舒琪；一九七〇年代末期移居舊金山；一九七九年誕下次女廖慧德。隨後全家搬到非洲的迦納（Ghana），她的丈夫從事紡織業。然而這段婚姻並未能走下去。一九八二年，黎思慧帶著兩個女兒搬到加拿大。她先在尼加拉瀑布的一間旅館工作，攢夠錢後買下一間紀念品店，接著又買了一間瀑布附近的汽車旅館。今日的艾瑞卡・列普（Erica Lepp，廖慧德）說：「我的童年就是在這兩個地方度過，除了上學以外，所有的時間都在幫忙。」

每個星期天，黎思慧會帶著兩個女兒開車到尼加拉湖濱吃早午餐。她夢想著有一天能在那裡買間房子。「一九九四年，她帶我去皮勒郵政（旅館）（Pillar and Post）吃早午餐，」艾瑞卡說：「我永遠不會忘記我們坐的地方。她問我喜不喜歡那頓早午餐，我說喜歡。她告訴我，她跟智英舅舅要買下這個地方。」

隨後的十年間，黎智英資助了一股投資潮。三十年過去，共花費了數千萬美元，如今黎家幾乎主宰了整個小鎮。黎氏酒店集團擁有尼加拉湖濱三間最頂級的旅館——君臨旅館（Queen's Landing）、皮勒郵政旅館及威爾斯王子旅館。此外還有一家從東京空運海鮮的壽司餐廳、一家泰國餐廳，及數家精品旅館。他們還在附近的葡萄酒鄉開設一間全新的SPA旅館，並在更遠一點的安大略湖沿岸擁有兩家旅館。

在香港，黎智英透過出售佐丹奴的股份，成功化解了來自中國當局的初步壓力。資產投資多元化並將錢移出香港，顯然是明智之舉。黎智英更是大力支持黎思慧的事業。雖然最初的投資是出於幫助妹妹，黎智英同時也展現出敏銳的商業觸角。隨著大英帝國在香港的影響逐漸式微，把投資轉到另一個強調法治、保障財產權的大英國協國家，是明智的戰略賭注。

黎智英為黎思慧在尼加拉湖濱的收購案提供資金，同時贈予她公司百分之十的股份，作為建立事業的獎勵。後來，這對雙胞胎決定分道揚鑣，黎智英委託馬克・西蒙負責跟黎思慧協調業務分割的精細任務。兄妹間成功調解，最終黎智英支付黎思慧一千二百萬美元，並將幾處規模較小的產業轉讓給她。此事也確立了西蒙作為黎智英最重要助手的角色。

黎智英任命西蒙為黎氏酒店集團主席，並授予他公司百分之三的股份，讓他也成為股東。西蒙曾是東卡羅萊納州立大學橄欖球隊的進攻鋒線球員，如今則在黎智英的事業中扮演類似角色：阻擋攻擊並保護他的老闆。除了處理家族事務及督導加拿大業務外，西蒙還負責報紙部分商業營運及動畫部門，他還發展臺灣的房地產業務，並管理黎智英的股票投資組合。由於西蒙曾服役美國海軍，他父親長期為中央情報局官員，因此香港流傳他是美國間諜的謠言，但西蒙否認。

西蒙在加拿大雇用專業經理人組成的團隊，引領業務成長。正如黎智英在佐丹奴及媒體業務中的做法，他格外用心了解顧客需求。他率先在旗艦領航的威爾斯王子旅館推出每週「漢堡之夜」，讓當地居民即便在旅館轉向高階市場後，仍能感受到賓至如歸的氛圍。

每週三晚間，威爾斯王子旅館溫馨的英式邱吉爾酒廊會供應多達三百五十份豐盛的漢堡套餐，含湯或薯條，價格僅為三點七五美元（加幣五元）。這份旅館餐點比一杯星巴克咖啡還便宜。

疫情後食物成本上漲，旅館管理層曾詢問可否提高售價。然而來自赤柱監獄的回音（不管是不是星期三，獄中菜單都沒有漢堡），黎智英堅持漢堡價格不能改變。原本一開始只是為了在漫長淡季吸引生意的策略，如今卻成為一年四季週三晚上的固定菜單。

黎智英提供給客人的，不只是漢堡、薯條跟下午茶，他還展出自己的藝術收藏，供旅館賓客欣賞。他藏有大量丁雄泉的畫作，這是他跟藝術家數十年友誼的結晶。黎智英曾在壹傳媒的香港跟臺灣辦公室內，展示數十幅丁雄泉螢光色調的壓克力及水彩畫，主題包含貓、鳥與女性。二〇二一年底香港當局著手關閉壹傳媒時，黎智英下令轉移這些畫作。儘管警方只有權沒收公司資產，這些畫作是黎智英出借的個人收藏，但在二一年的混亂突襲中，公司建築內幾乎所有物品都被帶走，很可能也會波及這些畫作。

這些畫作如今掛在尼加拉湖濱各酒店的牆上。多幅畫作在君臨旅館展示，這裡的氛圍跟威爾斯王子旅館的洛可可維多利亞風格不同，因此不會跟畫作打架。牆壁上還裝點著緬甸、加拿大與菲律賓藝術家的畫作。將博物館級藝術品掛在企業會議為主的旅館牆上，或許不大協調，但對熟悉黎智英強烈視覺品味的人來說，卻是再合適也不過。

黎思慧的品味則偏向裝飾性與繁複設計，但她同樣擁有出色的設計眼光。威爾斯王子旅館至今仍保留著她當年從香港荷李活道古董店購入的籃子與瓷器。黎思慧曾為君臨旅館委託複製一尊雄偉的米開朗基羅「大衛」雕像，放在俯瞰安大略湖的露台上。直到黎智英接手前，大衛雕像的巨大生殖器曾是無數單身派對合照的背景。黎思慧還曾替主要旅館的數百間客房各別訂製獨特裝飾，她對細節無比講究，以至於仍記得每間房的配置。有一次，她在某間客房發現一個從未見過的花瓶後，立刻下令移除。後來才發現那是一個骨灰罈。員工迅速物歸原主。

黎思慧仍舊住在尼加拉湖濱，擁有數處較小規模的產業。下午時分，人們經常可以看到她騎著成人三輪車，沿著大街慢慢行駛，菲律賓籍幫傭則步行在後，陪伴她往來蕭伯納咖啡廳（Shaw Café）或奧本旅館（Oban Hotel）。這些是她剩餘的幾處產業之一。

黎氏兄妹的投資為當地注入活力。黎思慧首次收購至今已三十年，黎氏酒店集團如今在當地全年雇用約九百名員工，更是當地最主要的納稅者。蕭伯納戲劇節（Shaw

Festival）已成為加拿大最負盛名的文化活動之一，戲劇節劇院是由英國女王伊莉莎白二世剪綵開幕。以晚收冰酒聞名的雲嶺酒莊（Inniskillin Wine），帶動當地葡萄酒產業的繁榮，今日此地支持著超過四十家酒莊。黎智英抓住這股酒鄉旅遊的熱潮，收購附近約旦村的穴泉酒窖（Cave Spring）設施；黎氏酒店集團已經拿下這個小村莊中心地帶的多數地產。雖然他並未涉足釀酒業，卻擁有葡萄藤以外的所有相關資產，包括穴泉的地下儲酒窖、品酒室、SPA及餐廳。

黎智英在技術含量相對較低的服務業中取得成功，反映出他執著於提供令人印象深刻的消費體驗。儘管他對科技充滿熱情，但他更深知建立成功消費業務的關鍵。「他對人有著深刻理解」，曾加入黎智英帝國負責發展數位媒體業務的前記者湯瑪斯・克蘭普頓（Thomas Crampton）如此觀察。身為企業家，黎智英關注三件事：消費者體驗、營運效率及採用最先進的設備技術。從公明織造到佐丹奴，再到《蘋果日報》及《壹週刊》，黎智英以科技作為競爭武器。願意花錢投資在技術上，令他在香港的商業圈中獨樹一格。黎智英與黎思慧一起成功復興一度低迷的度假旅館，展現出他在滿足消費者需求的同時也尋求獲利的精明洞察力。

第七章

「主與我同受苦難」

黎智英第一次參加彌撒，便中途離去。一九八九年剛與黎智英認識不久，虔誠天主教徒李韻琴便邀他一起上教堂。他們自然前往跟李韻琴英文名字相同的九龍聖德肋撒堂（St. Teresa's Church），這座建於一九三二年的教堂是香港殖民地最重要的天主堂之一。宏偉壯麗的建築結合了初期基督教、拜占庭及羅馬復興式建築風格，建築資金大部分來自殖民地內頗具規模的葡萄牙社群。然而到了一九八九年，香港的葡萄牙人多已消失，老一輩相繼去世，年輕一代則遷往鄰近的葡屬澳門殖民地或葡萄牙本土。此時，粵語族群成為香港天主教社群的主要成員，這是個充滿活力且深具政治影響力的社群。

然而建築風格、歷史背景，甚至是對李韻琴的好感，都留不住黎智英。他不耐煩，坐立不安，覺得無聊透頂。他覺得教堂就跟學校一樣——「『起立、坐下、保持安靜』，好像有人在控制他」，李韻琴說。臣服上帝跟教會嚴格的階級體系都讓他反感。

八年後，黎智英卻找到信仰，選擇臣服。一九九七年，他在港島半山區的聖母無原罪主教座堂（Cathedral of the Immaculate Conception）受洗，正式成為天主教徒。皈依天主對黎智英而言，是他對自己立身於世的思索巔峰，也開始了人生新的階段。

一九八九年，他對宗教持中立態度；到了一九九七年，他決定為一生做出抉擇。在北京的壓迫下，他選了《壹週刊》而非佐丹奴，選了香港而非流亡，選了李韻琴而非獨身。他選擇反抗中國共產黨，而非屈服於邪惡政權。一九九七年七月一日，中國接管香港當天，他決定將自己交託給更高的力量。他後來在施立果神父的訪談中描述自己的心路歷程：

「我妻子是很虔誠的天主教徒，所以我常去教堂，但我不知道自己是怎麼接近信仰的。這就像墜入愛河，你說不出原因。也許是香港被共產中國接管的壓力。我是少數幾個敢講話的人，又在香港經營媒體生意。我確實充滿熱情。但我是否（生活）在恐懼之中？我不知道，我似乎從未真正感覺恐懼。當然，我有點憂慮未來將發生的事。很多人傳言我可能會被逮捕。也許是那種對安全的渴望滲入我心中，最終讓我下定決心接受洗禮。」

憂心加上尋求保護的實在需求，而非純粹的信仰，促成他皈依信奉天主教。李韻琴如此概括當時他的心情：「他知道一場鬥爭即將來臨，他需要神幫忙面對這場鬥爭。」面對中國共產黨來勢洶洶的不確定性，他轉向更高力量的信仰尋求定錨。「我的信仰給我無比的確定感。信仰讓許多事情變得澄晰。這是件美好的事……我確信有神的保護……每當我遇到困難或危機，我都感受到祂的存在。我很平靜，相信自己會平安無事。」

黎智英之所以皈依天主教，歸功於多年來跟巴黎的多明尼克・李神父（Dominique Li音譯）之間的輕鬆對話。李神父是來自中國大陸的牧者，一九四〇年代離開中國，隨後半世紀都待在歐洲。一九九二年，他是巴黎克利南古爾聖母教堂（Church of Notre-Dame de Clignancourt）的神父，在此為黎智英跟李韻琴主持教堂婚禮。李韻琴回憶：「他們經常輕鬆討論共產主義跟宗教，漸漸地，他看見（天主教的）美與自由。」

黎智英皈依天主的決定，最能反映出李韻琴在他生命中的重要性。一九九一年，李韻琴嫁給黎智英的時候，對他的不可知論態度保持寬容。她對未來的婚姻生活有兩個主要目標：首先，她發誓要以天主教信仰撫養他們的孩子；其次，她似乎預見了丈夫將走上的艱險道路，承諾無論任何困難都不會離開他，將與他一路同行。她說她從未逼他皈依天主教，後來說：「我知道那一天終將來臨。對我而言，他早就在信仰之中，只是需要形式上的確認。」

李韻琴認為，黎智英皈依天主是受到《時代》雜誌資深記者大衛．艾克曼（David Aikman）的影響。英國放手香港的前幾天，艾克曼到九龍覺士道的公寓與黎氏夫婦共進晚餐。（一九九五年大埔別墅遭搶後，他們就搬進九龍覺士道1A的高景臺大廈頂樓公寓。）李韻琴回憶道：

「晚餐後，艾克曼說：『我們祈禱聖靈降臨？』於是我們跪在餐桌旁。我覺得那一刻發生了特別的事，我覺得是聖靈的臨在。那次祈禱是由大衛發起。聖靈的臨在裡，（智英）決定成為天主教徒。主權移交觸發了他的皈依……他一定感覺到某種無助，（因而）選擇將一切交託給主。他一直都知道有個至高無上的力量。他將自己交託給主，給那至高無上的力量。」

就像黎智英此前的人生一樣，整個皈依過程迅速而激烈。在主權移交的背景下，全球訪客蜂擁而至的環境裡，這個過程幾近混亂。李韻琴曾請記者麥偉林（Bill McGurn）勸說黎智英在移交前一週皈依，但第二次提議時，黎智英拒絕了麥偉林的提議。麥偉林回憶道，晚餐時「我對韻琴說：『不行，我們得順其自然。』」。

移交當晚，黎智英顯得意志消沉。《商業周刊》記者謝里丹・普拉索（Sheridan Prasso）這一晚在覺士道公寓的派對上，首度見到黎智英。她回憶：

「他說：『這太糟了，共產黨會毀掉這個地方。』他非常非常消極，非常非常悲觀。這讓我印象很深刻，因為這跟當時很多香港人表現出的興奮跟謹慎樂觀形成強烈對比。他彷彿已經看見二十三年後會發生的事情，那就是香港的終局。那天晚上，他預視了我們此刻知道的——香港自由的終結。」

移交後幾天，他把麥偉林叫到寬敞公寓裡的一個房間。麥偉林回憶，他說：「我想讓耶穌基督進入我的生命。」他希望由這位比他小十幾歲的摯友擔任他的教父。

除非情況緊急（如臨終），天主教皈依程序通常需要長達一年的漫長過程。然而，黎智英只用了短短一週時間。他跟陳日君主教的長期友誼替他開啟了程序。陳主教給他一疊書，他以一貫強烈的學習風格迅速讀完，開啟他對天主教神學的持續研究。

洗禮後在教堂內拍攝的照片顯示，黎智英身穿黑色西裝，褲腳略長，搭配白襯衫及紅金兩色圖案的領帶。他跟李韻琴相擁，李韻琴身著膝上兩英寸的紫紅色連身裙，笑容洋溢，幾近欣喜若狂。黎智英也在微笑，但略顯不安。同為天主教徒、也是黎崇恩教父的李柱銘站在他身後。教父麥偉林站在前排，身旁是他的妻子茱莉（Julie）及兩歲的女兒葛蕾絲（Grace）。旁邊，一名女傭抱著當時才一歲大的嬰兒，黎家的小女兒黎采（Claire）。三歲的黎崇恩、天主教傳教士董育德（Audrey Donnithorne），及數名外國記者也出席了這場洗禮儀式。

麥偉林是約三年前經由《華爾街日報》的克羅維茨引薦，跟黎智英初次相見。一九九四年八月，克羅維茨曾寫信給麥偉林，提到黎智英也許是香港唯一一位讀過海耶克全集的人。黎智英跟麥偉林很快發現，他們的世界觀高度一致。他們都相信自由市場的力量，並視香港為典範。麥偉林替《遠東經濟評論》撰寫社論，該刊是由《華爾街日報》的母公司道瓊公司出版。《華爾街日報》長久以來的座右銘是「自由人，自由市場」，與黎智英的理念不謀而合。

黎智英對經濟和政治自由的堅定承諾，讓麥偉林深感佩服；黎智英身為一名企業家，對政府管控有著本能的排斥。一九八〇年代居住香港期間，麥偉林擔任《亞洲華爾街日報》社論撰稿人，曾寫下《背信棄義的不列顛》（*Perfidious Albion*），譴責英國背叛香港人民。隨著主權移交中國的日期趨近，這種背叛對黎智英等人的影響愈加深遠。

兩人之間不僅有思想共鳴，李韻琴跟茱莉也建立親密友誼。兩人孩子的年齡相近，黎崇恩生於一九九四年底，葛蕾絲則生於一九九五年初。麥偉林一家遠離美國的親人，幾乎每個週末都跟黎家共度，直到九八年底返回美國。茱莉是黎采的教母；黎采生於一九九六年五月十三日，這一天恰好是紀念反共聖人法蒂瑪聖母的節日（Feast of the Lady of Fatima）。相對地，李韻琴則成為麥偉林二女兒梅西（Maisie）的教母，梅西生於一九九七年。

兩個家庭因為共同信仰而緊密聯結。麥偉林回憶：「那是個天主教家庭，我們很喜歡這樣的氛圍。」香港移交兩年後，黎智英一家搬進嘉道理道的新居，在李韻琴的佈置下，這間房子充滿宗教氛圍。客廳壁爐上方掛著一尊精美的十四世紀北歐木雕耶穌受難像，高達四英呎，主導了整個客廳的氛圍。

即便是麥偉林這樣的密友及天主教徒，也對黎智英突然皈依天主產生疑慮。幾年前，當麥偉林首度詢問黎智英是否「想入教」時，黎智英曾經拒絕。麥偉林說：「他拒絕是希望保持獨立，吸引各種宗教信仰的人。」時隔二十五年，麥偉林反思當時的疑慮。「他皈依天主的那一天，我並不懷疑他的信仰虔誠。這並非出於惡意，但我確實懷疑他的理解有多少，信仰有多深。有很多社交理由讓他入教——李韻琴、李柱銘，他也喜歡陳日君主教。民主運動裡有很多天主教徒。但我也會想：『他到底有多相信這一切？』」

香港民主運動的核心人物中，有一群知名天主教徒。黎智英特別崇敬李柱銘跟陳日君。黎智英雖然仰慕李柱銘，但這位律師一開始對黎智英似乎不是很肯定。一九九〇年代初期，《壹週刊》遭到勢力龐大的商人榮智健提告誹謗時，想找殖民地內最優秀的大律師來為其辯護；榮智健擁有深厚中國政治背景，當時已在香港站穩腳步。「我得跟李柱銘見面，看看是否要繼續打這場官司，還是認輸賠錢。」《壹週刊》資深編輯回憶道：「我們可能見面大概三十分鐘，他不停問我：『你確定黎智英會付我的律師費嗎？你真的確定嗎？』」

由於黎智英跟李柱銘先前已在一九八九年天安門事件中結識，這位編輯記得自己「有點驚訝——李柱銘真的認識黎智英嗎？」還是態度傲慢？「他是香港頂尖大律師，幾乎就像貴族一樣。李柱銘看黎智英只是個『廠佬』，工廠的粗人，不修邊幅。」

但接下來的幾年裡，博學的御用大律師跟粗獷的「廠佬」卻建立起深厚友誼。黎智英對年長他十歲的李柱銘始終保持敬重，尤其在公共場合。不只是因為年齡，李柱銘的教育背景跟他致力於民主的卓越法律事業，都讓黎智英自認望塵莫及。

陳日君樞機主教也在一九九〇年代初期跟黎智英建立密切友誼。一九三二生於上海，陳日君在共產黨接管中國前就逃往香港。他長期關注社會公義議題，在中國的五十年教學與訪問經歷，進一步加深他反對中共的立場，也堅定信仰民主的重要性。逃離中共的經歷，讓陳日君拒絕「解放神學」信仰；解放神學在南美洲地區特別常見，促使許多神父與左派合作。他跟黎智英都認為二〇一三年當選的教宗方濟各（Pope Francis）過於忽視共產主義的威脅。事實上，二〇二〇年，陳日君就曾公開批評梵蒂岡在試圖恢復對北京關係時，對中國讓步過多。

陳日君促成黎智英快速皈依天主的過程，顯示出兩人關係緊密；這段友誼在黎智英受洗後更加深厚。陳日君後來曾在嘉道理道的黎家舉行私人復活節彌撒，足證兩人關係密切。更公開的表現，二〇〇六年陳日君擢升為樞機主教時，選擇邀請黎智英跟李柱銘與他一同會見教宗本篤十六世（Pope Benedict），足見這份友誼之深厚。

黎智英通過陳日君向教會慷慨捐款。二〇一一年時陳日君曾表示，自二〇〇五年以來，他獲得黎智英二百五十六萬美元的捐款，多數用來幫助中國大陸的地下教會與貧困人群。反駁他拿黎智英資助中飽私囊的抹黑謠言，陳日君回應：「我收到了數百萬元，用在教會跟窮人身上。」他指出這筆錢還用來提供獎學金，幫助官方及地下教會的一百七十名學生出國留學。這筆資金幫助「中國及其他地方一大批神父、修女與主教」。陳日君還用這筆錢支持翻譯工作，包含長篇《教會社會訓導文獻》（*Compendium of the Social Doctrine of the Church*）。此書原於二〇〇四年由梵蒂岡出版，傳教士董育德推動中譯。

黎智英的連襟楊森是民主運動中另一位重要的天主教成員。跟李柱銘一樣，楊森也畢業於香港大學，赴英深造後再返港大取得博士學位。他長期在港大社會工作及公共行政系任教。楊森比黎智英年長一歲，出生地廣州與黎智英相近。他是資深的政黨運動者及立法會成員，二〇〇二年接替李柱銘，成為民主黨第二任主席。

皈依天主教後，黎智英不僅加深跟李柱銘、楊森及陳日君之間的關係。他加入的教會對香港的影響力，遠超過這些民主派精英天主教徒。天主教香港教區擁有近四十萬名信徒，在全市居民人口中約佔百分之五（這不包括雖住在香港但不被視為永久居民的二十萬天主教徒，主要是菲律賓籍家庭幫工）。

天主教在香港的影響力遠超過這百分之五的信徒，超影響力部分反映在天主教學校的重要性上。截至二〇二二年，香港共有二百四十二所天主教學校，超過十三萬六千名學生。相較之下，紐約市人口比香港多出約一百萬，二〇二三年只有一百四十八所天主教學校，僅得約五萬名學生。天主教學校的傳統反映出英國殖民統治的一百五十六年間，對教育的放任態度。（值得注意的是，香港直到一九七一年才開始實施強制小學教育。）天主教學校提供高質量且價格合理的選擇，不論學童的宗教信仰。由於公立學校名額不足，許多家長被迫自行安排子女入學。天主教會作為承包方，負責營運學校及其他社會服務，獲得政府補貼百分之八十的經費。

一九六〇年代末起，天主教會開始對社會議題採取更積極的立場。一九六九至一九七三年間擔任香港教區主教的徐誠斌，秉持一九六〇年代初期梵蒂岡第二次大公會議的現代化精神，將社會關懷融入教會教義訓示及活動中。這一舉措讓殖民政府感到不滿。

隨著主權移交日期接近，對宗教自由的擔憂加劇，天主教會愈來愈積極參與民主運動。香港在一九九一及九五年舉行了頭兩次全港的立法局選舉。天主教徒的投票率是整體選民的兩倍以上。這兩次立法局選舉中，超過八成的天主教徒參與投票，而整體選民的投票率則不足四成。多數天主教選民支持像李柱銘與楊森這樣的民主派候選人。

最後一任港督彭定康也是天主教徒。一九九二年抵港後不久，就跟李柱銘及其他幾位民主運動中的重要天主教人士會面，黎智英也在其中。當時，黎智英看起來跟李柱銘等天主教徒的關係相當密切，以至於彭定康當時以為他也是天主教徒。（黎智英後來跟彭定康建立了相當程度的友誼。彭定康離任時，黎智英特地贈他一幅美籍華裔畫家丁雄泉的畫作當作臨別贈禮。這幅畫今日仍掛在彭定康法國住所的書桌後方。）

彭定康很快注意到香港天主教社群的政治及社會參與。「天主教信仰跟他們重視人權、個人尊嚴及個人選擇的信念息息相關。這些價值對他們來說至關重要。有趣的是，許多我們此刻正面評價的香港未來重要人物——他們是中國人，卻不以支持共產黨來定義自己的愛國。相反地，許多人部分是因為天主教會的社會教誨而成為天主教徒，並自然而然地受到政治或法律領域吸引，然後在這兩個領域中都十分活躍。」

香港的天主教徒並非全是民主派。教會裡也有像曾蔭權、林鄭月娥及李家超這類建制派代表人物。跟李柱銘一樣，李家超也曾就讀於華仁書院，卻未繼續升讀大學。一九九九年一項調查顯示，百分之七十六的高級官員畢業於天主教或基督教中學；主權移交前後，全港五百一十二所中學中，基督教學校佔了二百五十所。雖有例外，即便在九七移交後，香港聖公會神職人員也未顯著改變殖民時期以來一貫支持港府權力的政策。

天主教在香港及香港民主運動中的重要性，也解釋了麥偉林一開始對黎智英信仰深度的懷疑。「香港民主運動的社交圈裡，天主教氛圍如此濃厚，以至於香港自由派裡形成了以華人天主教徒為主的核心。黎智英的許多朋友跟他欽佩的人都是天主教徒……因此我猜想他是想加入崇拜群體的小圈子，而非真正出於對基督的信仰。」麥偉林回憶：「他知道這能讓他跟李韻琴更親近。出發點並不壞，但我確實擔心（他的信仰是否深刻）。畢竟，他的報紙仍在刊登色情場所評論。」黎智英受洗後，《蘋果日報》仍舊持續刊登砵蘭街妓女的評論。

黎智英皈依後幾年，似乎並沒有太多改變。他的專欄很少提及宗教。他在遊艇上或晚宴上招待的客人，也鮮少聽到他談論上帝。對話主題仍主要圍繞政治與經濟：中共的腐敗程度如何？它能持續多久？美國何時會意識到中國構成的威脅？中共對臺灣的最新挑釁有哪些？以及香港本地政治的無盡討論。

接下來十多年裡，宗教在黎智英的生活中似乎仍居於次要地位。二〇〇八年《壹週刊》的聖誕專欄是少數例外。他在專欄裡寫下，年幼時曾在廣州郊外的火車站迷路而感到十分害怕，後來一位天使救了他。麥偉林擔心黎智英是出於實際考量及社交地位而皈依天主教，似乎成了現實。然而黎智英似乎變得較為自在，讓身為教父的麥偉林找到些許安慰。「皈依天主之前，他總是坐立不安。皈依之後，他不再焦躁不安，顯得更加自在。」

黎智英與傳教士董育德的深厚友誼，則暗示了在一貫虛張聲勢的外表下，他正經歷一場靈性的旅程。黎智英認為董育德是他最親近也最長久的友人之一。董育德於一九二二年生於四川鄉下一所貴格會醫院，她的父母都是英國聖公會傳教士。她的一生充滿傳奇色彩。兩歲半的時候，她跟父母及其他六個人遭到土匪綁架，用韁繩拴住押往山裡。後來，她進入牛津大學，並跟當時的化學系學生瑪格麗特．羅伯茨（Margaret Roberts，即後來的英國首相柴契爾夫人）成為摯友。她於一九六七年出版的著作《中國經濟制度》（*China's Economic System*）是早期全面解析毛澤東經濟體系的作品之一。

董育德與中國檯面上的「愛國」教會及效忠羅馬的地下神職人員均保持密切聯繫。黎智英、陳日君、董育德跟少數其他人經常在晚宴上討論，如何將上帝的福音傳進中國。「她就是主要的運送者，」邁克・岡薩雷斯（Mike Gonzalez）回憶董育德曾將《聖經》及黎智英提供的現金偷偷帶進中國，給當地的信徒。（她經常跟黎智英的一名菲律賓友人同行，後者假扮成她的女傭。）邁克・岡薩雷斯也是天主教徒，在港時期擔任《亞洲華爾街日報》社論版主編。他補充道：「董育德是完美人選——誰會懷疑一位帶著濃厚英國上流社會口音的老太太呢？」即便二〇二〇年中期黎智英持續深陷法律困境，李韻琴跟黎采仍舊在董育德去世前幾個月陪伴她身邊，日復日陪伴身邊，為她祈禱，為她擦汗，直到她在六月去世。

皈依天主教後超過四分之一世紀的時間，黎智英的靈性旅程持續深化，特別是在他監禁期間，提供了精神滋養，甚至培養出自由的心境。黎智英接受自己作為政治犯的命運，甚至充分利用每天二十三個小時單獨監禁的環境。當局每天只允許五十分鐘戶外活動時間。

黎智英一直牢記蘇聯異議人士納坦・沙蘭斯基的忠告：囚犯可以選擇自由地活著。黎智英入獄前不久的一次對話裡，沙蘭斯基曾說，在獄中「我的肉體是否能存活下來，決定並不在我，而是在蘇聯國安會（KGB）的手中。但只要我活著，我就要活得像個自由人。活著的每一天，我都會享受我的自由。」黎智英在獄中的書寫展現出一種自由感，也深信自己的監禁有其意義：

「我在獄中適應得很好。我的內心總是平靜，閱讀觸動我心的神學書籍，或看見自己的繪畫或靈性領悟有所長進時，偶而也感到喜悅。有時我會想，我的罪孽是否已經獲得寬恕，以至於如此適應獄中生活。我每天祈求上帝寬恕。我希望祂聽見了。」

根據監獄規定，黎智英每月只能讀六本書。他將監禁時間用來研讀天主教神學。入獄最初兩年讀的書，反映出他的廣泛興趣，從十六世紀西班牙神秘主義者聖十字若望的《全集》（*The Collected Works of St. John of the Cross*），到二十世紀初天主教護教者切斯特頓（G. K. Chesterton）的《捍衛理性》（*In Defense of Sanity*）。他閱讀教宗本篤十六世多本著作，但從未選擇較為自由派的繼任者方濟各的作品。他從路德派神學家狄特里希・潘霍華（Dietrich Bonhoeffer）的《門徒的代價》（*The Cost of Discipleship*）中汲取勇氣，這位神學家遭納粹處以絞刑。麥偉林驚嘆：「黎智英入獄前應該沒讀過太多天主教神學或哲學書籍，但現在他飢渴地吸收這些知識。」

二〇二二年十月的一篇日記，黎智英寫下對食物的短暫遐想，隨後又自我警醒：

「我正試著讓自己放下世俗牽絆，尋求與主合一。我不該再去想食物或我喜歡的任何事物。我應該忘掉自己，只想著主，認識祂，與祂一同背負十字架。求主助我。現在我試著畫出好畫，最棒的畫……我很小心謹慎地畫，常常修改。我應該利用不能（離開監獄）的機會：以更高的自律提升繪畫技巧。」

隔天，黎智英寫下類似感想。「現在，我用兩天畫一幅《哀悼基督》。很好。無論要多少時間跟耐心，我都想畫出真正好的作品。我只展示我覺得好的作品，至少是當下我能掌握的最好水準。只有透過自律，我才能成為一名好畫家。願主助我。」

在獄中深化信仰後，黎智英也開始傳教。他勸說多位親友皈依天主教，特別是身處困境的人。長女黎明探監後，他寫下：「她需要新生命，在主的愛與恩典中重生。只有這樣，她才能得救。願主憐憫她。」後續的探視後，他進一步寫下：「我向她指出所有問題的根源，她也承認這些都對。我會運用後續探視，繼續傳教，讓她皈依天主教。」

黎智英觀察到基督信仰——或者缺乏信仰——對其他囚犯的影響。前壹傳媒行政總裁張劍虹遭到當局羈押時，已是基督徒，黎智英表示讚許。總編輯羅偉光一開始並非基督徒，則令黎智英感到憂慮。羈押近兩個月後，黎智英聽到關於羅偉光令人不安的消息。

「他的情緒極度不穩，幾乎難以控制自己。李牧師探視他時，他既憤怒又痛苦，甚至在牧師面前哭了起來。他的家人都很擔憂。他姐姐是個傳道人，曾在這裡工作，現在在加拿大傳教。她聯繫牧師跟基督教社群的朋友，給他支持與安慰。這起了作用。現在，他內心平靜下來，甚至帶著愉快心情，準備接受洗禮。」

黎智英努力平衡自己選擇入獄的崇高行動與基督教教義中的謙卑要求。在他經歷的艱難環境中，他需要在苦難中找到意義，同時避免陷入妄自尊大。他在獄中幾乎有意識地不間斷自我反省，努力成為更好的人。他批評自己想著食物，認定那是貪食之罪。（貪食是天主教七宗輕罪之一。）其他罪行——貪婪、淫欲、嫉妒和懶惰——對黎智英沒有太大困擾，但他時常對抗驕傲跟偶爾的憤怒。二〇二二年十月，他描述自己在得知未獲得諾貝爾和平獎時的複雜情感。他與香港其他民主運動人士一同獲得提名：

「我醒來時覺得喜悅無比。那是一種很強烈的感受，非常開心，充滿希望與期待，卻不明白為什麼。後來我在報紙上讀到，今年的諾貝爾和平獎頒給三名俄羅斯自由鬥士。（那股喜悅）是這則新聞的前兆嗎？我跟幾名獄中的運動同志一同獲得今年的諾貝爾和平獎提名，但最終我們未能獲獎。這表示我免於從虛榮而生的狂喜，我能繼續謙卑為主服務。擺脫名聲與榮耀的誘惑，正是我如此快樂的原因。」

早前，黎智英曾跟施立果談到，英國殖民統治一個半世紀後留下的思想力量。「我們繼承了西方的文化、價值觀與制度。英國人沒給我們民主，但給了法治、私有財產、言論、集會與宗教自由。這正是中國害怕我們的原因。我們跟西方共享的價值觀，對中國內部的中國人來說非常危險。因此他們想要壓制我們。我們是個小島，卻擁有廣闊思想。」

黎智英對「法治下的自由」這個理念的信念，加上天主教信仰，賦予他超出預期的堅韌與力量。「我想他入獄時，並沒想到自己會被關押這麼久。」麥偉林說：「然而，四年牢獄生活後，黎智英現在比以往任何時候都更加平靜。他從未抱怨任何事。」

麥偉林這位起初有些質疑的教父，如今堅信黎智英終於找到自己生命的目的。黎智英一直覺得自己注定與眾不同，但不曉得這種特殊性會以什麼形式體現。現在他成為對抗中共的核心象徵。「他把他們搞瘋了，因為他拒絕迎合謊言。」在十四億人口的國家裡，這個人以非凡的道德與物質資源對抗謊言。

第八章

「瘋狂熱潮與傲慢」

「我曾有過中年危機，還賠了超過一億美元。」黎智英如此總結自己首度涉足電子商務的經驗。他曾在一九九九年六月的網路熱潮中，創立了線上日用品購物網站——「蘋果速銷」（Admart）。運用科技取代實體店面，直接向消費者送貨，對這位經驗豐富的零售商來說，似乎是筆穩賺不賠的生意。在此五年前新成立的亞馬遜（Amazon）已經展現出電子商務平台的商業潛力。美國還有數十家新創公司販賣從寵物食品到日用品的各種商品。黎智英認為自己能在香港領先競爭對手。

黎智英認為蘋果速銷可以複製他在佐丹奴及《蘋果日報》的成功。在黎智英的算計裡，藉由大量採購，可以建立一個主導市場的低成本模式。香港地理規模小，也能有效降低配送成本。香港的面積略大於紐約市，其中百分之七十的土地保留為公園或農地，七百萬人口大多數都集中在九龍、港島及新界少數衛星城市的高密度社區中。幾乎所有人都住在公寓大廈裡。

黎智英的過往成就，也促使他無視夥伴警告，採取大規模投資。蘋果速銷的失敗，揭示出黎智英性格中的弱點，他的優勢既能帶來成功，也可能導致失敗。

蘋果速銷成為接下來十年內黎智英多次挫折的起點。黎智英雖然深刻理解科技的商業潛力，企業家視野也帶給他重要的洞察，但有時他未能善用自己的想法。有時他的想法過於超出當時商業產品的範疇，或是奠基在過度樂觀的市場評估上。而且，資金雄厚的強大對手帶來激烈競爭，也成為障礙。三個主要因素導致蘋果速銷倒閉。

不像多數企業家，黎智英擁有太多資金，卻缺乏足夠的決策約束。蘋果速銷是他私人擁有的企業，跟公開上市的壹傳媒營運切分開來。由於資金充裕，他無須向銀行融資，因此不會經過嚴格質詢。質詢可能會讓他更客觀冷靜地評估這門生意。他投入過多、步伐過快，不僅買下三百五十輛貨車，蘋果速銷還在全港租下十六處倉庫，僱用八百五十名員工。他曾對記者克蘭普頓說：「我太有錢，不需要借錢，甚至不用考慮資源調配。」

強勢領導者——特別是資金充裕的領導者，缺點就是員工通常無法質疑他的策略。在黎智英損失慘重之前，沒人能阻止他。香港中文大學梁覺教授團隊的長期夥伴（梁教授在佐丹奴、壹傳媒及《蘋果日報》的成功中都扮演重要角色）曾試圖勸阻黎智英。「我們試著跟他說這行不通時，他很惱火。」這位親近夥伴回憶：「他對整件事很固執，似乎失去輕重緩急的判斷。」

香港的小規模與高密度既是優勢，也是劣勢。七百萬人的市場並不足以支撐大宗日用品配送為主的商業模式。跟牛肉與新鮮水果等高價易腐的食品比起來，大宗日用品的的利潤較低。「我們沒有規模經濟來支撐這項業務，」二〇〇四年加入《蘋果日報》擔任專欄作家，後來在黎智英底下負責多項科技相關業務的同事利世民說：「每單配送成本太高，超過二十五元。」香港的人口密度本被視為優勢，卻過猶不及——配送車輛無法停在多數人居住的公寓附近，送貨員不得不在大型住宅區內徒步送貨，耗時費力，進一步推高了配送成本。

第三點，日用品商店競爭對手的反擊，也遠比報業競爭激烈。香港的日用品市場為兩大企業壟斷，這兩家公司分別隸屬於更大的商業財團。怡和洋行（Jardine Matheson）是第一次鴉片戰爭中促使英國奪下香港的貿易公司後裔，擁有惠康（Wellcome）連鎖超市；而李嘉誠掌控的和記黃埔（Hutchison Whampoa），旗下則擁有百佳超市（PARKnSHOP）。

「蘋果速銷每天的商品價格都優於百佳與惠康。」馬克．西蒙回憶道。馬克．西蒙曾是航運業高層主管，二〇〇一年五月被黎智英請來解決蘋果速銷的物流問題，後來又被派去處理加拿大旅館業務，後續在《蘋果日報》及壹傳媒出任多種職位。蘋果速銷在《蘋果日報》上刊登廣告，讓全城的人都知道它的商品價格，例如可口可樂的售價。「人們跑去惠康和百佳，質疑他們的價格為什麼比較高。」

競爭的超市巨頭擁有充足資源，可以在價格跟服務上跟蘋果速銷一較高下。百佳超市開始提供送貨上門的服務；惠康跟百佳都下調價格以維持市佔率。他們還說服本地供應商不向蘋果速銷供貨，迫使蘋果速銷不得不遠從菲律賓跟南非等地調來水貨。這使得蘋果速銷的供應鏈一直有問題。當一批波爾多葡萄酒被證實為假酒時，競爭對手迅速利用這個消息來打擊蘋果速銷的聲譽。

對消費者來說，競爭帶來了實際好處。利世民引用當時一份經濟分析，光是蘋果速銷一家公司就讓香港的通膨率降低了幾個百分點：「它對通膨率的影響相當驚人。」可以讓黎智英感到安慰的是，他讓香港的零售經濟變得更有競爭力。蘋果速銷證明了網路如何顛覆現有商業模式。

二〇〇〇年十二月，黎智英決定結束這項僅營運十八個月的生意，他當初買下的三百五十輛送貨車，只有五十輛曾使用過。只有不到四分之一的顧客通過網路下單；多數人選擇打電話或傳真。黎智英對克蘭普頓表示：「我被瘋狂熱潮跟自己的傲慢遮蔽了雙眼。」這是一堂昂貴的教訓，但黎智英坦然接受這些損失，甘願付出代價，學習網路與其他新技術如何顛覆商業模式。

透過報紙跟雜誌，黎智英提供一種引人注目的產品，推廣了自由和民主——這是消費者想要，競爭對手卻不敢提供的產品。其他報刊雜誌業主不願在政治上跟黎智英競爭，這代表他的出版品幾乎沒有真正的競爭對手。以傳奇投資人華倫．巴菲特（Warren Buffett）廣為人知的概念來說，黎智英的媒體產品受到「護城河」保護，這是競爭者難以突破的屏障。然而，不像黎智英的媒體業務在香港的緊張政治環境中獲得保障，日用品業務沒有同樣的競爭「護城河」。日用品銷售主要依賴低價，惠康跟百佳願意拿出跟蘋果速銷一樣的價格，阻擋後起之秀出頭。

技術帶來的「狂熱與傲慢」造成蘋果速銷敗北，也讓壹傳媒員工更加警醒，並延遲了黎智英將數位業務融入紙本雜誌與報紙的計畫。負責公司數位業務的馬克．西蒙回憶：「蘋果速銷關門後，沒人想再碰數位業務。」二〇〇六年，黎智英將公司的數位業務交給馬克．西蒙管理。四人組成的小團隊每天上午十點上傳報紙內容，但直到第二天報紙內容上傳前，網站內容都維持不變。西蒙說：「因為蘋果速銷的歹運，沒人想碰數位這件事。」要等到將近十年後，《蘋果日報》的記者才逐漸接受網路和行動科技。

黎智英的重心逐漸轉向臺灣，臺灣在二〇〇〇年迎來第一位反對黨出身的總統。「我在香港建立出版基地，從南方進入中國的粵語區後，將在臺灣建立北京話基地，從北方進入中國。」當年底，黎智英對克蘭普頓說：「中國才是未來，而不是網路。」

黎智英在臺灣跟香港都投資了一連串科技計畫，有些計畫很合理，許多則過於理想主義。克蘭普頓後來加入黎智英的個人公司，參與多項此類計畫。黎智英知道新的高速寬頻技術將給內容提供者帶來新優勢。克蘭普頓說：「他看到有朝一日，我們將能通過網路，打破有線電視的（通道）壟斷。」

克蘭普頓跟黎智英一起開發了一種小型裝置，約撲克牌大小，用戶可以插在電視後方，直接連通串流服務，從而繞過有線電視。二〇〇七、二〇〇八年，當克蘭普頓嘗試推動黎智英的想法時，這種產品尚未問世。不久，隨著網路服務的進步，美國的六科匯流（Roku）成功推出幾乎完全相同的產品。克蘭普頓回想，「當時的挑戰是頻寬不足」。網速太慢，無法支撐黎智英構想中的串流服務。

某一段時間，虛擬實境成為黎智英感興趣的新商業領域。他的構想預見了馬克・祖克柏（Mark Zuckerberg）後來稱之為元宇宙（metaverse）的概念。他在臺北北郊設立一處大型虛擬實境及動畫的製作工作室。「他想像每個人都能創建自己的化身，像電影化身那樣出現在另類空間中。」利世民說：「他想為人們創造這種沉浸式體驗。」然而，當時的運算能力還無法支撐這類構想。市面上的技術還沒準備好進入3D世界。黎智英設計的化身反而看來有些滑稽。他很快就擱置虛擬實境的大部分想法。

黎智英還挑戰利世民，讓這位原本以自由市場專欄作家的身分加入團隊的人，在代號「購屋者（Homebuyer）」的小型事業裡，試著尋求虛擬實境商業化的可能性。利世民利用空照技術與3D立體影像，創造出樣品房展示的沉浸式虛擬實境體驗。臺灣跟香港有許多開發商會在公寓尚未開始興建前就啟動預售，運用購屋者的頭期款來籌集建設資金。虛擬實境看房有助於提升銷售量。公司還申請了一項手機鏡頭相關的專利，可以沿著房間線條創造立體空間的視覺效果。這項計畫雖小有獲利，卻始終未能大鳴大放。

黎智英還希望打造超地方（hyperlocal）網站。HomeBloc社群網站讓本地商家及個人可以向特定目標群體進行銷售。「人們可以投入小額資金，針對鋼琴課、家教或保姆等服務投放廣告。」利世民憶起二〇〇六年的構想，那是iPhone上市徹底顛覆消費者導向技術業務的前一年。「我們想跟廣告商建立這樣的關係，吸引這些小型商家投放廣告。早在智慧型手機出現前，我們就有這種想法。」然而，當時網速不足，讓這項計畫也未能成功。

《蘋果日報》的記者跟攝影師通過即時監聽警方通訊，可以跟警方及消防隊同時抵達犯罪或火災現場——很多時候因為黎智英的狗仔隊多騎摩托車，甚至比第一線的救援人員還快。《蘋果日報》驚心動魄的照片是報紙成功的關鍵。然而，當香港警方將通訊系統從開放式無線電頻道，切換成安全封閉系統後，就對黎智英的團隊形成挑戰了。現在他的人馬無法在現場拍照。馬克・西蒙說：「新系統奪走我們報導的能力。」

急著尋找解方的黎智英，從青少年黎崇恩身上獲得靈感。看到兒子全神貫注盯著螢幕上的卡通，讓黎智英靈機一動。西蒙想起黎智英的靈感：「我們無法展示新聞，但我們可以通過動畫呈現。」倘若《蘋果日報》無法拍到新聞照片，黎智英認為他的團隊可以透過動畫來講述新聞發生的來龍去脈。「黎智英的概念是，目前年輕一代的語言是電子遊戲的語言。」負責這項新業務的克蘭普頓說：「我們得把電子遊戲語言跟新聞編輯室結合在一起。」於是，他僱用「一群聰明的遊戲製作人跟一群記者」，創作出一種全新型態的晚間新聞。

二〇〇九年中開始，這支團隊在臺北內湖區一處秘密地點工作，門上沒有任何標誌。他們花了數週時間製作一段三分鐘影片。黎智英對成品非常滿意。他下令：「每晚給我三段這種影片。」黎智英鼓勵團隊思考如何展現事件的過程，例如一場發生中的車禍。他對克蘭普頓說：「告訴我車禍發生前三秒發生的事。」

壹動畫（Next Media Animation）製作過最有名或最富爭議的動畫新聞，是關於高爾夫球選手老虎伍茲（Tiger Woods）的事件：感恩節當晚，伍茲與當時的妻子愛琳．諾德格倫（Elin Nordegren）發生爭執後衝出家門，隨後發生車禍，接著愛琳拿高爾夫球杆砸破後車窗。至少，這是壹動畫呈現的故事版本。事件核心是真的——二〇〇九年感恩節當晚，老虎伍茲確實離家並發生車禍；但壹動畫版本的細節重現多屬臆測。

這段動畫引起全球媒體關注。《連線》雜誌（*Wired*）對此表示讚賞，而《紐約時報》則擔憂事實與虛構的界線遭到模糊：「歡迎來到『或許新聞』的新時代——關於新聞可能如何發生的最佳推測，轉化成電子遊戲般的呈現，建立在純然臆測之上。」這段老虎伍茲動畫，展現出事件的想像與重製版本，可能決定了公眾如何理解此事。二〇一七年《運動畫刊》（*Sports Illustrated*）報導這起事件時，仍然附上壹動畫二〇〇九年的影片連結。

在 YouTube 跟手機線上瀏覽的早期，這支影片上架第一週就獲得一百七十萬瀏覽人次，實屬驚人。早期成就引來高達三億美元的鉅額投資，建立完整的製作工作室，動畫團隊也快速擴張。二〇一〇年三月，麥可・羅根（Michael Logan）從香港加入臺灣團隊，擔任國際內容發展總監。他先前在香港管理《南華早報》的網站，當抵達臺北時，團隊裡只有一名同事。老虎伍茲影片成功後，黎智英要羅根負責拓展國際業務。壹動畫與路透社簽訂合約，後者負責將內容傳遞給全球訂戶。黎智英大力推展這項業務，幾年後業務達到巔峰時，羅根的國際團隊已經擴展到六十人。

壹動畫以諷刺聞名。羅根剛加入不久，就推出一段賈伯斯發布 iPhone 4 的影片。當時批評者抱怨這款手機收訊不佳。出了名喜歡將事實扭曲成自己觀點的賈伯斯，要消費者用不同方式握手機。壹傳媒動畫將賈伯斯塑造成星際大戰裡的黑武士，無視消費者抱怨，拿光劍斬下批評者握手機的三根手指。現在，只剩拇指與一根手指能拿手機，訊號欄就奇蹟般滿格。「不到一週時間，我們的觀看次數就超過一百五十萬。」羅根驚嘆：「我知道我們真的做出點特別的東西。」

每日的製作流程就像傳統報紙編輯會議、福特T型車生產線，以及一九二〇年代好萊塢製片廠的混合體。團隊首先會挑選一則具有國際影響力的故事，例如 iPhone 手機發布。接著編劇團隊開始腦力激盪，一小時內完成有觀點的劇本。接著將劇本從英文譯成中文，然後交給分鏡藝術家。分鏡師繪製草圖，並向製作團隊展示動畫設計。

模型師從資料庫裡盡可能拉出既有圖像，並讓演員準備好進入動作捕捉機器。演員穿著類似全身潛水服的服裝，關節處滿是乒乓球狀的動作感應器，在捕捉動作的舞台上，扮演揮舞光劍的黑武士。最後，動畫師與剪輯師團隊完成影片，配上音樂。由於影片多數以中文呈現，因此視覺表達必須直觀而有效。

這些動畫影片在高速中完成，動作捕捉工作室每小時完成六段影片。壹動畫購置符合好萊塢標準的頂尖設備，所有器材都是現成品，而非定製。「新穎之處在於工作流程的設計，即三小時內完成動畫，並加上其他細節。」羅根回憶：「你不可能在三小時內做出皮克斯動畫。」高峰時期，工作室全天候運作，每天製作超過一百段動畫短片。

黎智英算過，他可以將每段三十秒的動畫短片，以一片五十元美金的價格賣給世界各地多個訂戶。但每段動畫短片的製作成本高達七百美元。雖然他的流水線模式意味著相對低廉的生產成本。是的，相對低廉，但動畫新聞每小時的製作費用仍舊高達八萬四千美元，其中大量作品還賣不出去。「我們的產能龐大，」羅根說：「每天有幾小時的動畫需要變現。」

高峰時期，YouTube 每月支付壹動畫超過十萬美元，但它改變演算法後，這筆收入幾乎歸零。路透社每月支付超過三萬美元，但其他高價訂閱戶並不多。委託案大多來自《蘋果日報》與《壹週刊》，但這些業務僅能以低利潤、成本加成的模式來幫忙支付營運費用。「我跟黎智英經常爭論的問題是，你的市場在哪裡？」克蘭普頓回憶：「他說：『美國有那麼多報紙，他們需要內容。』我說，那些美國報紙根本沒錢。」事實證明克蘭普頓是對的。

「建立新聞動畫工作室是件瘋狂的事。」羅根回想：「但看到（我們的作品）出現在《康納·歐布萊恩深夜秀》（*Late Night with Conan O'Brien*）、《英國廣播公司》（BBC）、《每日秀》（*The Daily Show*）上，並讓人關注台灣，真的很有趣。即便最終缺乏經濟效益，我始終覺得那並不是黎智英做事的唯一原因。」黎智英最終出售他在臺灣玉山銀行的投資，籌措一億美元，從公開上市公司買下動畫部門，成為他的私人資產。後來他卻收掉動畫業務。

黎智英對科技的熱情貫穿了整個媒體帝國。如同佐丹奴時期，他曾重金投資銷售端點數據系統，藉以提升顧客體驗；他在《壹週刊》和《蘋果日報》也持續實驗，並大手筆投資。從印刷業務初期開始，黎智英的編輯跟設計團隊就使用頂尖的軟硬體設備，他的報紙出自世界級的高斯印刷機（Goss）。《蘋果日報》迅速採用全數位印刷，以卓越的製作品質多次獲獎。二〇〇九年十一月，黎智英推出「蘋果動新聞」（Apple Action News），製作可在電腦及剛問世兩年的 iPhone 上觀看的影片，成功吸引年輕一代的香港人。

三十多年的時間裡，擁抱科技讓他將印刷為主的媒體帝國，成功轉型為多媒體集團。當創新產品融入現有業務時，通常比前瞻性新創事業更加成功。他在公明織造透過一連串不斷小改進取得成功；佐丹奴的銷售端點數據系統及《蘋果日報》與《壹週刊》的高品質彩色印刷機，都因利潤增加而回本。這一連串早期成功，或許讓黎智英產生了一種無堅不摧的錯覺，也導致他對克蘭普頓坦承的那份傲慢。羅根認為，黎智英的遠見「總是比科技發展領先十到二十年」。

他最成功的點子反映出他通過實踐學習的傾向。「他的工作方式是希望你（將一個點子）試到失敗為止。」羅根說：「他可能有一百個想法，只需要其中一個成功。這一百個點子他都想試，所以你就會失敗九十九次……他是寧可嘗試後失敗，也不想聽顧問告訴他不可行的人。」

第九章

「我想成為臺灣人」

二〇〇〇年三月十八日，黎智英在臺灣看見了中國民主的未來。那一天，臺灣的兩千二百萬人民推翻了長達五十年的單一政黨威權統治，選出長期支持民主的陳水扁律師為總統。那一晚，「我告訴妻子，『我們搬去臺灣吧』，」黎智英回憶：「他的當選顯然就是真正的民主。」

黎智英帶著妻子李韻琴和兩個孩子搬到臺灣，並在島國度過往後十年的多數時光。兒子黎崇恩跟女兒黎采就讀臺北的法國小學。黎智英熱愛臺灣的美食、藝術，以及最重要的——自由的感覺。臺灣展現出現代化中國社會可以是什麼樣貌。「我愛臺灣，」他告訴朋友：「我想成為臺灣人。」

二〇〇〇年陳水扁當選的餘波，在整個亞洲引起震動。他的勝選標誌著兩千多年的華人歷史裡，民選政權首度和平轉移。陳水扁的當選也否定了「亞洲人天生偏好強人政治」的概念。「這是個里程碑」，擔任臺灣異議記者數十年的江春男感慨地說。時代劇烈變遷的跡象之一，是江春男也加入了陳水扁的國家安全會議，出任副秘書長。江春男說：「我們長久以來只有一片天空跟一個太陽，現在卻有了兩個甚或三個太陽。別人說亞洲價值就是威權統治，我們證明他們是錯的。這讓黎智英非常興奮。」他跟黎智英成了朋友，後來也為臺灣版《蘋果日報》撰稿。

臺灣於一九八七年結束戒嚴，為政治融冰鋪路；一九八八年獨裁政權創始者蔣介石之子蔣經國去世後，進一步加快速度。一九八〇年代後期的自由化給陳水扁提供了機會，讓他開始進入國家政治的舞臺。一九八九年，他當選立法委員；一九九四年，當黎智英預備香港《蘋果日報》創刊之際，臺北市民選出陳水扁為市長。陳水扁雖在一九九八年的市長連任選舉中失利，卻運用大幅攀升的知名度，在二〇〇〇年參選總統。當時執政的國民黨內部分裂而無法凝聚選票，陳水扁突破兩位候選人的夾擊，結束了臺灣超過半個世紀的一黨專政。

陳水扁是來自臺灣南部的農家子弟，他的出身跟黎智英一樣平凡。他的政治生涯始於一九八〇年為異議人士辯護，後來很快加入民主運動。一九八五年，他因為主編一本民主派雜誌而遭當局監禁。當黎智英在香港建立佐丹奴的同時，陳水扁、江春男跟一小群堅定的民主派人士正在對抗臺灣的軍事政府。

陳水扁當選大幅降低臺灣與中國大陸的和解機會，並對官方的「一中政策」構成威脅。此政策假設兩岸最終將會合併，是一九四九年以來兩岸關係的指導原則。一九四九年，蔣介石在中國大陸戰敗後，將一百萬左右的國民黨士兵及家屬撤退到臺灣，並持續堅信有一天將統治中國的想像。當時的臺北給人一種臨時感，因為國民黨僅將這座城市視為暫時首都，因此不願投資。無論中國共產黨和國民黨在意識形態上有何分歧，兩者都同意只有一個中國——分歧只是在於由誰來統治。

陳水扁以支持臺灣的政綱參選，很少提及跟中國大陸統一的議題，這也反映出選民對於政治統一的想法日漸失望。票投陳水扁時，臺灣選民否定了中國共產黨及國民黨對「一中政策」的堅持，以及臺灣應由一黨專政統治的想法。陳水扁來自長期定居臺灣的家族，他跟支持者更專注於推動民主，而非統一。

近代臺灣政治史幾乎跟中國一樣暗淡無光，因此對黎智英而言，臺灣擁抱民主的過程更加鼓舞人心。一九四五年日本投降後，國民黨接管了被日本殖民五十年的臺灣，並實行威權統治。一九四七年發生的血腥「二二八事件」中，數千平民在起義中遭到殺害。

一九九七年香港殖民地回歸中國後，政治持續僵化，但同時間臺灣的改革卻蓬勃發展。一九九七年，隨著政治持續融冰，二二八紀念公園獲准設立。長達近五十年的時間裡，二二八事件在臺灣遭到禁聲，如同中國至今仍禁止討論天安門事件一樣。陳水扁在二〇〇〇年當選總統，正反映出二十多年來的政治奮鬥與改革成果。

二〇〇〇年黎智英移居臺灣時，臺灣已經重新改造自己：過去的日本農業殖民地如今成為經濟成長的典範，亞洲四小龍之一。與香港、新加坡及韓國齊名，臺灣在一代人之內從水稻田跨進富裕之列。憑藉勤奮、創業精神與高科技技術勞動力，這座島嶼成為全球電子產業的要角。臺灣的工廠生產半導體晶片、鍵盤、顯示器、筆記型電腦、桌上型電腦、手機，以及幾乎所有跟這些產品相關的零組件。

陳水扁當選時，臺灣已經崛起成電子產業的一站式生產中心——可以生產任何產品，賣給任何買家。起初，這是一種低端、勞力密集的製造業。但隨著時間推移，臺灣企業逐步進入電子產業裡更精密複雜的領域。土生土長的大型企業臺灣積體電路製造公司（Taiwan Semiconductor Manufacturing Co.，簡稱TSMC）每年投入數十億美元建設新廠，為蘋果及其他全球領先製造商生產晶片，已經成為全球最重要的晶片製造商之一。

同時間，為了加入世界貿易組織（WTO），臺灣當局已經開始推動國內經濟自由化。臺灣不再只是個「賣向全世界」卻只「購入零頭」的出口國，官員承諾臺灣將成為自由市場。臺灣雖然不大可能像香港那樣經濟完全開放，但它正打算接受更全球化、市場導向的標準。

臺灣喧囂的政治場景，更戳破了中共堅稱中國人（無論在臺灣、香港還是大陸）還沒準備好享受自由的謊言。從電影導演、畫家、舞者、廚師，到餐飲業者，每個臺灣人都向全世界展示出一個自由、現代化且符合普世價值的中國可能是何種樣貌。對商人黎智英來說，更重要的是，新一代臺灣消費者有能力在美食、旅遊及娛樂上花錢，為臺灣版的《壹週刊》及《蘋果日報》提供穩固廣告收入基礎。

然而，臺灣看來並非創辦雜誌報紙的理想地點。人口僅有兩千萬的市場已經相當擁擠，擁有三家激烈競爭的主要報紙。黎智英曾創造新字來表達粵語俚語，讓《蘋果日報》在香港脫穎而出，但他跟他的香港高層團隊並不會說臺灣民主運動的本地語言——臺語。

黎智英相信，他結合重磅新聞、無畏的調查報導，再加上朋友口中的「羶色腥」八卦風格，在臺灣會跟香港一樣受歡迎。他後來回憶：「很多人覺得這是瘋狂之舉：進入你不熟悉的市場，這個市場還已經飽和。」他接著說：

「我卻不這麼看。吸引我的，是那些報紙的壟斷行為。你進入壟斷市場時，他們不知道要怎麼應對。他們從不認為讀者是他們需要關心的對象……

對我們來說，要進入這樣的市場很簡單。我們找出人們的需求。我們以市場為導向，或在市場裡以讀者為中心，而（我們的競爭對手）無法理解，因為他們根本不了解讀者。我們要跟著人們的需求。」

二〇〇一年五月，陳水扁上任一年後，黎智英創辦了臺灣版《壹週刊》。這本雜誌幾乎立刻成為全國最暢銷的新聞週刊。一年後，臺灣版《壹週刊》的發行量達到十四萬冊。臺灣版《壹週刊》證明黎智英能為他大膽生動的新聞風格開拓新市場。他開發出來的競爭策略，能夠超越粵語城市香港的狹窄界線。

接下來兩年，他致力於籌備臺灣版《蘋果日報》。經營報紙比起週刊雜誌要複雜得多，成本也高，因此這種階段性策略在商業上非常合理。然而資金似乎並非問題。黎智英一向給予旗下記者優厚薪酬。在臺灣，他給員工提供業界最高薪水及最先進設備。臺灣版《蘋果日報》的首任總編輯香港人葉一堅讚嘆道：「他非常慷慨，完全不在乎錢。這很有意思。」黎智英一手推高了香港跟臺灣新聞從業者的薪資水準。

經過多年談判，中國於二〇〇一年十二月加入世界貿易組織，隨後臺灣在次月入會。即便臺灣早已準備好入會，但設於日內瓦的貿易組織基於中國成長中的實力，讓它優先入會。

黎智英正確預測到，加入世貿組織將有助於兩岸直接連結，例如空中交通，也將更全面性促進兩個經濟體的貿易與經濟成長。就黎智英看來，中國的經濟改革加速，以及隨之而來的政治開放似乎是難以避免。臺灣將成為黎智英進軍人民共和國的跳板，當中國開放媒體自由時，壹傳媒將處於有利位置。二〇〇三年，黎智英致股東的信中寫著：「我向各位保證，那一天到來時——這一日一定會來——我們將準備就緒。」

二〇〇三年五月，陳水扁就任三年後，臺灣版《蘋果日報》正式創刊。黎智英充滿信心。短短十三年間，他可以自豪宣稱：「我們已經成為全球最全面、規模最大的中文媒體集團之一。」集團此時已擁有兩份報紙、五本雜誌及一家商業印刷廠。

臺灣版《蘋果日報》再度成為一夜爆紅的成功案例。二〇〇三下半年，臺灣版《蘋果日報》平均日銷量達到四十萬六千五百九十九份。相較之下，《紐約時報》的週間日銷量是《蘋果日報》的三倍（二〇〇三年九月三十日前的六個月內，平均平日銷量為一百一十一萬八千五百六十五份），但美國的人口是臺灣的十四倍。

一年後，報紙發行量突破五十萬份。短短兩年，臺灣版《蘋果日報》在臺灣擁擠的媒體市場裡取得頂尖位置。葉一堅回憶：「我們佔領了市場。」他說，臺灣版《蘋果日報》的創立「很容易——我們只是照搬香港模式，彷彿麥當勞一般。」幾名香港人，如受過臺灣教育的葉一堅，負責營運管理，數百名臺灣出身的編輯記者提供內容。

加入陳水扁的國安會後仍跟黎智英合作密切的江春男指出，競爭對手的報紙「習於戒嚴時代風格」。戒嚴時期，政府限制報紙執照的數量，削弱競爭動機。《蘋果日報》橫空出世之前，本地報紙的廣告版面十分有限，廣告商不得不排隊等待刊登廣告。跟香港一樣，臺灣版《蘋果日報》配備頂尖印刷機，採用高品質紙張及油墨；這讓它能吸引到路威酩軒集團（LVMH）等奢侈品牌的廣告。這些品牌通常在雜誌而非報紙上投放廣告。葉一堅說：「若想刊登路易威登（LV）的廣告，我們就需要高品質印刷。」

當時臺灣報紙看起來相當乏味，文章冗長，幾乎沒有圖像。臺灣版《蘋果日報》推出閃亮、色彩鮮明的版面設計之前，報紙幾乎沒有彩色印刷。此外記者間不會激烈競爭獨家新聞。每條路線都有所謂的記者聯誼會，例如總統府線的記者會共同決定哪些話可以引述、哪些不行——以及哪些新聞可以報導、哪些不行。當時三大報都跟政黨有關，具有黨派色彩。

敏感新聞經常因為強大商業支持者或政治人物的一通電話就被撤下。但黎智英不是這樣。「他沒有朋友，」一名臺灣最有影響力的商人告訴我：「我們靠友情來軟化新聞。我們會試著交朋友，利用影響力改變負面新聞。」臺灣商界清楚他面對李嘉誠也不讓步的態度。「我們不可能比李嘉誠更有權勢；他如果不向李嘉誠屈服，也不會對我們屈服。」該名商人表示。因此，「我們根本不需要跟黎智英交朋友。」

黎智英禁止員工跟商人或政治人物建立密切關係。他曾解僱一名接受全額招待前往中國旅遊的記者。「他經營報紙的方式跟其他人完全不同。」江春男回憶：「他不社交，給記者完全自由，他也不怕任何壓力，因為他誰也不認識。這是全新模式。記者為自己負責。（如果你的報導未能如願刊登，）你不能怪審查或你老闆的朋友。你得擔起責任。這就是為什麼《蘋果日報》的員工對他們的獨立如此自豪。」

如同在香港，臺灣版的《壹週刊》跟《蘋果日報》也接連爆出一條又一條重磅新聞跟醜聞。攝影記者設法將車輛插入陳水扁女兒婚禮的車隊；狗仔隊拍到法官帶情婦進汽車旅館；無人機拍到豪華別墅內非法活動的證據。另一起事件中，記者在某位部長偕女友入住的旅館對面房間守候；攝影師甚至搶在旅館員工清理房間之前，拍下幽會情景。比較嚴肅的層面上，調查記者揭露臺灣政府對美國及日本學者支付秘密款項。

黎智英遇到不少反對聲音。公民團體、新聞學教授與媒體監督組織提出抗議。更可怕的是，黑幫將一隻剝皮狗釘在臺北市北方陽明山區隱密的黎宅大門上。臺灣人稱小報記者為「狗仔隊」，黑幫希望藉此恐嚇黎智英。「你可以從激怒的對象來判斷這個人是否做對事情，」黎智英的兒子黎崇恩說：「你若不怕中共，你大概也不會怕黑幫。」

在香港，《蘋果日報》採取反政府立場，臺灣版《蘋果日報》卻採取截然不同的路線。在民主臺灣，它刻意保持中立，不站隊任何一方。臺灣版《蘋果日報》以政治獨立性及敢於批評任何人的態度為榮。在臺灣的媒體環境裡，「你若不是依附某個財團大亨，就是跟某政黨或政府結盟，」黎智英說：「我們是任何人都敢批評，每個人都敢揭露。」

無論是前員工、獨立記者、商界人士，還是普通讀者，即便認為他讓新聞環境變得粗鄙不文者，也都支持黎智英的說法。天安門抗議中最重要的異議人士之一的吾爾開希說：

「當《蘋果日報》跟《壹週刊》攻擊政治人物時，他們從不在乎對方的政治背景。」他後來移居臺灣，並表示：「臺灣人都相信黎智英的政治獨立性。」

知名商界人士告訴我：「最終，《蘋果日報》成為大多數人唯一信任的報紙或傳統媒體，」因為其他媒體都跟政黨掛鉤。「很多人認為它是唯一中立的報紙。」這名管理者將此歸功於黎智英，他認為黎智英「實際上就是社論頁面的主管」，決定了報紙的走向。「他的想法、知識與觀察總是切中要點——不只是跟臺灣有關的部分。」黎智英跟這位商界人士並非朋友，甚至曾因壹傳媒試圖在臺灣取得電視節目頻道而起衝突。

當臺灣傳統報業公司施壓分銷商，不得代銷《蘋果日報》時，黎智英則擁抱挑戰，展現他的創業能力，化挑戰為優勢。「我告訴大家，我不需要送報上門。我只希望報紙出現在報攤上。報紙若送到家，讀者就不需要決定是否要拿起報紙來讀。」到了二〇〇五年，黎智英可以驕傲宣布，平日五十萬份報紙及週末六十萬份報紙中，超過百分之九十八都是在報攤與便利商店出售。

這給了報社員工更大壓力，得確保每日新聞內容足以吸引讀者購買。「讀者透過主動決定購買這份報紙，成為主動讀者——他們成了社會的主動成員，至少那一天是如此。」

黎智英說：「因此廣告效果比其他報紙好得多。這對我們來說運作得很成功。」

臺灣成為壹傳媒新的成長中心。此地人口是香港的三倍，民主正逐步鞏固，新科技也提供更多機會。黎智英在二〇〇七年致股東信中寫下：「（我們）相信臺灣的基本面仍然強健，自由民主社會的前景，特別是擁有選舉權的開明公民，提供我們一個特殊機遇，能夠提供符合讀者及廣告商需求的出版物與產品。」

即便朋友有時也難免側目《蘋果日報》的新聞風格。黎智英的老友，美國在台協會前主席薄瑞光大使（Raymond Burghardt）將臺灣版《蘋果日報》的策略概括為「醜聞、性與裸露的公式」。對此，黎智英坦然回應：「那是人性的一部分。」他進一步辯解：「很多人問我為什麼要把新聞做得這麼聳動，那是你不能讓新聞變成非常知識化的產品。沒人想要每天上學。他們想要享受生活，想要跟他們的生活、消費有關的新聞。我認為這是許多媒體人忽略的一點。」

資深記者江春男回憶，黎智英經常要求他「簡化跟誇大」。黎智英督促記者報導日常生活，例如當地市場的糖價，而非對讀者缺乏情感吸引力的政治或政策。黎智英堅持每篇專欄都要「娛樂、教育或啟發讀者」，並告誡江春男：「『別講廢話。每篇文章都得有鉤子，有亮點。你得讓人覺得有趣。』這很難，有時讓我抓狂。」黎智英要求專欄短小精悍、通俗易懂，連中學生都能讀得懂。他要求江春男這些專欄作家將字數限制在五、六百字內，相比起來，其他報紙的專欄字數經常達四、五倍長。

黎智英會嘲笑競爭對手提供枯燥乏味的新聞。許多傳統報紙與電視台認為「人們需要他們不想要的東西，這很荒謬。就像小時候母親說我得吃不愛的蔬菜。我母親有權強迫我吃蔬菜，因為我是小孩。但我們面對的是成年人。怎能把讀者當成孩子？他們若不想要，你不能強迫他們接受。」

黎智英販售「羶色腥」的同時，也推動政治自由與市場自由。他認為，羶色腥內容不會掩蓋雜誌內的嚴肅資訊。他可能是是全世界唯一將低俗吸睛內容跟自由嚴肅訊息結合起來的媒體大亨。梅鐸可能得將《紐約郵報》(*New York Post*)、《華爾街日報》跟倫敦《太陽報》融為一體，才能接近黎智英透過香港及臺灣《蘋果日報》所做的事。

梅鐸跟黎智英從未見過面，但他們身為媒體擁有者的相似與差異頗為驚人。兩人都是重要政治人物且充滿爭議。黎智英擁抱的許多自由市場理念，都跟梅鐸及《華爾街日報》的想法相同，他也與多名梅鐸的社論作者交好。兩人都販售醜聞以追求市佔率。

然而跟梅鐸渴求造王者權力不同，這不是黎智英的目標。黎智英對抗中國時，梅鐸卻選擇退縮。一九九三年梅鐸在演講中宣稱科技「已證明對全球極權政權帶來明確威脅」，導致中國政府報復他在香港的衛星電視業務，禁止香港衛視（Star TV）在中國大陸銷售衛星天線。為了讓禁令解除，梅鐸一再公開妥協。他從香港衛視移除未經審查的BBC新聞頻道，取消彭定康回憶錄出版計畫，甚至買下一部歌頌鄧小平的傳記。

在臺灣，商業表現顯示黎智英推出的報紙是讀者想看的。到了二〇〇八年，黎智英已經可以自豪宣稱，《蘋果日報》是全島銷量最高且定價最高的報紙。「當我以外來者身分首度進入臺灣市場時，我沒有過去、關聯、友誼或商業關係的包袱。我可以報導任何事，揭露任何醜聞。臺灣是個較保守的地方，沒人敢做這些事。」

儘管黎智英對臺灣的新興民主寄予厚望，但到了二〇〇八年陳水扁第二任也是最後任期結束時，他對陳水扁失去信心。臺灣《蘋果日報》揭露一連串圍繞著陳水扁及其家庭的醜聞。此外，總統拒絕推動更具市場導向的經濟政策。黎智英對臺灣經濟過度管制感到不滿。跟自由奔放的香港相比，企業需要獲得太多重的許可才能營運。動作緩慢的官僚體系讓本地商業利益得以阻擋新競爭者進入市場。江春男則批評黎智英對政府及治理的理解

「非常淺薄與簡化」，「他認為自由市場將戰勝一切。」

黎智英雖然抨擊陳水扁的政策，仍舊讚揚這位反對派政治人物長期在鞏固民主方面的貢獻。

> 「這麼糟糕的政府就是民主的考驗。民主屹立依舊，且運作良好。這才是真正的民主。陳水扁什麼都沒做就強化了臺灣民主的力量，讓臺灣人對自己的民主更有信心。臺灣毗鄰的獨裁政權比自己強大無數倍，臺灣人曾對自己的民主在共產黨威脅下能否存續，一直感到非常不安……（從焦點團體觀察裡，）我們看到人們…對自己的民主更有信心，應對中國更有信心。他們從未擁有此刻的自尊自信。」

隨著市場導向的馬英九當選總統，黎智英看到希望。馬英九想跟中國大陸建立更緊密的經濟聯繫，黎智英則歡迎馬英九推動經濟更加自由化的承諾。他與馬英九會面，更邀請諾貝爾經濟學獎得主羅伯特・孟代爾（Robert Mundell）訪問臺灣，鼓勵更傾向自由市場的經濟。他還資助其他熟人訪台，包含前美國政府官員郭明瀚（James Cunningham）。二〇〇五至二〇〇八年間郭明瀚擔任美國駐香港總領事期間，黎智英與他結識。黎智英還跟另一位臺灣常客、世界銀行前行長保羅．伍佛維茲（Paul Wolfowitz）建立友好關係。伍佛維茲表示，黎智英在其他人不願靠近時主動接觸他。他希望這些聯繫能將臺灣推向更親美、更傾向自由市場、更民主的方向。

然而，這些試圖影響政治進程的作法，在馬英九任內並未比陳水扁時期成功。江春男認為，黎智英的意識形態太強，認定自由貿易協議可以解決臺灣的問題。例如，開放農產品進口可能會損害本地農民利益。「我們討論的是社會公義與福利，而他不認同這一點。他認為只要我們開放市場，親近美國，友好中國，就能達成兩全其美的局面。拜託，貿易始終就是政治。」

中國共產黨持續密切監視黎智英的動向，然而他的臺灣業務似乎並非中共的關切重點。在臺灣，《蘋果日報》專注本地新聞。葉一堅指出：「中共並不討厭臺灣版《蘋果日報》，因為它沒有太多大陸新聞。」這或許有些誇張，但確實點出臺灣跟香港的不同；香港的《蘋果日報》與《壹傳媒》則是另類政治權力中心。

中國官員試圖採用中共的一貫策略來拉攏黎智英。從二〇〇三至二〇〇六年，兩個有力的中國媒體集團開始接近黎智英。深圳廣播電影電視集團及上海文化廣播影視集團，分別向黎智英提議，給他機會與其中一個在中國合作辦報，條件是只能報導體育跟娛樂——不得涉及商業，更不許涉及政治。黎智英兩年後評論：「（接受提議）我就太蠢了。我若在中國做生意，就成了他們的俘虜。我愈成功，就綁得愈深。」當局可以拿中國業務為籌碼，迫使他改變在香港跟臺灣的報導立場。

在邊境相對開放的深圳，對於天天跨越港中邊境的大量《蘋果日報》，官員大致上睜一隻眼閉一隻眼。（九七年香港回歸後，嚴格邊境管制仍然存在。）「每天早上，數千份報紙從我們的印刷廠離開，前往中國。」馬克．西蒙說：「有些是船運，有些卡車運送，甚至曾經有個人每天來取三、四百份報紙，再郵寄過去。」每逢週三週六香港的賽馬日，報紙運送數量就會激增。香港賽馬在中國是一門利潤豐厚的生意，《蘋果日報》在賽馬報導方面特別出色。

到了二〇〇八年，黎智英對於以臺灣為跳板進入中國大陸的樂觀態度已經消退。現在他對中共政權會有任何改變的可能性，不再抱持希望。他在一月告訴薄瑞光：「只要政權還在，它就是個獨裁體制。你無法期待媒體自由。（他們）有時放鬆，有時收緊，非常不穩定。」黎智英說他計畫派記者以觀光為掩護進入中國，報導八月的北京奧運。他平靜地提到，有時記者會遭逮捕，並被問到「黎智英在做什麼」。

黎智英跟中共之間持續著「貓捉老鼠」遊戲。黎智英若需要提一個在中國經商有多大風險的例子，他自己被迫退出佐丹奴的經歷就很清楚，獨立思考的商人跟中國大陸扯上關係是多麼愚不可及。黎智英的左右手馬克·西蒙跟深廣電高層會面時的遭遇，進一步證明企業受到嚴密控制。政府當局將西蒙扣押在深圳香格里拉酒店四個小時，試圖找出他要跟誰會面以及為何會面。黎智英提到國安對馬克·西蒙特別感興趣。他們想知道「中國人為何雇用美國人？他是中情局的人嗎？」這種騷擾更像是種麻煩，而非對生意的威脅。

二〇〇八到二〇一〇年間，是黎智英個人生活裡最愉快的時期之一。他的母親終於在一九八〇年代末期離開中國，一度住在加拿大的尼加拉湖濱小鎮。然而身為小鎮裡唯一幾位華人讓她覺得生活太無聊。二〇〇八年，黎智英將她接到香港。同年，黎智英跟李韻琴所生的大兒子黎崇恩年滿十四歲，進入英格蘭的天主教寄宿學校安博福斯學院（Ampleforth College）就讀。臺灣版《蘋果日報》也表現亮眼。

黎智英將時間分配在倫敦、巴黎、臺北與香港之間。他最初對二〇〇八年北京奧運寄予厚望，希望能推動中國進一步經濟開放，儘管他對政治改革已經失望。二〇〇八年一整年，及進入二〇〇九年之際，全球金融危機持續惡化，但這場動盪似乎對他影響不大。

千禧年的頭十年裡，中國變得更加開放且逐漸自信。二〇〇一年加入世貿組織取得超乎樂觀預期的成果，引來前所未見的外資，進一步推動長期經濟高速增長，年平均成長率超過百分之十。民調顯示，即便對北京持謹慎態度的香港人，也開始改變對中國的看法。奧運會期間，越來越多的人認同自己是「中國人」而非「香港人」。

到了二〇一〇年，黎智英旗下已有超過四千六百名員工，其中臺灣員工達兩千六百一十四人，超過香港的兩千零四十人。臺灣與香港兩份報紙的每日讀者總數突破四百萬。二〇一〇年三月為止的會計年度裡，公司利潤達到四千一百萬美元。進入媒體業的二十年後，沒人能否認，黎智英的公司已成為華語世界中最有影響力且最多樣化的私營媒體集團之一。

儘管黎智英在香港跟此刻的臺灣都相當成功，他仍憂心忡忡。他很清楚報紙與雜誌的發展已經來到巔峰。他認為影像是未來的方向。為此，黎智英不斷嘗試以新業務填補報業衰退留下的空白。在臺灣，他將目光投向電視。

他希望通過電視技術搭建一座橋樑，協助壹傳媒轉型為真正的多媒體公司。因此，他計畫要收購一家電視台。二〇〇八年十一月，他達成協議收購臺灣三大報之一的《中國時報》，主要是為了獲得中時旗下的電視台。慶祝交易正式底定的宴會已經籌備就緒，但就在晚宴當天，交易取消。親北京的旺旺集團董事長蔡衍明以六億兩千一百萬美元搶下《中國時報》的控制權。這項命令似乎直接來自北京：不能讓黎智英擁有電視台。

黎智英隨後轉向其他技術。壹傳媒成立了兩個網路頻道，使用網路協定電視技術（IPTV），並在二〇一〇年發送機上盒給十萬戶家庭。這些有線電視盒允許用戶觀看黎智英的電視節目。團隊進一步擴展業務，開設新聞頻道。黎智英的嘗試在當時相當創新，結合了後來網飛（Netflix）開發的獨家內容及隨選即播模式。團隊還資助自製節目，與後來的網飛模式如出一轍。為了滿足黎智英對更多影片內容的要求，電視台高層還花了七百七十萬美元購買電影版權。

黎智英自信他將顛覆電視市場，一如他曾經動搖報業。他嘲笑現有對手「技術落後、內容乏味」。到了二〇一二年中，黎智英已取得執照，可以在機上盒頻道推出新聞、體育及電影頻道，並獲准在臺灣南部經營一個傳統的無線新聞頻道。然而電視團隊「花錢如流水」，黎智英指派負責審核採購的利世民回憶。主要競爭對手無線衛星電視台TVBS擁有五輛衛星新聞採訪車，用來直播新聞現場。壹傳媒的電視團隊卻要求購買四十七輛。「我桌上堆滿這些請購單，」利世民驚嘆：「他們說：『這是黎智英下的命令，他要我們製作讓人有即時感，像電影一樣的新聞。』」

黎智英的構想僅比當時的技術能力略微領先。他還不幸進入一個小市場，市場裡強大的既得利益者聯手阻撓他取得廣播電視許可執照。

雖然一開始展現出對國際化與經濟自由化的開放態度，但馬英九不願開放經濟的政策也讓黎智英感到失望。對黎智英最大的打擊是，儘管大舉投資內容及新技術，仍無法取得在臺北地區上架播出的許可。他雖然取得執照，卻無法獲得上架頻道。有線電視系統商拒絕播放他的節目。「他並沒有意識到我們的電視圈非常政治化，」江春男說：「電視台執照掌握在政府手中，但（這個過程）被許多商業巨頭綁架。」

競爭對手跟中共都從黎智英進軍臺灣電視失敗中獲利。這次失敗是黎智英最大的商業挫折之一。他在二〇一三年六月致股東信中寫道：「當地監管機構及根深蒂固的商業利益讓我們遭遇挫敗。」這次失敗對黎智英造成的個人打擊，遠超過蘋果速銷的失利。多數時候，他總能從挫折中汲取教訓。但進軍臺灣電視失敗後，他並未跟同事討論此事的教訓。他認為自己已經採取所有正確的行動，卻依然未能獲得執照。「《蘋果日報》跟《壹週刊》的成功讓黎智英變得傲慢，」葉一堅說：「他覺得一切都很簡單。」

黎智英似乎走進了事業的死胡同。二〇一二年底，他年滿六十四歲。香港的政治局勢似乎陷入僵局，媒體業務也停滯不前。他早已預言報紙的衰退，卻一直未能替既有的印刷出版品找到能獲利的新商業模式。同時間，他仍然持續為印刷媒體尋找新出路。黎智英長期拒絕免費報紙的概念，但二〇一一年，他突然改變立場，於九月份推出《香港爽報》。五個月後，他誇稱這份報紙的每日發行量超過九十萬份。在二〇一二年六月的年度股東信中，黎智英預測《香港爽報》的每日讀者人數很快將超越一百萬，成為全城最受歡迎的免費報紙。

然而，他對《香港爽報》的賭注失敗了。這份報紙蠶食《蘋果日報》，奪走旗艦報紙的讀者跟廣告商，還拉低了編輯標準。他進軍影像跟電視的計畫同樣受挫。他曾將蘋果動新聞視為過渡產品，但接下來要過渡到哪裡去呢？這一次，黎智英似乎對下一步感到茫然。不安之中，二〇一二年起，他開始上聲樂課，希望能在教堂裡好好唱歌。

二〇一一年春天，他九十八歲高齡的母親去世後，黎智英開始減少在大眾面前曝光。母親在生命中的最後幾年裡與他同住。母子兩人的關係一直很親密，這段時期尤甚。母子關係是他生命中最重要的關係之一。母親離世對他打擊巨大，但反應似乎晚了幾步。

「當她嚥下最後一口氣時，所有人都哭了。我卻麻木，哭不出來，也感覺不到任何東西。直到十天後，我腦子一片空白看著電視，突然間大聲哭了起來。我不得不躲進書房，把門關上，哭了大半天。我感覺窗外的世界完全崩塌。我下樓去吃晚餐。家人知道發生了什麼事，誰也沒說話。晚餐的氣氛就像葬禮。我花了很長時間才平復情緒，或者說其實從未恢復。我心裡有一部分死了。」

黎智英決定出售他的臺灣業務，並於二〇一二年十一月達成初步協議，以六億美元的價格賣給旺旺集團蔡衍明在內的一群當地商人。由於員工強烈反對，這筆交易最終未能完成。

從二〇一一年初到二〇一四年初，黎智英幾乎從公眾視野裡消失。他跟李韻琴頻繁旅行，二〇一三年大部分時間都在法國跟義大利度過。每週專欄的內容多與他光顧的餐廳有關。他花很多時間看網飛的節目。「他對如何處理《蘋果日報》或《壹週刊》完全沒有頭緒，」利世民回憶：「電視事業失敗後，他顯得有些迷茫。」即便有新想法，規模也很小。他走遍世界各地高級餐廳，考慮推出一檔類似安東尼・波登風格的電視節目。這是他職業生涯的最低谷。他將更多精力花在家庭，特別是二〇〇六年出生的小兒子黎信恩（Augustin）身上。

第十章

雨傘及催淚瓦斯

一名抗爭者籠罩在催淚瓦斯濃霧裡，頑強的手握著兩把雨傘，成為二〇一四年最具代表性的畫面之一，更成為一場新興抗議運動的名稱。儘管在催淚瓦斯、水炮及鎮暴警察揮舞的警棍之前，雨傘顯得毫無防禦之力，卻演變成香港和平抗爭的象徵，突顯這場有如大衛對抗歌利亞巨人般的不對稱抗爭。懷抱理想、略顯天真，多數由年輕人組成的抗爭者勇敢對抗中國無情的黨國機器。

二〇一四年九月二十八日星期日下午，抗爭者湧上繁忙的道路，癱瘓政府總部前的交通。當時正逐漸積極參與街頭行動的黎智英，站在成千上萬激憤抗爭者的前列之間。當夜幕降臨，悶熱潮濕的空氣裡，警方發射了八十七枚催淚彈。這是近半世紀以來，香港警方首度對市民使用催淚瓦斯。

《時代》雜誌封面的經典照片是一名高舉雨傘的抗爭者，捕捉到香港公開抗爭的開端。巧合的是，照片邊緣也拍到黎智英，蜷縮身體作為防護，催淚瓦斯刺激下雙眼刺痛，視線幾乎被煙霧掩蓋。

雨傘運動起於二〇一三年一月，溫和的香港大學社會學教授戴耀廷在報紙上發表了一篇關於公民抗命（civil disobedience，又稱「公民不服從」）的專欄文章。他在嚴肅穩重的

《信報財經新聞》上撰寫〈公民抗命的最大殺傷力武器〉，提出一套非暴力抗爭計畫，結合全民公投，迫使政府接受自由選舉。（這場自一九八九年天安門運動以來對北京政權最嚴峻的挑戰，最初是由戴耀廷的「讓愛與和平佔領中環」啟動。但隨著學生主導運動，逐漸演變成「雨傘運動」；至今兩個名稱仍經常交替使用。）

中國政府於一九九〇年施行的《基本法》是香港特區的小憲法，承諾香港回歸後將實行普選，港人能夠選出自己的行政長官與立法會議員——等同市長與市議會。中國官員當時承諾，港人將「當家作主」，描繪了一幅後殖民時代的自由願景。這些承諾卻淪為一場殘酷笑話。

二〇一三年三月，戴耀廷與長期推動民主運動的朱耀明牧師及社會學教授陳健民聯手，發起「讓愛與和平佔領中環」行動。三人主張透過公民抗命，迫使政府談判，提出二〇一七年普選的路線圖。戴耀廷認為若有一萬名抗議者佔領商業核心區域，將迫使政府認真對話。畢竟，二〇一二年時，青少年社會運動者黃之鋒便曾成功帶領學生運動，說服政府撤回在中學課程引進親共教材的提案。

黎智英雖對黃之鋒行動的反應較為遲疑，卻全力支持「佔中」計畫。他在二〇一四年三月的專欄文章中，表達自己重拾香港政治的決心：「我們無法對抗時代潮流，但我們必須抗拒邪惡。」他寫下：「即使失敗，我們也不能讓這段歷史白白流逝。即使我們失敗，至少我們曾為普選奮戰、流淚、竭盡所能，否則，我們在史書上只會淪為平庸之輩。」

那年春天，為了跟更多香港市民接觸，黎智英經常與李柱銘及陳日君樞機主教一同徒步走遍香港，為「佔中運動」前夕即將舉行的民主公投爭取支持。三人通常在夜間行走，身邊有少數民主派人士相伴，有時數百人同行，一路與市民交談，在香港各地凝聚民意。

當局則竭力阻撓這場全民公投。中國國務院發表一份前所有未有的白皮書，聲稱中央政府對香港市擁有「全面管治權」。國務院嚴肅聲明香港所享有的一切權利，皆來自中央政府的慷慨恩賜。北京警告港人，要警惕「與外部勢力勾結合謀，干預『一國兩制』實施的一小撮人士」。香港及大陸官員紛紛發聲，威嚇市民勿參與公投，香港警方甚至進行演習，試圖以武力威懾投票者。

就在公投開始前兩天，一場大規模駭客攻擊試圖癱瘓投票系統。以《蘋果日報》跟公投組織「PopVote」為目標，駭客發動分散式阻斷服務攻擊（DDoS），透過大量虛假訊息灌爆目標伺服器，以驚人的每秒五百GB流量轟炸網站。

針對《蘋果日報》跟PopVote伺服器的流量，等同於全球所有其他網路流量的總和。「我們偵測到每秒超過二點五億次網域名稱系統（DNS）請求，這個數據幾乎跟整個網路上平常一秒的網域名稱系統請求量差不多。」網路安全公司Cloudflare執行長馬修．普林斯（Matthew Prince）表示：「這次攻擊的規模遠超過往所見。」受此影響，《蘋果日報》網站癱瘓約十二小時。

《蘋果日報》的員工則奮力反擊。「在《蘋果日報》，我們有種特殊動力。」記者王穎妍回憶：「那種氛圍是外面看不到的。需要幫忙的時候，同事都會仗義相助。他們駭入我們，不讓我們發稿，但我們齊心協力，把所有內容上傳到YouTube跟社群媒體，」因此讀者仍可看到《蘋果日報》報導。攻擊過後，報紙刊出大膽的挑釁廣告：「蘋果永不屈服」，黎智英說：「無論（攻擊的）幕後黑手是誰，很明顯想要壓制公投的呼聲。」

儘管面臨威脅與騷擾，公投仍獲得熱烈響應。全港三百二十萬登記選民中，近八十萬人踴躍參與。隨著香港朝向普選的承諾邁進，公投要求市民對未來選舉制度表達意見。多數投票者支持政黨公開提名候選人的方案。黎智英跟「佔中運動」組織者也對公投抱有更激進的目標：建立安全的選民名冊。他們相信，公民掌控的選民登記系統，將為更頻繁的投票行動鋪路。倘若北京不願推動真民主，黎智英等人將運用科技，讓人民意志發聲。

幾十年來，香港在中國領導層心目中的份量，遠超過此地的狹小面積或經濟影響力。作為西方列強奪走的第一塊中國領土，收回香港對中共政權具有重大象徵意義。成功收回這片具有全球影響力的殖民地，鞏固了北京政權的統治正當性，證明它能維護國家榮譽。西方所稱的「移交」，北京則稱之為「主權回歸」，彷彿一百五十六年的英國殖民統治，只是中國歷史上一個短暫插曲。

儘管中國極力想要收回香港，中國同時也擔憂殖民地悠久的自由傳統，可能會威脅大陸的極權統治。多年來，香港一直是異議人士的避風港，北京視此為危險思想與危險人物的溫床。一九八九年，百萬港人上街聲援天安門示威者；之後，國家安全問題成為這個封閉偏執政權愈發關注的議題。

天安門鎮壓屠殺之前，中國曾成立委員會，負責起草香港移交後的小憲法——《基本法》。當時許多本地精英仍對北京的意圖心存疑慮，為了爭取他們的支持，起草委員會納入香港的商業、政治及宗教領袖。其中包含民主派領袖李柱銘大律師，以及另一位著名的民主倡議者、教師工會領袖司徒華。六四屠殺後兩人公開辭職以示抗議，北京便迅速將李杜銘跟司徒華逐出起草委員會。

六四屠殺後的「黃雀行動」（Operation Yellowbird）將逃亡的異議人士從大陸偷渡到香港，更激起中國對於外國勢力試圖顛覆共產政權的恐懼。英國情報機構、美國中情局跟本地運動者及黑社會組織聯手行動，成功讓示威者避開中共追捕。這場行動的關鍵角色之一，就是朱耀明牧師，日後他也成為「佔中運動」的重要人物。黃雀行動救出黎智英圓領衫上那三位天安門運動領袖中的兩位——吾爾開希跟柴玲。黎智英為成功逃出中國的部分流亡者提供經濟支援，包含柴玲。柴玲經由香港逃到巴黎後，黎智英與李韻琴在當地找到她，為她支付一開始的旅館費用，並建立起友誼。

彭定康在一九九二年成為香港最後一任英國總督，在北京跟本地商界的強烈反對下，力推政治改革。他擴大選舉權，讓更多民意代表進入立法局。彭定康是個擅長跟市民直接交流的政治家，他的從政之路始於紐約街頭，在一九六五年的紐約市長選戰中為約翰·林賽（John Lindsay）工作，後來更主導英國首相約翰·梅傑（John Major）的一九九二年連任選戰。經過一連串殖民行政官員與外交部專業背景的港督之後，彭定康上任帶來真正改變。他經常上街的親民風格，跟過往港督截然不同。他不帶隨行維安人員，悠然漫步街頭，在小店品嚐蛋塔與小吃，跟普通香港人聊天。

一九五〇年代以來，北京一直極力阻撓香港任何民主進程，深知這將使其更難掌控這片民主飛地。彭定康的改革雖未能實現真正普選，北京仍舊強烈抗議這些過度之舉。對中共領導層來說，這些改革看起來更像是英國在離開前埋下「麻煩的種子」。

彭定康不只讓更多香港人獲得投票權，更讓他們對自己建立的城市感到自豪。他放棄擔任立法局主席，改由議員選舉產生領導人。中共曾承諾「港人治港」，但彭定康在五年間所做的，遠超過中國人二十五年間的作為。他認為香港擁有世上最優秀的公務員，並幾乎保留原有的本地高級官員，而不是從倫敦帶來自己的團隊。一名《壹週刊》資深編輯說：「這無疑是信任投票。」

彭定康對香港的傑出深信無疑，甚至將女兒彭雅思（Alice）送進港島中學（Island School）就讀，這是間本土且一點也不高級的學校——當時其他香港精英多將子女送往英國寄宿學校。家長會時，他就跟其他家長一樣排隊等著見老師，展現毫無架子的作風。港人暱稱他為「肥彭」，他也欣然接受。

彭定康推動改革所產生的海量新聞，讓《蘋果日報》在內的媒體業受益匪淺。即便一九九七年卸任後，他仍是香港人民與核心價值的忠實啦啦隊，始終為城市的開放精神與法治制度發聲。「我認為香港展現出開放社會各項特質，那正是共產黨最害怕的。」二〇一九年一場跟黎智英的直播對談中，他說：「這是生存威脅。」

一九九七年後，香港成為中國領土上唯一一個公開紀念六四天安門事件的地方。銅鑼灣的維多利亞公園每年都會舉行追思晚會，這場莊嚴肅穆的活動吸引各個年齡層的參與者，經常有超過十萬人聚集悼念。活動上的講者包括參與運動的學生王丹（他是黎智英的佐丹奴圓領衫上所印的三名天安門英雄之一）及六四死難學生的母親。李柱銘及其他香港民主派政治人物也經常發表演說。黎智英幾乎每年都會參加，但他很少發言，即便發言也十分簡短。他更喜歡在小團體中對話，經常在自己家裡舉辦這類聚會。

中國政府一直深信美國領導的外國勢力煽動了一九八九年的抗議運動。鄧小平曾痛斥美國「煽動不滿情緒」，並將中國的民主運動形容為「反革命叛亂」，目的是「推翻中華人民共和國及我們的社會主義制度」。他堅稱華府刻意「火上加油」，與日本代表團會面時甚至怒批「西方國家，尤其是美國，動用所有宣傳機器煽風點火，支持所謂的中國民主派或反對派，實際上他們是中國的垃圾。」

在北京眼中，仍是英國殖民地的香港更像是可能助長內地異議聲音的顛覆性「第五縱隊」。一九九〇年代中期，北京異議人士如王丹的文章會刊登在《壹週刊》上；流亡香港的中國異議者也能自由發聲。這些人包含韓東方，這位前北京動物園電工，在天安門運動後遭到囚禁，最終被逐出中國。他定居在香港，獲得永久居民身分（使得當局難以驅逐他），並在香港創立勞工權益組織，同時主持一檔頗受歡迎的廣播節目。

北京對香港的最佳理想藍圖，更接近新加坡模式。在那裡，受過英國訓練的律師兼前左翼份子李光耀，將這座赤道上的沼澤小島，打造成政治冷感的外資與製造業天堂。在同為前英國殖民地的新加坡，商業牢牢掌控在政府手裡。公民社會與非政府組織在執政黨的嚴格規範和限制下運作；新聞媒體更像寵物狗，而非監督政府的看門犬。新加坡根本不會容忍《蘋果日報》這種報紙跟黎智英這樣的媒體人。

北京顯然認為，香港人只在乎錢跟享樂。鄧小平當年向英國首相柴契爾夫人保證中國不會將制度強加在自由奔放的香港之上。他用一句經典承諾來保證：「馬照跑，股照炒，舞照跳。」彷彿這樣便足以讓港人心滿意足。

到了二〇一四年，香港移交之後已經十七年，任何選舉改革的前景，就連真民主的可能性也逐漸消退。哪怕是地方官員的選舉，北京都拒絕舉行真正選舉，徹底證明當初的承諾只是空話。國務院在六月發表強硬白皮書，並非北京的最後表態。八月三十一日，全國人民代表大會進一步頒布二〇一七年行政長官選舉的規則。公投結果支持的開放提名制度遭到否決，取而代之的，是由親北京的提名委員會繼續挑選候選人。官方還新增一項要求：候選人必須「愛國」，意即忠於中國共產黨。從六月國務院的白皮書，到八月人大的選舉制度，一再連環重拳擊碎了改革的最後一絲希望。

黎智英親自參與雨傘運動，加強了《蘋果日報》編輯室以報紙聲援運動的底氣。《蘋果日報》的支持，是這場民主運動跟報紙本身的轉捩點，既提升了報紙的公信力，也吸引更廣泛群眾參與抗議運動。

九月底，抗爭者佔領了香港三個區域；他們在政府總部外的金鐘／中環區域、銅鑼灣商業區及勞工階層聚集的旺角搭建帳篷，建立抗爭營地。《蘋果日報》透過報導抗爭者的各種公民活動，提升佔領行動的合法性——例如讀書會、大學生為中學生授課的街頭講堂，甚至是運動者在市中心開闢的小型花園菜圃。《蘋果日報》淡化運動激烈的一面，尤其是旺角佔領區，這裡的草根階層示威者跟警方撐腰的黑幫不時爆發衝突。黃色成為雨傘運動的象徵色，《蘋果日報》更是將「黃色」發揮到極致；整整七十九天的佔領期間，報紙消耗掉的黃色油墨，比創刊二十多年加起來還多——用來印刷黃傘、黃絲帶、黃旗幟，甚至示威牆上的黃色便利貼的照片。

這場運動讓《蘋果日報》在香港社會中的地位，提升到新高度。許多原本對其追逐羶色腥抱持懷疑態度的人，也開始敬佩它的勇氣。加拿大出生的大律師郭榮鏗便是其中之一。

郭榮鏗於二〇〇六年共同創立香港公民黨（Civic Party），主要由中產及中上階級專業人士組成。他是在二〇一二年代表法律界當選立法會議員後才認識黎智英。成長於一九九〇年代的香港，郭榮鏗先前一直認為《蘋果日報》是「垃圾報紙」，同時卻眼睜睜看著其他報紙逐漸淪為北京的喉舌。他進入立法會的時候，「只有《蘋果日報》仍維持著新聞自由的火焰，是香港唯一的獨立媒體。」他回憶：「黎智英容許（他的記者）自由報導。他創造的環境，讓記者能夠公開支持民主，堅定捍衛香港的自由。」

雨傘運動爆發時，黎智英跟許多抗議者一同在佔領區搭起帳篷。他的帳篷就設在政府總部附近，位於夏愨道肯德基餐廳對面。長達七十九天的抗爭期間，他每天都坐在那裡，閱讀、與路過市民交談，以行動表達支持。（晚上則回家休息。）十月一日是兒子黎崇恩的二十歲生日，他原本計畫了一趟出海慶祝的行程，最終選擇留下來見證學生為民主奮戰的時刻。

雨傘運動的核心是一群年輕的運動者。儘管他們的理念建立在「佔中運動」之上，但是由新世代引領著抗議行動。黎智英從未嘗試擔任領袖；二〇一四年抗爭初期，他跟李柱銘、佔中發起人戴耀廷、陳健民等人甚至曾在九月二十八日凌晨在噓聲中下臺。因為學生擔心這些老兵會試圖奪取運動的主導權。

黎智英大多時間都坐在帳篷前或主舞臺前的椅子上閱讀。美國人權運動者艾倫・伯克當時到訪香港，在人群中找到他。她驚訝地說：「我到處遊走的時候，看到他就坐在一張戶外摺疊椅上。」他在運動現場並沒有特殊待遇。「每次我去金鐘，」一名運動人士回憶，意指香港政府總部所在地，「都會看到他。有時他只是發呆，有時跟人交談。他就像個普通人。」當黎智英想跟記者進行比較私密的對話時，就會走到附近的麥當勞。

美國外交官薄瑞光是十多年前在臺灣認識黎智英，回憶如何在抗議中遇見他。薄瑞光短暫訪港，在附近的香港會（Hong Kong Club）午餐後途經佔領區。「當時我正走過示威現場，聽著有人對群眾大肆演說。」他說：「我本來正準備走開，卻瞥見黎智英坐在左邊。他向我揮手示意，邀我坐下來。我走過去問他，『你覺得這樣好嗎？』他當時獨自坐在長凳上。我便坐下來，跟他聊了一會兒。」

這次意外相遇隨後引發一場小風波。《東方日報》的攝影記者拍下香港知名民主派媒體人黎智英跟美國資深外交官並肩而坐的照片。（當時薄瑞光擔任美國在台協會主席，負責美國對台政策，直接向歐巴馬總統的國安顧問回報。）這次相遇是雨傘運動期間自由開放氛圍的典型代表。然而，黎智英跟薄瑞光等美國高層官員的連結，卻在日後《國安法》審判中被用來攻擊他。

十月二十一日，當時的政務司長、香港政府第二號人物林鄭月娥率領四名高級官員，跟五名學生領袖進行電視辯論。這是政府與示威者唯一一次會面，但這次會面既非談判，也未試圖妥協。《時代》雜誌寫下：學生「代表的是任何國家都會自豪的年輕世代：聰穎、知識豐富且滿懷熱情」；而政府官員則「多半只是講些法律詭辯，並一如既往地告訴學生：放棄抗爭，聽從北京，因為香港的政治前途已經定案，不會改變。」即便抗議者人數眾多、充滿熱情且堅定不移，港府依舊毫不動搖，拒絕讓步。

黎智英抵達二〇〇一年就入住的嘉道理道住所時，保全立刻挺起身來，厚重金屬大門緩緩滑開。這整片區域包含嘉道理家族所擁有的八十五棟住宅，嘉道理是香港最富裕的家族之一。這些住宅坐落在旺角上方一處矮山脊上，俯瞰著全球人口最稠密的地區之一。黎智英向米高・嘉道理（Michael Kadoorie）租來這棟住宅；儘管每月租金將近四萬美元，但這項安排符合黎智英的需求。（房子本身老舊，需要翻新，但以這個隱密地段來說，算是相對划算的交易。）黎智英從未在香港擁有任何房地產。他認為風險太高；若跟當局發生衝突，房子會被沒收。

攝影記者在嘉道理道住所門外爭相拍攝，隨著司機緩緩駛入車道，他們試圖捕捉坐在賓士 S 500 後座的黎智英。步入裝潢雅緻的住宅，經過門廊上的蘭花瓶，他跟二十歲的兒子黎崇恩打招呼，簡單交代一天的情況，然後說：「我要去沖個澡。」

黎智英確實需要清洗一下。十一月十二日下午，他就跟過去六週的每一天一樣，坐在政府總部附近民主抗議陣營的帳篷前。三名男子對他發動突如其來的攻擊，對他潑灑惡臭不堪的液體。當他轉身避開時，更多穢物砸向他。事後才發現，是豬內臟。

這場攻擊只是黎智英遭受的眾多襲擊之一，而這座城市的官員不斷聲稱香港是全球最安全的城市之一。攻擊者不斷朝他的嘉道理道住宅大門投擲汽油彈；多年前他的大埔道住所也曾遭到類似攻擊。（闖入大埔道別墅的劫匪綁住他跟李韻琴，他們試圖搶走李韻琴婚戒時，黎智英對抗劫匪，因此頭部留下一道疤痕。）暴徒也曾破壞《壹週刊》位於華蘭中心的辦公室。警方曾在二〇〇八年偵破一起針對黎智英與李柱銘的暗殺陰謀。親北京的示威者與咄咄逼人的狗仔隊，經常在他家門外騷擾他及來訪賓客。前一年，一輛車衝撞嘉道理道住所大門；兇徒在現場留下一把斧頭及彎刀。

廣東當局甚至派他姐姐黎碧英到嘉道理道住宅門外靜坐，這是中共慣用的手法——當局以她兒子的學業前途要脅，要她說服黎智英放棄支持抗議者。（黎智英不願見她，因為見面之後她仍無法讓他改變心意的話，當局可能會對她施加更嚴厲的懲罰。最終，他讓跟了自己多年的司機與她談話。）

匿名勢力也試圖阻撓《蘋果日報》的發行。豬內臟攻擊前一個月，一群抗議者在半夜闖入將軍澳工業區內的報社，抗議報紙報導雨傘運動。這群花錢僱來的群眾，據信是由某位想要討好北京的商業競爭對手出資。他們用木棧板築起路障，圍堵廠區的兩處大門，阻止報紙運出。報社員工動用吊臂，將報紙送過圍繞廠區的柵欄，直接放到等候的貨車上。

然而，貨車隨後也遭人群阻擋；直到清晨五點，這些騷擾者突然撤走，彷彿他們只是收錢來給個教訓，然後收工離去。同時間在街頭報攤上，暴徒往《蘋果日報》潑灑醬油。

北京操作的廣告封殺則進一步施加壓力。兩家在香港歷史悠久、總部位於英國的大銀行——滙豐與渣打，一直都是《蘋果日報》最大的金融廣告客戶之一。二〇一三年，兩家銀行花在《蘋果日報》的廣告費用高達三百六十萬美元，卻突然在年中全面撤下所有廣告。滙豐銀行告知一名《蘋果日報》高層，一名中共官員下令銀行撤銷所有廣告。幾乎同時間，比較本地的東亞銀行跟恒生銀行也停止投放廣告。

十一月襲擊事件後，黎智英並無受傷，只是帶著滿身異味、髒兮兮地返家。當時就讀香港大學的黎崇恩回憶：「他心情還挺輕鬆的。」然而，針對黎智英的攻擊卻是相當嚴重。駭客攻擊與廣告封殺之外，豬內臟攻擊暗示著親北京勢力對黎智英的騷擾正在升級之中。

即便如此，黎智英拒絕聘請保鑣，當助理馬克．西蒙強化嘉道理道住宅的保全時，他甚至對此不滿：「我不想讓他們覺得我害怕。」即使面對更多威脅，他的抗爭態度絲毫未減。「我很好，我不怕。」兩個月後，二〇一五年初，燃燒彈再度越過住宅圍牆時，他這麼說：「這種事總是會發生，它們只是挑釁罷了。」

佔領香港市區三處關鍵位置的七十九天行動，呼應了八九年北京天安門佔領行動，呼應當年春天在中國各地爆發的大規模抗議。二〇一四年正如同一九八九年，一場大規模群眾運動試圖動搖中國共產黨的權力壟斷。香港的抗爭持續更久，最終並未爆發流血衝突。由於市民對於日常生活的不便積聚怨氣，抗議者失去大眾支持。十二月上旬，當警方開始清理抗議現場，黎智英與戴耀廷、朱耀明牧師、陳健民等人主動自首，接受逮捕。他被登記在案，但最終未遭起訴。

對黎智英來說，佔領運動的失敗令人沮喪。然而，二〇一四年的雨傘運動卻成為香港歷史的分水嶺，也為黎智英跟《蘋果日報》帶來了命運轉折。八卦小報的惡名逐漸消散；《蘋果日報》逐漸因其政治獨立性格與影響力，而獲得敬重。

二〇一四年的事件也重新點燃了黎智英對香港政治的熱忱。經歷臺灣的挫折後，他一度難以在家庭之外找到更崇高的使命。他跟李韻琴曾經樂於四處旅行，在不同住所間來去，與朋友相聚，參觀博物館，品嚐美食。然而，這一切並未能滿足他對更高意義的渴求。那一年春天，他走遍香港的民主行腳；九月陷在催淚瓦斯之中；隨後的七十九天佔領行動，為他的行動開啟了新篇章。一九八九年以來，他用捐款跟撰文來支持民主；現在，他要將自己的軀體放上最前線。

第十一章

「煮到嚟咪食」

二〇一四年底，《蘋果日報》編輯室內的資深編輯群憂心忡忡，擔心他們已經失去報紙的控制權。《蘋果日報》對雨傘運動的全力支持，讓它看起來更像是反對派刊物。公司新任行政總裁張嘉聲跟他們有相同憂慮，認為記者正將報紙推往更激進的方向。雨傘運動結束數日後，二〇一四年十二月十二日，黎智英辭去壹傳媒董事會主席。政治參與及潛在法律問題，已令這位上市公司董事會主席分身乏術。然而，辭職下台並未削減他在公司的影響力，畢竟他仍擁有超過七成的股份。

壹傳媒的新任行政總裁先前曾擔任沃爾瑪中國總裁，跟黎智英的政治理念並不相同。黎智英辭職讓他跟報社高層有機會重新確立主導權，調整報紙立場，避免太像抗議者的啦啦隊。除了確保更節制的編輯方向外，張嘉聲還需要迅速讓公司擺脫對紙媒收入的依賴，發展能賺錢的數位業務。為了反映此一轉型，壹傳媒的英文名稱在二〇一五年從 Next Media 更名為 Next Digital。

公司的未來看似岌岌可危。「廣告商會接到電話，甚至直接被威脅。」二〇一五年加入董事會的布拉德．哈姆回憶：「他們若在《蘋果日報》投放廣告，就沒辦法在中國大陸做生意。」自從親北京強硬派的梁振英在二〇一二年出任香港行政長官後，報紙所承受的政治壓力便不斷增加。《蘋果日報》對雨傘運動的全力支持，引來親中媒體及政府官員對《蘋果日報》跟《壹週刊》的猛烈抨擊。年長讀者開始流失。二〇一四年十月到二〇一五年三月的短短六個月期間，公司廣告銷售額驟減百分之二十五，盈餘比起前六個月更暴跌百分之八十五。

「政治環境變得極端對立，政府對媒體組織的敵意也愈發明顯。」為避開牢獄之災而離開香港的前立法會議員許智峯回憶。「人們意識到政治形勢已經產生變化，並開始擔憂《蘋果日報》的未來，甚至開始計算這樣的媒體還能撐多久？是一年？三年？五年？還是十年？」

即便來自北京的壓力增加，年輕的抗爭者更加堅持香港應該走自己的路。二〇一六年，香港以五十年來最激烈的衝突迎接龍年——農曆新年期間爆發「魚蛋革命」(Fishball Revolution)。草根團體試圖保護販售魚蛋等傳統港式小吃的無照小販，對抗政府的強力取締。警方鳴槍示警，最終導致九十名警員及約三十名抗議者受傷。當局逮捕六十一名抗議者。非暴力抗爭的時代就此告終。

《蘋果日報》跟黎智英卻嚴詞責備抗議者，與政府口徑一致，稱他們為「暴徒」。這不只是文字遊戲；一旦法庭裁定某人參與「暴動」，這些抗爭者的刑罰會比一般非暴力抗爭者更為嚴厲。《蘋果日報》與青年運動者之間的裂痕，遂逐步加深。

「《蘋果日報》擁有毀人的資源。」一名抗爭者抱怨報紙對魚蛋革命的立場：「他們有那種影響力，且毫不猶豫地運用，根本不在乎後果。那種權勢滔天的感覺，幾乎就像黑幫一樣。二〇一六年時，黎智英的態度像是：『年輕人，還沒輪到你們。』」這名當時三十多歲的抗爭者回憶：「他覺得我們太年輕、太天真。」這名示威者認為，黎智英相信「政治這等嚴肅的事，應該由老一輩來管。」

當年輕一代抗爭者開始探討香港身分認同的根本問題，並為過去難以想像的獨立理念建立草根基層支持時，《蘋果日報》卻無法擺脫泛民主派多年來執著的選舉改革。北京對民主運動施加更大壓力的同時，黎智英與他的報紙也陷入夾縫之中；一邊是骨子裡保守的泛民主老兵，另一邊則是更為急切激進的年輕世代。

魚蛋革命，只是雨傘運動結束後政治緊張局勢持續升溫的最明顯表徵之一。從雨傘運動到二〇二〇年《國安法》通過之間的這幾年，是一段政治壓力日益增加的期間。北京認為境外敵對勢力正在香港策動一場革命，自己與敵對勢力的陰謀進行一場無止無休的鬥

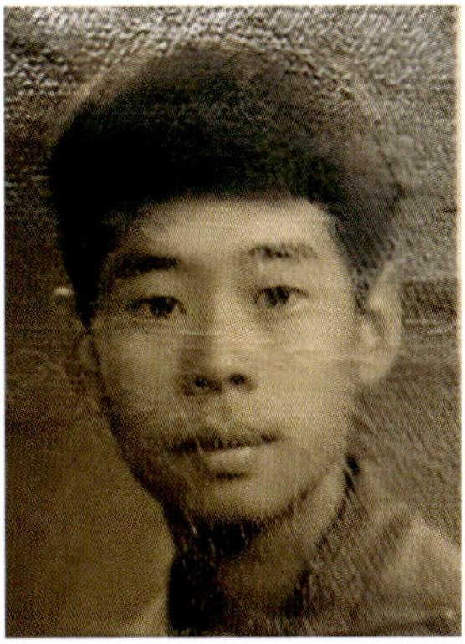

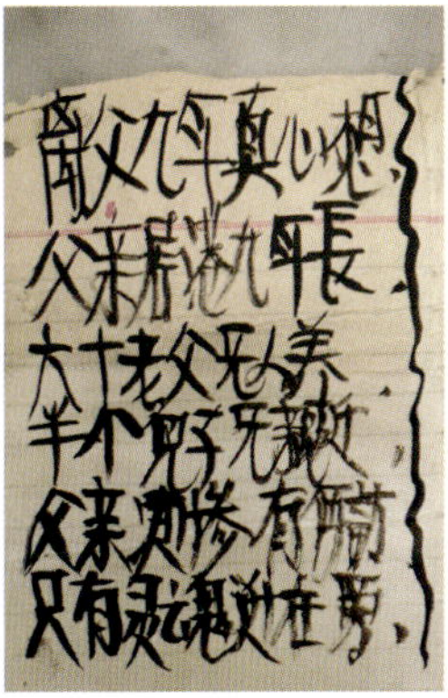

左圖：黎智英與母親、孿生妹妹黎思慧及姐姐黎煥英，攝於一九五〇年代初。

中圖：一九六一年，十二歲的黎智英離家前夕拍攝的照片。

右圖：一九六〇年左右黎智英所寫的詩，思念遠赴香港多年未見的父親。他寫下：「父親人慘有誰訪？／只有靈魂伴在旁。」

一九六一年，十二歲的黎智英身無分文抵達香港，投靠在當地生活的姨媽姨丈，他們就住在類似這樣的臨時搭建區裡（下圖）。其他人甚至只能露宿街頭（左圖）。儘管英屬香港殖民地普遍貧困，但全港三百萬人口裡，半數是逃離毛澤東統治，到香港尋求自由與機遇的難民。黎智英抵港的第一晚住在工廠裡；十五年後，他擁有了自己的工廠。

黎智英在一九七六年與泰籍華裔的國泰航空空服員茱蒂相識結婚。兩人育有三名子女——黎見恩（中）、黎明（左）與黎耀恩（右）。一九八四年攝於京都。

右圖：一九八六年，茱蒂與黎智英在曼谷合影。

下圖：一九七〇及一九八〇年代，香港經濟因出口導向工業而快速成長，黎智英的公明織造廠也是其中之一。如街景所示，棚屋被繁華的都市景象所取代。

黎智英雖然經常出差，但子女都記得他是很投入親子關係的父親，無論是到西貢海邊乘家庭遊船出遊，或是在九龍家中陪伴家人。一九八四年搬到俯瞰維多利亞港的大埔道寓所後，經常在家中宴請朋友與生意夥伴。黎智英還因飼養一隻寵物熊及其他動物而聲名狼藉。（一九八〇年代未標註日期的照片）

黎智英於瑞士聖莫里茲，一九八六年。

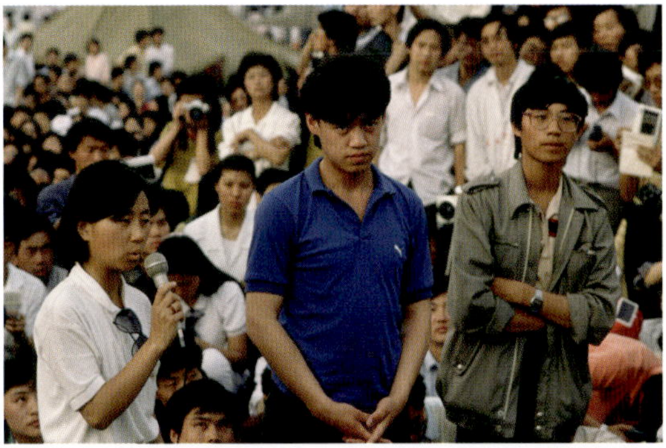

上圖：黎智英創立的佐丹奴連鎖品牌，以色彩鮮豔、價格親民的服飾開啟了全球快時尚產業。他縮短襯衫與毛衣的交貨時間，並引入新科技與創新製造技術，大幅提高利潤。

左下圖：一九八九年春天的北京學生抗議運動，成為中國共產黨統治四十年來最嚴峻的挑戰。這場運動觸動了黎智英，吸引他首度投身政治行動。佐丹奴販售的圓領衫印有學生領袖柴玲、吾爾開希、王丹（左中圖所示）的照片，公開呼籲中國領導層下台。黎智英將圓領衫銷售所得捐給學生，還送帳篷與其他物資到北京。三名學生領袖離開中國後，他還提供財務援助。

黎智英將時尚界磨練出來的行銷能力帶到《蘋果日報》，包含創刊口號：「每日一蘋果，冇人呃到我！（沒人能騙我！）」上圖攝於一九九五年六月《蘋果日報》創刊之際，他站在色彩鮮艷的蘋果標誌前。

下圖：一九九七年七月一日，一百五十六年的英國殖民統治之後，中國接管香港。英國查爾斯王子與中國共產黨總書記江澤民共同出席儀式。

上圖：一九九二年，巴黎克利南古爾聖母教堂婚禮。這場婚禮在黎智英與李韻琴兩人登記結婚一年後舉行。由於黎智英的前段婚姻，兩人結合須得到教宗若望保祿二世批准信函方能舉行。照片由鋼琴家劉詩昆所攝，他在中國文化大革命囚禁期間手指被折斷。

上圖：一九九七年七月一日中國接管香港後，中國人民解放軍隊進入香港。

《蘋果日報》在香港建立廣大讀者群，包括民主運動領袖李柱銘（下圖）及最後一任港督彭定康（左上圖）。除此之外，還有數十萬香港市民受到《蘋果日報》大膽政治新聞與自由市場經濟取向的專欄所吸引。早年，《蘋果日報》的社會及娛樂新聞經常踩在界線上，有時甚至超越尺度。

二○○三年，壓迫性的《國家安全法》立法，引發五十萬人上街抗議，這是一九九七年中國接管香港以來規模最大的示威活動。這場大規模抗議成為黎智英及其媒體王國的關鍵轉折。《壹週刊》與《蘋果日報》積極支持民主運動，更帶出大批參與民眾。《蘋果日報》特別製作一份夾頁海報（見下圖窗戶），而《壹週刊》則重刊一張經典封面——奶油派砸上行政長官董建華的臉（見上圖）。

二〇〇三年七月一日，包含各年齡層市民的和平遊行隊伍，從維多利亞公園出發，穿越銅鑼灣街頭，最終抵達政府總部。示威者對北京控制下的港府形成前所未有的挑戰。

左圖：一九九〇年代末，黎智英、李韻琴（妻子）、黎思慧（雙胞胎妹妹）共同慶祝黎母生日。

上圖：二〇一二年，黎采、李韻琴、黎智英、黎崇恩與黎信恩（前方）。

左圖：二〇一二年，黎崇恩、黎信恩（肩膀上）與黎采。

持續七十九天的「雨傘運動」佔領香港三個區域，成為一九八九年天安門抗爭事件以來，中國共產黨面臨的最大挑戰。黎智英全程參與，在佔領區內搭起帳篷。他在運動之初遭到催淚彈攻擊；之後更有人對他潑灑豬內臟。

二〇一四年十二月，警方欲清空抗爭群眾時，黎智英主動站出來接受逮捕。他被拘留登記在案，但最終未遭起訴。為了保護壹傳媒，避免公司因他的政治參與而遭受打擊，黎智英辭去所有職務；二〇一八年才又重新回歸。

巍然聳立於九龍之上的獅子山；這塊巨岩象徵著香港人積極樂觀的精神，正體現在黎智英等人身上。二〇一四年雨傘運動期間，民主運動人士將獅子山變成象徵抗爭的地標，掛上支持民主的標語，如圖所示。

左圖：雨傘運動結束後，黎智英積極與美國華府政界建立關係，希望捍衛香港的政治自由。他曾會見美國眾議院議長裴洛西、國務卿龐佩歐、副總統彭斯（圖攝於二〇一九年七月），以及多位國會議員。

上圖：香港民主派抗爭者寄望美國能保護香港免受中國日益緊縮的控制。圖為二〇一九年抗爭者在美國駐香港總領事館附近舉行燭光祈禱會。

上圖：二〇一七年五月李韻琴與黎智英在紐奧爾良合影。李韻琴於一九八九年在香港《南華早報》擔任暑期實習生期間認識黎智英。黎智英對她一見傾心，並在她返回巴黎攻讀學業後展開追求；兩年後兩人結婚。李韻琴的支持與她的天主教信仰，成為黎智英人生重要支柱。

左圖：二〇一九年，黎智英與李柱銘在美國國會山莊會見民權運動領袖約翰·路易士。路易士與黎智英理念相近，當場錄製一段影片，勉勵香港學生避免暴力，堅守非暴力抗爭。

上圖：黎智英因參與二〇一九年八月十八日抗爭而入獄。

二〇二〇年六月二十三日，北京在香港強行推動模糊且範圍廣泛的《國家安全法》後不久，當局便將矛頭指向黎智英與《蘋果日報》。八月十日，警方突襲黎智英住所將其逮捕，並以雙手反銬的方式帶走，隨後更在《蘋果日報》編輯室內遊街示眾。此圖為黎智英被押上警車時的瞬間。

二〇二〇年八月，二百五十名員警突襲《蘋果日報》總部（上圖）；隔年六月，警方更動員兩倍人手湧入報社。當局在未經法院命令的情況下，凍結壹傳媒銀行資金，迫使《蘋果日報》停刊。一名支持者高舉二〇二一年六月二十四日最後一期《蘋果日報》（下圖）。當日特別加印至一百萬份，並在數小時內全數售罄。

黎智英在獄中大部分時間都用來作畫；下圖為他親手繪製的耶穌受難圖，後來被支持者印成明信片，用於聲援他的活動。

左圖：未標註日期的黎智英照片，背景是他的繪畫老師兼摯友、美籍華人藝術家丁雄泉的畫作。

香港自由委員會基金會與其他支持團體，發起釋放黎智英的國際行動；本頁是在美國紐約市（古根漢美術館）、華府（能源部大樓）及英國倫敦（塔橋）上進行的大型投影聲援行動。

李韻琴與黎信恩（左）及黎采（上）出庭旁聽二〇二三年開始在香港九龍舉行的黎智英國安法審判。

右圖：黎智英的兒子黎崇恩積極奔走，為釋放父親而發聲。由於公開為父親請願的關係，港府對他發出威脅，他已無法再返回香港。

左圖：二〇二三年夏天，黎智英在最高戒護的赤柱監獄單獨監禁。這張是他目前最新的照片。

爭。北京視香港的政治動盪為幽暗不明的全球陰謀的一部分。

中國一直試圖讓香港華人認同中華人民共和國。剛移交的前十年，這項政策似乎頗具成效。特別是在二〇〇八年北京奧運會前夕，香港人逐漸視自己為「中國人」。然而，隨著中國人在大陸及香港的行為愈發強硬專制，反倒逐漸發展出香港人的本土意識。二〇〇八年後，香港人愈發認為自己跟中國大陸人截然不同。

香港對中國大陸人的敵意也逐漸加深。二〇一二年，《蘋果日報》刊登一則廣告，指責中國大陸人如「蝗蟲」般湧入香港。「香港人，忍夠了！」廣告中，一隻蝗蟲看著香港天際線。當時，大批大陸孕婦湧入香港醫院產子，好讓孩子獲得香港居留權，導致本地人難以找到分娩床位。中國大陸爆發致命污染奶粉的醜聞事件後，大陸人更是大舉掃貨，將香港超市的嬰兒奶粉搶購一空。香港人買不到嬰兒奶粉，迫使港府不得不實施限購措施。

二〇一九與二〇二〇年，兩項法案更將香港推向臨界點。二〇一四年與學生進行辯論的林鄭月娥，在二〇一七年出任行政長官。這位香港頂尖天主教學校名列前茅的前學霸，憑藉勤奮脫離貧困童年，成為傑出公務人員。林鄭月娥在社會福利署與房屋及規畫地政局等部門的領導工作贏得公眾好評，然而身為政治領袖卻是徹底失敗。她頑固推動的法案，讓香港人有機會被送往中國大陸受審，點燃香港有史以來最激烈的不滿抗爭浪潮，給香港帶來的傷害，僅次於二戰期間日軍佔領的浩劫。林鄭月娥在二〇一九年初提出《逃犯條例》修訂草案，將允許犯罪嫌疑人從香港送往大陸受審，打破了分隔香港與中國司法體系的防火牆。

此時，張嘉聲開發新收入的速度，已經無法滿足不耐煩的黎智英，因此這位前沃爾瑪高管於二〇一八年離開壹傳媒。黎智英再度回歸董事會主席之位。二〇一九年，黎智英親自帶領《蘋果日報》全力投入對抗《逃犯條例》的戰役。六月九日星期日，百萬香港市民走上街頭。三天後，六月十二日，示威者包圍立法會，阻止法案通過，警方則對抗爭者大打出手。接著的星期六，六月十五日，大受震驚的林鄭月娥宣布暫緩推進條例。然而林鄭月娥的讓步並未平息人民，次日的遊行吸引了約二百萬人參加，超過全港四分之一的人口。按比例來看，相當於九千萬美國人湧入華府遊行。香港人要的不只是撤回《逃犯條例》——他們要的是民主。

《蘋果日報》在引導公眾輿論上發揮了關鍵作用。這與二〇一六年魚蛋革命時的報導風格形成兩極對比；當年《蘋果日報》強調示威者的過激行為，如今卻將焦點轉向警方的暴力。「他們的報導大幅突顯警方暴行，警察就是存心想傷害人，甚至連逮捕的動作都不做。」曾批評《蘋果日報》魚蛋革命報導的那位抗議者回憶：「《蘋果日報》並非激進媒體，但他們的報導充滿人性，這讓我很驚訝。正因如此，許多普通市民也開始同情抗議者及更激進的群體。他們不再被描繪成『暴徒』。」黎智英積極參與決定編輯方向，頻繁透過 WhatsApp 對資深編輯發送訊息，指示如何處理特定報導。即便示威行動日趨激烈，黎智英跟《蘋果日報》仍舊堅定支持抗爭者。七月一日香港回歸紀念是個公眾假日，激進示威者衝入立法會大樓，象徵抗爭策略的重大升級。翌日，黎智英聯繫《蘋果日報》副社長陳沛敏，要她訪問抗爭者岑敖暉。此舉反映出黎智英的新態度，他希望在圍攻立法會的爭議後，藉此為抗爭者爭取更多公眾支持。

二〇一九年的警暴也模糊了先前弱化民主陣營的世代分歧。民主運動誓言勇武派與和理非派不再割席。黎智英並未試圖阻止抗爭者採取更具攻擊性的策略——破壞設施。學生抗爭者向黎智英這一代人表明，三十年溫和爭取民主的方式毫無成效。「所以現在試試我們的做法。」二〇一九年十月，黎智英在史丹佛大學胡佛研究所的演講中，轉述年輕抗爭者的話。「所以他們選擇以自己的方式，對抗員警，其中或許伴隨著部分暴力。但無論如何，年輕一代與老一代人，從沒像現在這樣團結，為我們的家香港來奮鬥。」

巧合的是，二〇一九年中期，《蘋果日報》轉向數位訂閱模式。北京在背後支持的廣告商抵制，讓報社收入大受打擊。但跟世界各地的趨勢相同，紙本銷售量持續下滑。壹傳媒亟需走出財務困境。數位化計畫分成三階段進行：五月，使用者需先註冊；七月，使用者得開始支付象徵性費用；九月則開始實施全額訂閱收費。抗爭讓《蘋果日報》成為不可或缺的資訊平臺。到了九月，報紙網站已經擁有約一百萬付費訂閱戶，沒有任何報紙曾在如此短的時間內累積這麼多數位訂閱戶。它的宣傳口號簡潔有力：「以真相對抗不義，每天僅需（二十二美分）。」

黎智英深信美國是解決香港危機的關鍵。二〇一九年七月，他前往華府，獲得香港官員難以想像的禮遇，甚至超越許多異議人士的待遇。他會見美國副總統彭斯、國務卿龐佩歐、前國安顧問約翰．波頓（John Bolton），以及多位官員及國會議員。他想向他們傳遞訊息：香港的民主運動需要、也值得美國支持。

彭斯應龐佩歐請求同意會面，他回憶起黎智英是「偉大的自由之獅之一」。黎智英的故事與其天主教信仰，讓彭斯原以為只是例行公事的會晤，變成一次「極為親密」的交流。他說：「這次對話讓我更加堅定，要為這個人及所有像他一樣熱愛自由的香港人與中國人發聲。」彭斯記得四十五分鐘的會談，是他「在白宮西廂辦公室四年副總統任期中，最深刻的會晤之一」。

而在香港，政府的殘暴鎮壓反而讓反對派團結起來。警方公然與黑幫勾結，七月，警員縱容暴徒在地鐵站痛打手無寸鐵的抗爭者與無辜路人。八月底的另一次事件，網媒直播員警也在擠滿人的地鐵車廂內痛毆乘客，進一步激怒大眾。隨後多個週末，一百萬、甚至二百萬人的示威潮接連不斷。在胡佛研究所的演講中，黎智英讚揚年輕人「甘願犧牲的精神」，「殉道者精神」贏得了全城支持。「我們必須戰鬥，這是最後一根稻草。」

自由開放的社會裡，當大多數民眾走上街頭抗議時，政府通常會傾聽。然而香港官員從未與反對派對話，也沒有提出任何談判方案。隨著雙方衝突升級，最終在二〇一九年十一月演變成香港理工大學圍城戰，導致紅磡海底隧道遭到封鎖。

二〇一九年的區議會選舉清楚展現出民意走向。這次選舉涉及數百個基層公職，負責管理大量市府資金運用。此外，區議員也是選舉委員會（Election Committee）的成員，角色舉足輕重——有些類似美國的選舉人團（Electoral College），協助遴選特區行政長官。

二〇一九年底的動盪時刻，區議會選舉成為衡量民意風向的指標——究竟香港的沉默大眾渴望北京承諾的穩定與秩序，還是支持街頭抗爭者的民主訴求？

最終，民主派獲得壓倒性勝利。北京本可運用選舉作為改革政策的契機，實現香港人期待的民主，也兌現中國的承諾。但相反地，中共當局取消了即將舉行的立法會選舉，開始拘捕民主派領袖。《基本法》保障言論與集會結社的自由，還有許多其他權利。但北京嗤之以鼻。

二〇二〇年二月二十八日星期五清晨七點左右，黎智英正在晨運，警方突然上門逮捕。他們允許他先洗澡，再將他送往警署。他有足夠時間，警方也相當從容，讓他能夠發送幾封電子郵件。警方並未對他上銬。抵達警署後，黎智英被指控非法集結，參與二〇一九年八月三十一日的大規模遊行。

此外，當局還翻出一樁陳年舊案，那是一名《東方日報》記者的投訴。這名記者曾連續三年向警方投訴，稱黎智英在二〇一七年六四燭光守夜活動期間對他大聲喝罵。黎智英因此事遭到依「刑事恐嚇」罪名拘提到案。他完成應訊後，於中午時段獲釋。

然而七週後，警方再度來到嘉道理道住所門口。四月十八日，警方將黎智英、李柱銘及十多名知名民主派人士一同逮捕。這一次，當局指控黎智英在二〇一九年八月十八日及十月一日參與「非法集結」。接下來數月內，種種指控不斷堆到黎智英的頭上。

其中最荒謬的指控，跟二〇二〇年六月四日黎智英參與天安門紀念活動有關。自從一九九〇年維多利亞公園開始舉行燭光守夜活動以來，二〇二〇年當局以維持社交距離防止新冠病毒傳染為由，首度禁止在維園集會。然而六月四日當晚，黎智英仍來到維園外圍，下車默禱，並點燃一支蠟燭，悼念三十一年前死於北京的人。面對記者提問，他全程沉默，低調肅穆中上車。他仍舊因為獨自進行的無聲點燭默禱行動，被控煽動罪。

黎智英仍舊樂觀相信，中國共產黨面臨的挑戰終將讓它垮臺。二〇二〇年四月，他告訴《金融時報》，美國的支持將是香港的「救贖」。此外，他還跟「與香港同行」（Stand with Hong Kong）等抗爭團體合作，在美國、加拿大、英國、德國、法國、西班牙、義大利、瑞士、比利時、日本、南韓、澳洲及臺灣等地的報紙上刊登廣告，呼籲自由社會支持香港的抗爭運動。

二〇二〇年五月，中國全國人民代表大會宣布將在香港實施《國安法》的次日，黎智英傳訊給壹傳媒行政總裁張劍虹，提出在華府發起一場支持運動。「一人一信拯救香港

#TrumpSavesHK」的活動，透過白宮網站請願，希望美國總統川普能為香港提供「美國的公開支持及外交努力，讓我們的城市繼續作為國際貿易中心及自由之家」。這場請願活動原定目標取得十萬人簽名，最終獲得超過十一萬三千人參與支持。

五月二十五日，《蘋果日報》推出英文版，希望獲得更多國際支持，聲援香港的民主抗爭。黎智英也針對國際媒體展開閃電攻勢，警告《國安法》將帶來的威脅，並呼籲制裁相關官員。他接受《福斯商業新聞》（*Fox Business*）主持人瑪麗亞・巴蒂羅莫（Maria Bartiromo）訪問時，直言美國應對中共官員實施制裁。隨後在《彭博社》（*Bloomberg*）、BBC的訪問中重申此言，並在推文中直接向川普總統喊話。他還提醒張劍虹，要讓國際線同事避免攻擊川普，因為他們需要他的支援。

黎智英公開呼籲制裁中港官員，讓他反抗中共的「罪」更加一等。由於這些制裁可能凍結官員的海外銀行帳戶或資產，甚至讓中共官員子女無法前往美國就讀大學，令北京特別憤怒。

二〇二〇年六月三十日，中國全國人大繞過香港立法會，強行頒布《國安法》，全面封殺異議聲音，終結香港的自由。此法規定「恐怖主義」、「顛覆國家政權」、「分裂國家」及「勾結外國勢力」皆屬犯罪。任何對政府的批評都有可能觸犯這些模糊的新法條，最高刑罰為無期徒刑。

《國安法》剝奪陪審團審訊權，被告完全受制於政府指派的法官，最終黎智英也可能因為此法而無法自行選擇律師。接觸呼籲民主或呼籲制裁香港官員的外國政府，都會被視為「勾結外國勢力」，可能構成犯罪。當局甚至在秘密遴選的法官面前聲稱，「光復香港，時代革命」之類的口號，即屬分裂國家行為。《國安法》將「爭取民主」定義為犯罪。

此法正式生效前，港府試圖安撫公眾情緒。行政長官林鄭月娥——據傳她直到法律頒布當天才看到全文——曾保證該法將審慎適用，只影響「極小群人」。北京國務院港澳辦公室發言人聲稱，新法「僅針對企圖（在香港）分裂國家、顛覆政權、組織恐怖活動與外部勢力干預香港行為的活動」，並強調「不會影響香港居民享有的權利與自由，包含遊行集會及言論自由」，還宣稱「該法將讓香港市民能在更安全的環境下行使權利」。

然而，許多香港民主派人士仍舊採取防護措施。曾是香港首位華人及首位女性政務司長的陳方安生，在二〇二〇年六月宣布即刻退出政治。黃之鋒等年輕抗爭者於二〇一六年創立的香港眾志（Demosisto），也在同年六月底宣布解散。張崑陽及香港眾志共同創辦人羅冠聰等領導成員，紛紛流亡海外。

新法生效的第一天，便已露出令人擔憂的跡象。七月一日，一名摩托車騎士駛經一群警員時，高舉印有「光復香港，時代革命」的旗幟，成為首位因《國安法》定罪的人。法官裁定該口號具有「分裂國家」的意涵，指控唐英傑「試圖破壞國家統一」。這宗二〇二一年的判決，讓《國安法》之下言論自由將獲得保障的承諾成為笑話。國際特赦組織（Amnesty International）的雅米妮．米什拉（Yamini Mishra）指出：「這項裁決本質上將香港民主運動中廣泛使用的口號視為非法。」數月後，示威者馬俊文僅因高呼「光復香港，時代革命」及「香港獨立，唯一出路」等口號，即被判五年刑期。

七月二日，新法施行後兩天，《中國日報》聲稱「香港居民依然享有和平集會示威、批評政府及討論時事的自由」。這些都是空話，跟往後四年一波接一波的拘捕完全背道而馳。

然而，黎智英拒絕退縮。

黎智英全力支持二〇二〇年七月舉行的民主派初選，讓民主派組成統一候選人名單，參與原訂九月舉行的立法會選舉。如同二〇一四年的非正式公投，這次初選再度引發北京強烈不滿，威脅主辦人與選民。投票前夕，警察突襲主辦人之一的香港民意研究所（Public Opinion Research Institute）辦公室，試圖破壞投票。

黎智英希望這次初選能延續二〇一四年公投的成功，為基層民主鋪路。他更設想利用區塊鏈技術，打造一個透明的另類投票系統。系統規畫初期曾代替黎智英參與的利世民回憶：「這不只是為了獲得（立法會）席次，更是要建立一個平行體系，讓市民可以自由發聲。」（然而，由於其他開發者對於涉及黎智英的計畫有所顧慮，利世民遂於二〇一九年春天退出計畫，當時距離初選僅剩四個月。）

「對我們來說，初選更像是一場選民登記活動。」利世民說：「但黎智英的構想不止於此。他想建立一個超越《蘋果日報》的平台，讓每位市民都能安全發聲，進行即時討論，每個人都有平等的話語權。他的理想是利用科技實現即時民主。」即便有來自官方的威脅，仍有將近六十萬人參與這場非正式初選。此舉激怒了中國共產黨。

香港球迷在足球比賽中多次噓弄中國國歌，令中國官員怒不可遏。同樣引發憤怒的，還有破壞國徽及國旗的行為。二〇一九年七月，一處政府辦公室外的國徽遭到潑灑黑漆，港澳辦公室官員罕見召開記者會，譴責這樁「駭人聽聞」的行為，稱其對「法治造成嚴重損害」。曾在二〇一四年雨傘運動期間擔任行政長官的梁振英更親自懸賞，要找出拆下中國國旗拋入維多利亞港的人。

中國似乎無法接受香港人真心追求自由與民主。北京始終認定，凡是嚮往「西方」自由理念者，不是外國勢力代理人，就是遭到殖民主義欺矇。港澳辦的記者會上，官員們再次搬出熟悉論調，將抗爭歸咎於「不負責任的西方國家人物」，「企圖遏制中國的發展」。

獨裁者渴望被愛。過去，專制政權依賴殘酷手段——鞭刑、監禁、斷頭台，今天的極權者則想營造出一種虛假的自願服從感。因此，中國政府宣稱《國安法》不僅沒有削弱自由，反而提升了自由。

二〇二〇年十二月十日國際人權日，《國安法》頒布後將近半年，中國國營的《新華社》聲稱「社會恢復平靜，香港市民重新獲得社會動盪後失去的權利與自由，人權更進一步獲到保障提升。」官方喉舌進一步宣稱，市民如今不必再擔心示威影響購物、上班或上學。

隨後，該文話鋒一轉，抨擊香港的殖民時代，聲稱「香港居民的權利與自由長期受到限制。香港同胞今日享有的民主、人權與自由，是回歸祖國後才真正確立，並獲得保障」。最後，該文總結：西方國家批評《國安法》的「真正目的，是企圖打『香港牌』來遏制中國的發展。」

這篇《新華社》評論充滿中國政府討論人權時常見的橋段。中國是受害者——西方試圖「遏制」中國的經濟發展；殖民統治更糟糕，暗指共產政權下的生活更好；最後，安全高於一切——「社會已恢復平靜」。依法逮捕的「極少數人」，其「人權仍受法律保障，例如須經法院審判才能定罪（原文如此），並享有法律權利，例如訴訟期間聘請律師及無罪推定」。然而此文卻隻字未提《國安法》剝奪陪審團審訊權，限制被告選擇律師的自由，並由政府指派的法官審理案件。

《國安法》的影響遠遠不止於被捕或定罪的數字。媒體機構也紛紛被迫關閉——除了《蘋果日報》及《壹週刊》外，獨立媒體《立場新聞》及《眾新聞》也受到威脅而停止運作。香港大學前法學院院長陳文敏指出，《國安法》實施的頭三年內，超過六十個公民團體，包括政黨、工會、學生組織、專業協會及人權團體，不是解散就是撤離香港。

圖書館下架某些書籍。立法會遭到全面改造，如今議員幾乎清一色為親北京人士。曾經由市民選出的四百七十九名區議員，如今只有五分之一由選民投票產生。政府更設立了「國安舉報熱線」，自二〇二〇年十一月五日啟用至二〇二三年四月間，已收到超過四十萬件舉報，平均每日近四百五十件。「這座曾以蓬勃多元的公共論壇而知名的城市，」陳文敏寫下：「再也沒人敢公開發表批評政府，甚或略為諷刺的言論或漫畫，有時連跟朋友私下閒聊時也很小心。」

香港政府持續擴大《國安法》的適用範圍，聲稱效力遍及全球。當局要求谷歌的 YouTube 及其他串流平臺，從全球範圍的網站下架非正式的抗爭主題曲《願榮光歸香港》。二〇二三年，港府甚至懸賞追捕十三名身處美國、英國與澳洲的海外民主人士。二〇二四年，香港法院裁定政府勝訴，《願榮光歸香港》曾一度從 Apple Music、iTunes 及 Spotify 下架。

當初政府聲稱只有少數人會被影響，如今則證明是虛幻謊言。二〇二一年一月六日清晨的全城大搜捕之後，四十七名民主派人士被控有罪，僅因他們組織了二〇二〇年七月舉行的民主派初選。檢方指控他們「顛覆國家政權」，理由是這些議員跟抗爭者試圖從事世界各地民主國家的政治人物都會做的事：試圖贏得政治權力。精確地說，他們希望透過選舉程序，贏得立法會多數席次，迫使行政長官辭職。最終，四十七人中有四十五人被判有罪，其中許多人在審判結束前已遭關押超過三年。

《國安法》生效的前三年半裡，共有二百九十一人因涉及國安罪行而遭到逮捕。許多人只是行使基本的言論自由，若在二〇二〇年七月之前，這些行為根本不會引起任何關注，更遑論遭到逮捕。

美國喬治城大學法學院學者黎恩灝及湯瑪斯・凱洛格（Thomas Kellogg）指出：

「我們追蹤的被告，加總起來已在審判前服刑數十年，儘管大多數都是因為非暴力行為遭到逮捕，這些行為在其他司法管轄中根本不構成犯罪。無論當局是否有意為之，《國安法》與其他國安案件讓政府實質剝奪被告獲得保釋的可能性，讓政府有權能將任何人一次關押長達數月之久。」

二〇二〇年八月十日星期一，《國安法》施行六週後，黎智英成為《國安法》生效後的首批目標之一。過去他也曾遭到逮捕，當時的警方態度相對禮貌，透過律師通知赴警署報到，又或會讓他在家中沖澡後，從容登上等待的警車。然而八月的逮捕行動中，黎智英被雙手背後上銬，並遭到警員粗暴對待。當時香港政府嚴格執行的防疫社交距離規定被徹底拋諸腦後。為了這場針對黎智英的「公關秀」，警方事先通知攝影記者聚集在黎家門外。

黎智英被警方押上警車，行駛十英哩，前往位於將軍澳工業區的《蘋果日報》辦公室。當天清晨，二百五十名全副武裝員警已經強行突襲大樓。他們列隊穿過大堂，經過黎智英崇敬的自由先驅——郭伯偉（John Cowperthwaite）、傅利曼、海耶克的雕像。沿著彎曲長梯而上，前往三樓的編輯室。

黎智英被押進電梯，以罪犯遊街的方式穿過編輯檯與辦公隔間。《蘋果日報》的記者群知道自己正在見證一場全球新聞事件發生。員工開始直播現場記者與警方的激烈爭論，並拍下警方搜索編輯部，搬走三十箱資料的場面。記者上傳照片與影像，許多人是躲藏在女更衣室跟洗手間內偷偷上傳。

警方瘋狂搜尋報社的伺服器，以關閉《蘋果日報》網站。然而就在前一年，報社已將所有資料轉移到雲端；改用《華盛頓郵報》設計的ARC內容管理系統，由香港以外的亞馬遜伺服器託管。ARC的技術人員迅速採取行動，將營運控制權轉交給《蘋果日報》的臺灣編輯團隊。「等到警方搞清楚系統如何運作，要求我們關閉網站時，已經太遲了。」馬克．西蒙回憶：「我們說：『我們無法關閉，它現在由臺灣團隊管理。』」

全港都即時目睹這場大戲上演。

黎智英被警方押往辦公室時，一名記者大聲問：「黎先生，我們該做點什麼？」黎智英只回應了簡短幾個字的廣東話：「煮到嚟咪食。（飯已煮好，我們就得吃。）」

黎智英仍遭拘押之時，《蘋果日報》以強硬態度作出回應。隔天週二，報紙頭版頭條稱：「蘋果一定撐落去！（蘋果一定撐下去）」報紙當天加印八倍，發行量暴增至五十五萬份。《壹傳媒》股價亦飆升至十二年來最高點，逮捕當週內暴漲十二倍，成千上萬支持者以實際行動聲援這家公司。

一向迅速譴責他人評論司法案件的中國中央政府，對逮捕黎智英大加讚賞，聲稱他「勾結外部勢力，危害國家安全，必須依法從嚴懲處。」港澳辦發言人更指控黎智英及其他人「長期充當外部勢力的政治代理人，協助他們干預香港事務，從事分裂、顛覆、滲透及破壞中國的行為。」

官媒《中國日報》則轉述港澳辦發言人的說法，指控黎智英「策劃、組織並發動一系列非法活動」。這位港澳辦的不具名發言人還宣稱，黎智英利用旗下報紙與雜誌「製造散播謠言，煽動支持暴力」，並說「黎智英資助反中勢力及主張『香港獨立』的團體。依法懲處黎智英及其他違法份子，是維護法治的必要舉措。」

拘留超過四十小時後，黎智英於八月十二日凌晨獲釋。當日下午，他返回《蘋果日報》編輯室時，員工以熱烈掌聲迎接，並獻上一束鮮花。週四的《蘋果日報》頭版刊登黎智英與張劍虹深情相擁的照片，張劍虹當時擔任壹傳媒行政總裁，也是報紙的前總編輯。張劍虹與壹傳媒財務總裁周達權也在週一被捕，不過當天稍晚便獲釋。張劍虹顯然對拘捕不以為意，但周達權在當週稍晚卻坦言，這次經歷讓他徹底崩潰。當週末的壹傳媒股東大會上，他對我坦承：「他們差點讓我崩潰了。」

警方還以《國安法》及欺詐罪名，拘捕黎智英與前妻所生的兩個兒子：四十四歲的黎見恩與三十九歲的黎耀恩。兩人都未跟黎智英同住，也從未參與他的生意。黎見恩是科技企業家，而黎耀恩則經營備受讚譽的「壽司喰」(Sushi Kuu）日本餐廳。兩人獲准保釋後釋放；四年過去仍未被正式起訴，當局持續扣押他們的護照，兩人須定期向警方報到。

然而，黎智英似乎毫不動搖。他告訴同事，比起初來港時，睡在工廠桌椅上的日子，拘留所的一晚根本算不上什麼。七月份，黎智英發起一系列每週直播節目，透過臉書與YouTube向全球發聲（我擔任節目主持人）。警方突襲《蘋果日報》的次日，他獲釋之後，如常出現在直播中，依舊無畏無懼。當日超過二十萬人收看節目。接下來幾個月裡，他邀請了彭定康、陳日君樞機主教、世界銀行前行長保羅．伍佛維茲、美軍退役四星上將傑克．基恩（Jack Keane）、《紐約時報》專欄作家紀思道（Nicholas Kristof）、薄瑞光大使，以及《亞洲華爾街日報》前社論版主編邁克．岡薩雷斯。黎智英始終無懼。「可能跟他們的想像不同，我並不恨共產黨。」二〇一九年接受《紐約客》（*New Yorker*）記者樊嘉揚訪問時，他說：「我只是不怕它。」

倘若黎智英拒絕被嚇倒，他也深知香港已進入新時代。九月初的一次訪問中，他說《蘋果日報》將不再公開倡議立場——換句話說，不再扮演反政府政黨的角色——而是回歸純粹新聞報導。他強調員工的安全至關重要。一旦壓力過大，報社寧可關門，也不會違背原則。「我們無法運作的那一天，就關門。妥協從來不是我們創辦這家公司的初衷……我們只會持續做我們該做的事，沒有什麼好妥協的。」

過去三十年，他一直說他會留在香港。早在一九九四年九月，他就在《壹週刊》專欄中立誓。他一再拒絕朋友要他趁能走時離開香港的勸告。然而他一而再重申，香港給了他一切，他不能離開。「我只試著勸他離開一次，」二〇一六年認識黎智英的傑克・基恩將軍回憶：「他不曾提高聲音，也沒有過度激動。他的態度始終冷靜。他說：『我必須留下來，離開是不對的，也太懦弱了。』他的回答讓我深受震撼，我從未見過這樣的人。」

突襲《蘋果日報》期間，檢方以《國安法》罪名逮捕黎智英時，指控他「勾結外國勢力」。雖然《國安法》理應不溯及既往，但當局仍舊搜集黎智英過往行為作為證據，聲稱他有犯罪傾向。在黎智英的案件裡，這意指二〇一九年訪問華府與美國官員會面之事。

檢方點出黎智英曾在二〇一九年三月二十三日發送給張劍虹的 WhatsApp 訊息，要求《蘋果日報》突顯陳方安生與美國副總統彭斯會面的新聞。他們還提及黎智英與倫敦人權組織「香港觀察」（Hong Kong Watch）創辦人羅傑斯（Benedict Rogers）聯繫，請他探詢前港督彭定康的支持，反對《逃犯條例》修法。港府於二〇一九年四月初提出這項法案。四月二十七日，黎智英再度寫給張劍虹，請求動員市民抗議《逃犯條例》修法。翌日，香港爆發首場大規模反修法遊行。

任何開放社會裡，這些行為皆屬正常政治活動，黎智英卻因此面臨無期徒刑。

「當出版人以此方式遭到鎖定威脅時，所造成的影響遠比針對個別記者更加嚴重。」設在倫敦的無國界記者組織（Reporters Without Borders）國際倡議主任蕾貝卡・文森特（Rebecca Vincent）表示。「這對其他媒體業主、出版人及編輯發出訊號——如果不照政府規定行事，就可能面臨相同命運。他們突襲《蘋果日報》編輯室，並以手銬押走黎智英時，很清楚知道自己正在做什麼。」

二〇二〇年十二月，黎智英的時間耗盡。十二月三日，法官下令撤銷他的保釋，指控內容包含黎智英的個人公司涉嫌「非法租用」壹傳媒將軍澳總部的部分辦公空間。這類技術性違規——未經授權轉租——過去從未被視為刑事犯罪。然而法官卻認定這位「非法轉租」者過於危險，必須立即收押。黎智英原定與美國國務卿龐佩歐的直播對談被迫取消。

黎智英在聖誕節期間獲得短暫喘息。十二月二十三日法官批准保釋，但仍須軟禁家中。他與家人朋友共度聖誕節及隨後一週。他心知自由的日子已所剩無幾。二十七日，他發了一條 WhatsApp 訊息給所有同事：「我完了。刪掉所有東西。」

他的女兒黎明特意從紐約飛回香港，與父親共度節日，卻礙於新冠肺炎防疫規定，得接受兩週強制隔離。就在她隔離期間，當局突然將隔離期延長一週。等到隔離期結束，黎智英的保釋已遭撤銷。他在二〇二〇年十二月三十一日再度收監。自此，黎明只能在獄中與父親相見。

二〇一九年抗爭期間，周小龍是唯一另外一位公開發聲支持示威者的大公司企業家，也在二〇二〇年反對《國安法》。雖跟黎智英僅有數面之緣，但他深受前者啟發。「我並不是很認識這個人，」周小龍說：「但他是最真誠、最特別的人，真心希望香港變得更好。」

身為香港童裝連鎖品牌Chickeeduck的創辦人及擁有人，周小龍是另一則香港的成功故事。他曾擔任香港網球總會會長，並支持冰上曲棍球的發展——他在香港及大陸擁有多座溜冰場。他回憶道：「我看到黎智英做了那麼多，覺得自己也有條件站出來。」

他在店裡擺放了一座「香港自由女神」雕像，這座雕像融合美國自由女神像與香港街頭抗爭者的形象。然而，此舉卻引來國家的重錘。中國當局威脅他在大陸的事業；香港的地主，包含控制市內多數重點零售店面的超大型地產發展商，如新鴻基（Sun Hung Kai）、新世界（New World）及信和置業（Sino Land）等，紛紛終止租約。

警方更動用超過五十名警員，突襲面積僅有五百平方英呎的小店面。警員讓顧客離開，卻拘留所有店員，對周小龍及銷售員大聲斥罵、羞辱與威嚇。他們甚至不允許周小龍聯絡律師。身在英國家裡的周小龍回憶，「這一切全都是白色恐怖」；他因為香港局勢變得太危險而移居英國。「這讓我大開眼界，讓我明白通過《國安法》就是為了製造威脅，」例如把零售店陳列變成是對國家的威脅，而非為了保護國家。

Chickeeduck 每年盈利二百六十萬美元，周小龍與妻子育有三名兒女。他說：「我從未想要犧牲這一切。」但最終他還是付出了代價。他記得 Chickeeduck 的中國供應商工廠老闆接到通知：「任何人不得向周小龍供貨。」「敢出貨給周小龍的人，孩子就別上學了。」連朋友都將他視為異類。昔日商業夥伴過世時，對方家人甚至請他不要送花，擔心因此惹來不必要的關注。「我原以為會有更多企業站出來，」他感慨道：「最終只有我跟黎智英。我們左看右看，只有彼此。真是失望。」

第十二章

「讓法律變成統治者的工具」

二〇二一年四月，因為參與二〇二〇年天安門燭光守夜活動，而將遭到判刑的四天前，黎智英設法將一封親筆信從獄中偷渡出來。「身為記者，尋求正義是我們的責任。」在這封後來由《蘋果日報》刊登的鼓勵員工信中，他寫下：「只要我們……不讓邪惡透過我們得逞，我們就是在履行自己的職責。」他強調，現在是「我們屹立不屈的時刻」。捍衛言論自由「如今已成危險的工作……請務必格外謹慎，不要貿然行事。你們的安全很重要。」

同時間，黎智英正面臨一連串審判秀。四月十六日，他因兩宗非法集會案件首度被判入獄，共計十四個月。判刑是因為他參與二〇一九年八月十八日及三十一日的示威活動。法官胡雅文同時也裁定多名資深民主運動人士有罪。大律師李柱銘獲判十一個月緩刑，因年高而免去入獄服刑。遭胡雅文判刑入獄的，還包括香港最知名工會領袖李卓人——他曾在一九八九年六月為天安門學生送去資金與物資；資深立法會議員及激進民主派人士「長毛」梁國雄；以及民主黨前主席、黎智英的連襟楊森。

黎智英已經入獄等待審訊長達一百三十五日；二〇二一年五月十四日，保安局局長李家超突然宣布剝奪他的壹傳媒所有權。此舉使黎智英無法投票、出售股份或領取股息。壹傳媒在香港交易所掛牌，市值約為四千五百萬美元。李家超的單方面決定直接凍結黎智英超過三千萬美元的資產。

在未經法院批准的情況下強行沒收財產，李家超僅在給黎智英的信中聲稱，他認為媒體老闆已違反《國安法》，但未提供任何證據或具體違法事例。此外，李家超還致函花旗銀行、滙豐銀行及新加坡華僑銀行，警告行員若允許黎智英動用他在這些銀行中的帳戶，將面臨高達七年徒刑。此時黎智英已不再參與公司運作；壹傳媒則發表正式聲明，強調公司業務將運行如常。

黎智英雖早在二〇二〇年十二月入獄前兩天，便已辭去壹傳媒董事會主席職位並退出董事會，但他依舊密切關注自己一手創辦的報紙與雜誌出版公司。跟其他媒體公司一樣，壹傳媒雖於二〇一九年啟動付費訂閱制，線上訂閱量也快速成長，但仍面臨從紙媒轉型成線上運營為主的挑戰。黎智英支持關閉長期虧損的臺灣紙本報紙業務。巧合的是，這項決定正好在五月十四日宣布，跟港府剝奪黎智英股東權益的消息同一天發布。

五週後，六月十七日，五百名全副武裝員警突襲《蘋果日報》，並以《國安法》相關罪名拘捕行政總裁張劍虹及總編輯羅偉光，不准保釋。李家超再度凍結壹傳媒主要營運公司的銀行帳戶，只稱該公司違反《國安法》，卻未在信中向公司董事提供任何證據。此舉導致公司無法支付電費、紙張與油墨。信用卡公司也拒絕為《蘋果日報》將近六十萬名剩餘訂戶處理訂閱付款。資金無法進出。

李家超十九歲從華仁書院畢業後加入警隊，服役長達三十五年，直到二〇一二年放棄英國籍，轉任保安局。他因推動二〇一九年《逃犯條例》修法，在二〇二〇年底遭到美國制裁。

六月十七日警方突襲《蘋果日報》後，李家超呼籲記者「跟這些罪犯切割」，暗指黎智英、張劍虹與羅偉光。當時董事會成員不是身陷囹圄，就是已經離開香港。惶恐不安的員工辭職而去。因為擔心警方再度突襲，一次董事會議之中，竟見資訊科技部門員工集體離開大樓。一連串拘捕對員工心理造成沉重打擊，一名高層曾向董事會坦承，他一度萌生輕生念頭。

《國安法》顛覆香港法律體系。一九九七年中國接管香港時，曾承諾維持英國殖民時期的普通法制度，被告享有無罪推定，直到證明有罪為止。如今承諾已經打破。只要保安局長心有疑慮，便可視為有罪。中國同樣也曾承諾維持陪審團制度；然而卻只是從秘密名單挑出法官審理案件。任何批評政府的言論，任何抗爭行為，都可能被視為違反《國安法》，被告無從獲得公平審訊。法律實施三年後，警務處長甚至自豪宣稱《國安法》案件定罪率高達百分之百。（隔年有兩人被判無罪）

警方二度佔領《蘋果日報》大樓期間，黎智英試圖寫信安撫員工，減輕突襲帶來的心理創傷。獄中其他囚犯則「愁容滿面，無言以對」，問他香港還會再看到《蘋果日報》嗎？「既然我身在此地，便無能為力。」黎智英在六月二十一日星期一的獄中日記寫下：「至於我跟我的同事，我們在香港無怨無悔——（我們會）戰鬥到最後一天。」三天後，一切落幕。《蘋果日報》於六月二十四日星期四出版最後一期。

黎智英以英文寫了一封信，向報紙及為信念奮鬥的記者致敬：

「主啊，請幫助我的員工，賜給他們平安與慰藉，願他們在主的愛中懷抱希望。他們堅守二十五年前立下的誓言，我們願做香港人的報紙。不畏強權，不受腐化，他們未曾背棄承諾與職責。儘管持續受到嘲諷、誹謗、汙衊與排擠，（被）禁止採訪中國、政府活動及記者會的新聞。他們依然戰鬥到最後一天，香港淪陷之際。他們承受背負十字架的苦痛，仍舊屹立。我向他們致敬。

他們從未讓安逸（與）安全凌駕真相及公義之上，也從未讓自己的人生淪為謊言。他們為香港未來的新聞人樹立了正直的典範，等待言論自由重見天日的那一天——有一天它終將回歸。今日的線上世界中，智能至上，資訊讓真相無所遁形，獨裁已成危險之事。獨裁者活在謊言之中，早已成了沒穿衣服的國王。當真相昭然若揭，人們是否仍畏懼騙子呢？」

黎智英依舊貼緊香港的動態。即便身陷囹圄，他在獄中訂閱了仍保有一定程度獨立性的《明報》。直到二〇二一年四月首度判刑前，他的身分只是被拒保候審的在押人士，因此能接見幾乎無限數量的訪客，並與律師定期會面。當時，陳日君樞機主教曾特意為他主持彌撒；《蘋果日報》行政總裁張劍虹及大律師李柱銘也是二〇二一年初的常客。自從二〇二一年四月被判有罪後，新定罪的囚犯每月僅得接受二到四次探視。二〇二二年，李韻琴搬離嘉道理道住所，遷往港島南部，以便更接近赤柱監獄，並在監獄允許範圍內盡可能訪視黎智英。然而二〇二二年新冠疫情防控措施升級，整年度的大半時間裡探視機會進一步受限，甚至連黎智英的醫生也無法探視。那一年黎智英在獄中感染新冠肺炎，之後又在獄中醫院接受白內障手術。

《蘋果日報》停刊對黎智英打擊極大，他寫下：「撕心裂肺的痛苦開始滲入我的內心與靈魂。」儘管他試圖保持平靜，但內心煎熬仍舊難以掩飾。「（是）意志力在壓抑我心裡的情緒。」身為糖尿病患者，他警覺即便接受獄方提供的胰島素，血糖仍從他平常的每公升六點五毫莫爾飆升到危險的九點八毫莫爾。血壓也從平時的一三〇，上升到危險的一六五。晚間，他持續誦念玫瑰經，卻始終難以入眠。

他將這份痛苦比之母親死後的失落。

「報紙停刊雖然不及母親離世的沉重，但痛苦與哀傷仍舊壓得我喘不過氣來。我不想跟任何人談這件事。有人來囚房問起這件事，我只是微笑，一個字都講不出來。

今天上午，首席精神醫師來到會議室，問我是否願意聊聊。我說不用，以為這只是她的例行巡診，後來才知道她是特地為我而來。我覺得很抱歉，於是寫了一封信解釋並道歉。在這情況裡，悔改本身也是種慈悲。後來我覺得好多了。」

六月警方突襲《蘋果日報》後，李柱銘與兩名同僚第一時間去探視黎智英。「李柱銘看上去憂心忡忡，對《蘋果日報》昨天的遭遇深感不安」，並替我「失去的事業、生命與使命」深感惋惜。黎智英最初假裝淡然處之（「我知道遲早會發生」），唯一掛念的是同事，然而他也坦承：「從心底湧上來的情緒，讓我無言以對。」儘管警方突襲的衝擊導致許多員工辭職，他仍抱持希望，期盼報社能繼續運作。

探視者帶來員工的疑問：他們該立即停刊？堅持到最後一天再停刊？還是將大部分員工轉成外部撰稿人，僅留下少數骨幹維持報紙與網站的營運？「我說，他們唯一該考慮的，是自身安全。這個決定應該由他們自己來下。我身在此處，對他們的真實情況所知甚少，不該替他們做決定。無論決定如何，我和董事會都會全力支持。」黎智英還注意到：「（獄）警從未催促我們，似乎流露出幾分同情。」

那週的日記持續流露他的悲傷。以下摘錄自二一一年六月二十二日星期二的日記，亦即最後一期《蘋果日報》出刊的前兩天。

「香港《蘋果日報》被迫關閉，清楚顯示了香港這艘大船已經沉沒。港府對北京長遠合法性的傷害，遠超過鎮壓言論自由的短期利益。是的，這種野蠻打壓恐嚇確實奏效，香港人全都噤聲，但他們壓抑的憤怒不會消失……《蘋果日報》停刊只是讓這種情況惡化，讓人們更清楚看見，香港的絕望已經無法逆轉……壓迫、憤怒與不信任的惡性循環，最終將把香港變成（一座大）監獄，就像新疆一樣。」

六月二十四日星期四清晨，當《蘋果日報》的記者群準備發行最後一期報紙時，成千上萬支持者聚集在公司的將軍澳總部外。他們揮舞著閃亮的手機，表達支持，為聚集在大樓屋頂上的報社員工歡呼打氣，並向最後一次駛離廠區的滿載報紙貨車報以熱烈掌聲。整個城市，各大報攤前從深夜開始就排起長龍。那些不在入獄並堅持到最後的編輯，決定以最壯烈的方式謝幕。他們印了一百萬份報紙，足足是平時印量的十二倍。《蘋果日報》最終版迅速銷售一空，香港新聞自由的時代自此終結。

香港沒有美式破產保護機制，無法讓企業在保留現有資產的同時，重組資本結構（包含貸款與股份）。壹傳媒唯一可行的選擇，就是變賣所有資產，分配剩餘財富。然而，董事會並沒有這個權力，因此我們四名仍在任的董事在九月初集體辭職，建議公司進行清盤（清算）。（當局隨後對董事會發起四項正式調查，試圖將公司倒閉的責任歸咎於董事會，試圖掩蓋他們凍結銀行帳戶及拘捕員工的行為。）

到了七月底，除了黎智英外，當局還監禁了六名壹傳媒及《蘋果日報》的員工。原任《蘋果日報》總編輯的行政總裁張劍虹及現任總編輯羅偉光，在六月十七日警方突襲時被捕，隨後被控以「串謀勾結外國或者境外勢力」及「串謀發布煽動刊物」的罪名。前者屬於《國安法》罪行，最低刑期十年，最高可判終身監禁。後者則是一條很少被引用的殖民時期舊法，近年才重新啟用，現已被當局視為國安罪行。如同其他國安案件，煽動罪被告由《國安法》指定法官審理，幾乎不可能獲准保釋，審訊亦不設陪審團。

六月十七日警方突襲編輯室後，執行總編輯林文忠仍是自由身，負責送印最後一期《蘋果日報》。然而他的自由也只維持了數週。二〇二一年七月二十一日當局將他逮捕。他也面臨同樣的勾結外國勢力與陰謀煽動指控。

同一天，警方還逮捕了另外三人。

副社長陳沛敏曾於二〇一五至二〇一七年間擔任《蘋果日報》首位也是唯一一位女性總編輯，在六月十七日突襲中被捕，後來獲准保釋。七月二十一日當局再度將她拘捕，同一天還逮捕了社論主筆楊清奇與負責《蘋果日報》英語新聞網站的馮偉光。他們全都被控以同樣的勾結外國勢力與陰謀煽動罪。（此外，財務總裁周達權與網站總監張志偉也曾被捕，但獲准保釋。）

當局一再聲稱這些逮捕行動跟打壓新聞自由無關。中共官媒、北京官員及港府皆嚴正宣稱，這些起訴絕非政治打壓，只是確保所有人都會「依法」受到懲罰。

五月份，黎智英再度遭到判刑。五月十七日，當局凍結黎智英的壹傳媒股份三天後，他在二〇一九年十月一日組織中國國慶日示威活動案中認罪。其他九名共同被告亦認罪，其中包括李卓人、楊森與「長毛」梁國雄。另一位民主黨前黨主席何俊仁也同樣認罪入獄。法官胡雅文判黎智英十四個月監禁。她指出黎智英雖堅定信仰非暴力抗爭，其他被告「確實也呼籲和平、理性、非暴力遊行」，但她認為在當時的政治環境下，這種呼籲「天真且不切實際」。

然而，黎智英當天的紀錄卻描繪出截然不同的故事：「我被判十四個月監禁，而（這項罪行）在幾個月前，僅會罰款港幣幾千元。法律變化之大！」

幾個月後，他進一步闡述這個主題。「這些不成比例的刑期，」他寫下：「正是法律不公。這種不公義，讓案件變得荒謬，成為政治權宜的工具。這就是赤裸裸的欺詐，把法律變成統治者的工具。法律喪失任何能力，過程中司法體系淪為一場騙局。」

直到二〇二〇年九月，黎智英仍曾獲得一次他認為是公正的審判。當時他因意圖刑事恐嚇而遭到起訴，案由則是他對競爭媒體《東方日報》一名攝影記者發火。黎智英在二〇一七年的維園天安門燭光守夜活動上，怒斥對方，並要「搵人搞（他）」。當時他的言語並不被認為是足以構成罪行的嚴重威脅。二〇二〇年的恐嚇審判最終無罪釋放，這是他最後一次在香港法院獲得無罪判決。

多年來，《東方日報》記者經常埋伏在黎智英家門口，拍攝來訪賓客，甚至在他們離開嘉道理道之後還繼續跟蹤。他們闖入私人聚會，曾刊登黎智英為《亞洲華爾街日報》社論版主編雨果．雷斯多（Hugo Restall）舉辦婚禮慶祝晚宴的照片（該報聲稱，該媒體集團陷入財務困境，正與銀行家會面，以提供金援）。

《東方日報》甚至在二〇一四年刊登過一篇黎智英的假訃聞，《紐約時報》評此舉「有如新聞界的黑幫行徑，猶如在競爭對手的床上放一顆馬頭」。整版假訃聞宣稱黎智英（《東方日報》譏稱他為肥佬）因為癌症與愛滋病去世，導致黎智英特意拍了一段影片，證明自己還活得好好的。

二〇二一年六月，黎智英在監獄的清洗區偶然遇見連襟楊森，讓他喜出望外。然而不久後，獄方便將兩人分開。黎智英思想此事：

「每天去洗澡時能見到楊森，哪怕只是講幾句話，都是件開心的事。現在，這種快樂沒了。因為我們接觸的關係，他被調去其他牢房。以前在（監獄）外面，就算一個月沒見，我也不會特別想念他。但現在被強行隔絕，心裡格外難受，反而開始想他。」

永遠保持好奇心的黎智英，甚至經常跟獄警攀談。

「一天四下無人時，一名年輕獄警問我：『大家都知道你遲早被捕，為什麼不在那之前離開？』『不，我不能走。否則，我再也無法抬頭做人。無論公正與否，我得承擔自己行動的後果。身為爭取自由的領袖之一，這也是維護香港人尊嚴的方式。此外，若我逃避責任，選擇離開，將給我的孩子樹立極壞的榜樣，（鼓勵他們）遇到困難時只管逃避責任——無異於間接毀了他們。此外當我的同事跟《蘋果日報》仍堅守新聞自由的陣地，我卻臨陣退縮，算是哪門子船長？不，我別無選擇，只能勇敢面對。」

黎智英的詐欺案件審判，圍繞著一樁微不足道的租賃爭議，卻展現出港府不惜曲解法律，也要繼續將他關入大牢。壹傳媒擁有兩棟位於將軍澳工業村的建築，蓋在跟政府租來的土地上。延續英國殖民時期的土地政策，香港政府從不出售土地，只能租賃。因此，（除了聖約翰座堂 [St. John’s Cathedral] 等少數例外）香港幾乎不存在美國那種永久產權。政府作為最終地主，通常以五十年租約的方式租賃土地，並可隨意設置條件。

《蘋果日報》成功上市後，公司急需更多空間。當時，管理工業村的香港科技園公司積極拉攏壹傳媒，提供自己正在打造的新工業園區土地。壹傳媒遂簽下租約。根據合約，壹傳媒將該址用於報業及相關業務，若要分租給無關企業，則需獲得科技園公司批准。壹傳媒確實曾獲得此類許可，將空間分租給超過二十多家公司。然而，壹傳媒未向科技園公司申請或獲得分租許可的唯一對象，就是力高顧問（Dico Consultants）。

力高實際上是黎智英的家族辦公室。黎智英擁有力高，力高負責管理他的私人事務，包含持有他的遊艇，為嘉道理道住宅安排保險。同時還僱用為他私人投資事業工作的部分人員，如克蘭普頓及馬克．西蒙。

力高支付租金。檢察官指出，二〇一一年四月至二〇二〇年三月，力高共支付租金美金十四萬元。富豪設立私人公司管理個人資產，並沒有特殊之處。相較於讓公開上市公司給私人公司補貼辦公空間跟人手，黎智英選擇讓力高對壹傳媒支付租金，恰恰證明他對公司治理的重視。甚至連法官陳廣池也對此案感到困惑，因為力高確實付費租用狹小的辦公空間。

從一九九八年四月壹傳媒遷入將軍澳園區之後沒多久，力高就開始持續租用辦公室，直到二〇二〇年五月為止。它租用的空間僅有六百四十六平方英呎，不到四分之一個網球場大小（甚至不到壹傳媒整體辦公面積的百分之零點零零二）。

然而，檢察官卻將力高的租賃行為定性為「詐欺」。這場所謂「詐欺」案裡，究竟誰是受害者，檢方卻始終語焉不詳。香港科技園公司已收取土地租賃的巨額預付款；而壹傳媒股東則受益於力高支付的租金。

此案在二〇二二年十月底宣判。黎智英在他的獄中筆記記錄這場判決：「所以我被控違反公司的土地租約，被判犯下詐欺罪。可見他們完全不在乎這場判決對商業界帶來的負面影響。」他繼續寫下：「我確實感到失望，但坦然接受。因為我相信自己在神的手中，而非他們的掌控之中。黎采難過沮喪。可憐的孩子，這讓我更痛心。」然而黎智英最擔心的卻是他長期經理人黃偉強也被判有罪。「他只是行政事務主管，並非決策者。他唯一的罪，就是我的忠誠同事。」黎智英只能寄望健康狀況不佳的黃偉強能夠免去牢獄之災，以此自我安慰。

令黎智英震驚的是，黃偉強被判入監二十一個月。黎智英本人則被陳廣池判處五年九個月徒刑。前財務總裁周達權因替檢方作證，因此撤銷對他的指控。

收到有罪判決前，黎智英始終相信香港法庭能夠公正審判。畢竟，無論身分地位如何，任何人都能在法庭上獲得公平審訊的信念，正是香港與中國大陸最大的區別。當司法公正被破壞後，香港作為國際商業中心的聲譽也將隨之瓦解。

詐欺罪判刑後，黎智英又遭加判十三個月，理由是參與二〇二〇年的天安門燭光守夜活動。

律師在法庭上宣讀一份他寫的聲明：「我並未參加維園的六四燭光守夜。我只是當著記者的面，點燃一支蠟燭，提醒世界不要忘記三十一年前在天安門廣場，為真理、正義與良善獻出生命的年輕人。」

聲明進一步說：「倘若悼念那些因不公而犧牲的人也是一種罪行，那麼……就讓我接受懲罰吧……讓我分擔八九年六月四日流血年輕人的苦難與榮耀。」然而，胡雅文法官在判決中寫下，黎智英與其他抗爭者必須接受懲罰，因為他們參與「一場挑戰警方的抗議行動。」

香港一直以法治為傲，儘管英國人並未推行民主，卻似乎留下一套完善的司法制度。財產權保障是這套體系的核心。然而港府當局卻在未經法院命令的情況下，奪取公司股份、凍結銀行帳戶，並監禁主要經營者，這種做法與所謂的「國際金融中心」形象格格不入。因此港府當局開始試圖證明，壹傳媒的倒閉並非出自「他們」的打壓。他們試圖製造假敘事，聲稱黎智英與他的團隊毀了這家公司。

財政司長陳茂波，任命國際會計事務所立信德豪（BDO）的董事總經理陳錦榮為特別檢查員，聲稱要調查壹傳媒倒閉的原因。（兩人並無明顯的親屬關係。）然而，陳錦榮的調查顯得多此一舉，因為證券及期貨事務監察委員會（Securities and Futures Commission）、香港證券交易所、與會計及財務匯報局（Financial Reporting Council）均已宣布展開獨立調查。企業治理專家大衛・韋伯（David Webb）指出，香港已有二十多年未曾為檢視一間公司聘任檢查員。這段期間，證監會早已獲得廣泛調查權力。財政司長為何需要額外派人調查？韋伯認為這項任命是出於政治動機。

陳茂波聲稱可能涉及詐欺與不當行為，因此必須委任特別檢查員。他指出公司在董事會聲明財務穩健後沒多久就倒閉。他承認自己在意的是「維護（香港企業治理體系的）誠信與聲譽」，這是「政府、監管機構與商界多年持續努力的辛勤成果」。確保上市公司符合治理標準，「對香港維護市場的品質、公平及效度至為關鍵」。他還強調，香港必須「符合國際慣例」的重要性，「如果情況需要，必須對涉嫌嚴重不當行為的公司進行調查，特別是公開上市公司。」

他特別憂心，壹傳媒未能按時提交經過審計的財務報表。然而壹傳媒董事會原定在六月二十一日（即警方突襲後的星期一）確認財務報表。在此之前，警方突襲報社、拘捕高層經理人、凍結銀行帳戶。這些事件使得財務報表變得毫無意義；在此情況下，發布報表反而誤導市場。此外，陳茂波還憂心，黎智英因詐欺案起訴，同時他跟其他高層經理人因涉嫌違反《國安法》被捕（然而這些案件都尚未判刑定讞）。這讓他追問壹傳媒的主要股東與高層經理人是否謀取「個人利益」，並表達他對「嚴重管理不善」及「涉嫌刑事犯罪」的「深切關注」。

陳錦榮檢查員的調查也採取類似看法。他似乎一點也不關心五百名員警突襲、公司高層遭到監禁、銀行帳戶被凍結等影響，反而將焦點放在無息股東貸款的部分提前償還。二〇一九至二〇二〇年間，黎智英為支撐公司轉型數位訂閱，向壹傳媒提供了一連串總額達八千三百三十萬美元的無息股東貸款。董事會將部分貸款提前償還視為公司財務健全的信號；陳茂波與陳錦榮卻將其視為「可疑的自我交易」。

陳錦榮原應於六個月內，亦即二〇二二年一月底完成調查。但直到二〇二四年，他的任期仍不斷延長。他在二〇二一年九月十四日提交一份未公開的期中報告，成為政府向法院申請充公公司資產、強制清算的依據。即便同時間，香港科技園公司已經收回壹傳媒在將軍澳的兩棟大樓。科技園的作法完全基於保安局長李家超說黎智英違反《國安法》，體現了香港司法體系扭曲運作的循環邏輯。李家超的一句話啟動了一場法律程序，毀了一間公司與一家報社。

香港政府親手扼殺了《蘋果日報》。它透過法律戰，將法律體系工具化，以達成預先設定的國家目標——以薄薄的合法外衣掩飾財產掠奪。黎智英與他的記者經營了四分之一個世紀的新聞事業，現在則意味著牢獄之災。

第十三章

獄中

二〇二〇年十二月三十一日，世界送走新冠疫情元年時，黎智英重返荔枝角收押所（Lai Chi Kok Reception Centre），這裡是所有香港囚犯牢獄生活的起點。他曾在十二月三日收押，隨後獲准保釋，度過聖誕假期。這個跨年夜返監後，他就未曾再獲自由。

他仍被關押在赤柱監獄，赤柱是香港歷史最悠久的最高戒備監獄，於一九三七年啟用。日本佔領香港期間，赤柱監獄曾轉為拘留營，此地也是英國殖民政府廢除死刑前的行刑場。赤柱監獄坐落在伸入南海、風光如畫的小半島上，毗鄰同名小鎮，距離中環商業區僅約三十分鐘車程。

赤柱鎮的英文名字是 Stanley，源於一八四一年英國佔領香港時的殖民地大臣，這裡也曾是殖民政府的首處行政總部。香港旅遊發展局邀請遊客前來「回顧香港歷史，在這座迷人的海濱小鎮放鬆身心」。中國人民解放軍在香港的主要營區位於半島南端，就在赤柱監獄隔壁。雖然駐港解放軍多數時間待在營區內，但始終是香港掌控者的明確象徵。

黎智英無法自由溝通。他每月可見家人二到四次，每次三十分鐘，全程受到監控。準備庭審期間，他的律師可前來會面，但朋友與支持者只能在法庭上看到他。法庭內嚴禁攝影，因此自二〇二〇年底以來，外界幾乎很少看到他的照片。他的信件受到審查且數量有限，當局甚至隨意禁止他接收明信片，因此阻斷了天主教學童發起的明信片聲援行動。身為香港抗爭的象徵，當局試圖抹去他的存在。這意味著限制他跟外界的聯繫，減少他的影像曝光。

二〇一九年曾因政治指控入獄的前美國銀行（Bank of America）香港企業律師山謬．比克特（Samuel Bickett），描述囚犯初入荔枝角收押所時的迷茫感：「最初幾天真的非常非常難熬。你只能在擁擠的房間，坐在長凳上，一坐就是數小時，完全不清楚接下來會發生什麼事。你會被叫起來，然後又被要求坐回去。不停坐著等待。」

他進一步描述迷茫經驗。「香港監獄裡最難熬的一點，就是沒有時鐘。你完全不知道時間，也看不清楚外面的樣子。」獄警甚至禁止囚犯間彼此交談。「你沒有書籍，沒有書寫工具，沒有探訪機會。唯一能做的，就是坐著。」

按照規定，囚犯入監後應即有說明。獄方應解釋獄中規則、囚犯權利及相關服務。「這些都沒有——至少在我或同監的囚犯身上都沒有。」比克特說：「在赤柱監獄，所謂的『入監說明』，就是連續兩天、每天八小時觀看由商業電台香港無線電視（TVB）製作的紀錄片，內容就是各種囚犯故事。除此之外，沒有任何解釋或說明。從經營赤柱『非官方』服務的三合會成員那裡得到的有用資訊，還比獄警多得多。」

多數囚犯關押在集體囚室。原本設計來容納八人的空間，經常擠進十六人。比克特其中一名獄友在新冠疫情期間去世。雖然死因與新冠無關，但獄警因為害怕接觸遺體而遲遲不願處理。囚犯們只能在囚室另一端縮成一團，盡可能遠離屍體。

相比之下，黎智英則遭單獨監禁。長期隔離容易導致焦慮、抑鬱、自殺念頭，甚至精神錯亂。然而，四年期間幾乎都單獨監禁的黎智英，仍舊展現樂觀精神。監禁的「不公不義甚至未能影響到他，」李韻琴驚嘆：「他的心靈如此自由，難以置信。」

每次出庭前，黎智英要先接受全身搜查，戴上手銬鐵鏈，關進裝甲車的金屬籠中，再由保全車輛包夾護送。香港當局以此等戒備對待這位堅守非暴力理念的老人——他原有無數機會逃離香港，在巴黎或倫敦的公寓裡安享舒適生活。

比克特描述囚犯出庭的過程：「他們會想方設法讓你難過。他們很早就叫你起床，站著迅速吃完飯，獄警不斷大聲催你快一點。」

囚犯被鍊著運送。「當他們終於上鎖鍊時，你反而會鬆口氣。」比克特說：「上鍊意味著他們要將你送上巴士，前往法庭。」

監獄巴士有冷氣，不像獄中，比克特憶起「那是我幾個月來坐過最舒適的地方」。下車後，囚犯會被送進候審室。「從離開監獄到進入法院候審室，全程都戴著鐵鍊。」黎智英的待遇更加嚴苛：「他全身到腳都上了誇張鐐銬。」

中國共產黨透過低調威嚇控制香港，通常威脅當事人的生計，或施壓其父母。黎智英堅不退讓，打亂對手的步調。從騷擾佐丹奴，到抵制《蘋果日報》，黎智英始終拒絕將商業利益放在他的自由信仰之上，即便得付出高昂的財務代價。光是如此已經顯出他的不尋常。現在他仍舊拒絕在新國安法體制下默默屈服，黎智英要逼中共向世界展現出自己冷酷無情的一面。

黎智英選擇走上抗爭的道路。他願意承受苦難，為自由發聲，揭櫫中國統治的真相。他以數百頁的每日書信，記錄身為政治犯的監獄生活。他以鉛筆用英文書寫，通常在一天結束時動筆，有時也會在隔天清晨回顧前一天的事件。

他入獄前兩年寫下的部分手稿被設法帶出赤柱監獄，生動刻畫出獄中生活的景象。無從掌握時間，甚至連開關牢房燈光的權利都沒有。禁錮必然帶來的無奈挫折，反而在獄中的精神與個人掙扎裡逐漸退居次要。他的文字展現出一個超越身體囚禁、心靈卻比以往更加自由的人。筆觸刻畫出一名平靜的人。他選擇以監獄展現出他對自由的信念。獄中生活反而讓他更加清晰專注。

黎智英深知自己的使命非常簡單：他必須保持尊嚴活下去。他必須在精神與心靈上保持自在，始終忠於自己的原則。他的日常生活簡單規律，像個天主教本篤會修士。他清晨早起，整日閱讀、沉思、繪畫，並履行監獄規定的勞役。此刻擔任《華爾街日報》編輯委員的麥偉林說：「我覺得他的監獄生活就像修道生活。」他跟黎智英保持著固定書信往來。

監獄的設計明顯就是為了羞辱跟剝奪囚犯的人性。從睜開雙眼的那一刻起，黎智英就被不斷提醒，他的命運掌控在獄方手中。監獄規定不許使用鐘錶。二〇二二年六月二十八日他在破曉前的黑暗中醒來，一名獄警告訴黎智英，現在是凌晨四點半。

「我請他幫我開燈，他說：『不行，也許等我（巡過）幾圈後再說。』於是，我開始晨間伸展運動，吃下早上的柳丁（昨天晚餐留下）……當我梳洗完，獄警走過來，幫我開燈，彷彿他的良心推翻了先前不幫忙的決定。他不是對我心存偏見，只是對規則格外嚴格。這份同情之舉令我感動。他再次經過時，我遞給他一張基督受難圖，他很開心。」

在獄中，黎智英的主要消遣之一便是畫畫。入獄四年來，他的兩大主題始終是十字架上的耶穌基督與聖母瑪利亞。

黎智英長期以來熱愛藝術。他對色彩相當敏銳，早在公明織造跟佐丹奴工作期間養成，後來偕李韻琴遊歷各地時，也經常造訪博物館。一九九四年，他跟李韻琴結識美籍華裔畫家丁雄泉，並跟他建立深厚友誼，隔年還結伴同遊印度。一九六〇年代，丁雄泉活躍於紐約的普普藝術圈，與安迪．沃荷（Andy Warhol）為友，與羅伊．李奇登斯坦（Roy Lichtenstein）為鄰。巧合的是，丁雄泉壓克力色彩鮮明大膽的標誌風格，與黎智英當年為佐丹奴設計的服裝色彩，有著異曲同工之妙。一九九〇年代中期，黎智英曾在阿姆斯特丹向丁雄泉學畫數月，當時丁雄泉在當地擁有一間畫室。一九九六年的一組照片裡，兩歲的黎崇恩隨著父親，在紐約畫室裡與丁雄泉合影。直到二〇〇二年丁雄泉中風前，黎智英跟李韻琴仍時常探訪他。

如今在獄中，黎智英持續磨練自己的繪畫技巧，創作出數百幅細膩的宗教人物彩色鉛筆畫。他每天專注作畫數小時。二〇二二年六月底的一個星期一，黎智英記下自己已完成每週定額要製作的六百枚信封。強制勞動讓他每月獲得二十五點六四美元的薪資——完成一枚信封得到約一毛錢。「這份工作很費力，所以我取消運動，騰出更多時間做其他事。」他畫了兩幅基督受難圖，讀了一章神學書籍，晚上八點便上床休息，在蟑螂「橫行」相伴下入眠。

服務信仰的藝術成了他的寄託。儘管努力保持謙遜，黎智英仍對自己的作品相當自豪。二〇二二年六月中，他承認自己對一幅「美麗的聖母畫像」感到「非常滿意」。這幅畫雖耗費整日時光，但他發現自己進步神速。「這給了我希望，或許我能實現夢想，成為為主服務的宗教畫家。」他計畫將這幅畫跟另外三幅作品寄給李韻琴：「她一定會欣賞這幅畫，並轉交給合適的人。」這天的日記最後，他引述神學家多瑪斯．牟敦（Thomas Merton）的一句話：「透過對生命深厚真誠的信仰，藉由相信一切皆有可能的盼望，以及全心渴望履行祂旨意的愛，將我們整個自我交給神。」

監獄的環境會放大微小病恙的不適。二〇二二年十月下旬，黎智英染上感冒。他寫下：「幾乎沒怎麼睡……卻小便了約二十次。骨頭酸痛，白天還得補眠。稍後再向獄警請示。」這句話流露出監獄如何剝奪個人自主權——即使生病，黎智英也必須獲得許可，才能在白天小憩。他並非抱怨，只是陳述事實。

監獄伙食導致便秘，獄醫批准每日額外補充十五克膳食纖維。然而，成年男性每日建議攝取量為三十八克，相當於三分之二磅的綠花椰菜，醫生加開的相當於增加四分之一磅的份量。然而，監獄廚房的做法只是將他的菜量比平時增加十五克，也就是大約多出半盎司的蔬菜。獄警認為黎智英的抱怨合理，於是致電廚房主管，對方的回覆是：「沒錯，十五克不過是四小塊蔬菜，你看不出差別。」黎智英對這場荒謬的錯誤仍保持一絲幽默，但也僅只於此。

「這是個笑話：哪個腦袋清楚的醫生會以為四小塊指甲大小的蔬菜能解決便秘？這醫生必定是神醫，這簡直是神藥！倘若這是奇蹟，那我就不用醫生，只需要上帝。懲教署會發生這樣荒誕的事情，全因那些死板的規定。」

便秘問題讓他取得瀉藥，然而這卻導致他被控持有三顆未經授權的藥丸。「明天我得上監獄法庭，為了這三顆藥丸被起訴判刑。他們要我做筆錄，就像在警局一樣。然後稍後又回過頭來，給我一份供詞，問我認不認罪。我選擇認罪。」他被送上所謂的監獄法庭（port），沒有辯護律師，獄警擔任檢查官，監獄主管則裝成法官（「一張木然的臉，加上法官威嚴模樣，實在令人發笑」）。最後，他被判刑五天不得享用零食或汽水，不准閱讀報紙、聽收音機或讀書，只有宗教書籍例外。獄方還沒收他五天工資（根據政府網站，監獄薪資每週介於美金四點八七至二十點九〇元之間；黎智英的薪資接近最低標準）。

高達華氏九十度（約攝氏三十二度），濕度偶爾逼近百分之百的環境裡，沒有空調的監獄對囚犯生活造成影響。黎智英記錄酷熱如何影響睡眠。他向獄方申請每月多一罐嬰兒爽身粉，好睡得舒服一點。「在外面，活在空調世界裡，我從不知道爽身粉這種東西。現在這個沒有空調的環境裡，我發現它能救命。酷熱天氣沒有空調，身體黏在衣服上，夜裡翻身時，草蓆也會黏著一起動。沒有空調的炎熱天氣下，爽身粉真是不可或缺。」這是二〇二一年五月底，黎智英經歷獄中第一個炎夏時所寫下。

幾天後，雨水終於降臨，打破熱浪，緩下囚室的溫度（「讓日子好過多了」）。「但獄警提醒我，雨後蚊子會大舉出動，『把你當成大餐』。幸運的是，這種情況還沒發生。也許那台直對著我吹的風扇真起了作用。或者我已習慣蚊子叮咬，不再覺得癢了？」一個月後，黎智英仍對蚊子心存戒備，但慶幸只需忍受蟑螂騷擾。「蟑螂雖然惱人，但至少不會咬人。那些蚊子咬人極痛，我只在意蚊子大幅減少。監獄裡能度過一個沒有蚊子咬的夏天，簡直是奇蹟。」

二〇二一年四月，法官裁定黎智英因為公民抗命而被控的罪名成立。他脫下無保在押囚犯的灰色囚服，換上象徵正式定罪的棕色囚服。定罪還帶有強制勞動要求，因此他被分配摺信封的工作。他花了不少時間試圖提高效率，以便騰出更多時間來畫畫、冥想與閱讀。即便是監獄勞動，他依然秉持著最早經營公明織造時養成的效率原則。思考製作信封的最佳方法，逐漸成為對「希望」的冥想。

「當我專心摺信封、貼封口時，一位相熟的獄警走過來，看了一眼我的工作，停下來說：『何必這麼拼？放輕鬆點。』我笑了笑，毫不猶豫地回答：『不，這是我唯一會的做事方式。沒錯，這是微不足道的工作，我仍想全心投入。這關乎我自己，而不是這份工作。這是我的本性。』他笑了笑，繼續巡邏。我剛開始摺信封的時候，我還在摸索最好的做法。很快，我就能達到每小時八十九枚，當時覺得這已經不錯了。結果獄警告訴我，厲害的人每小時能做一百枚。兩天後，我做到一百零五枚。我告訴跟著獄警過來送信的獄友助手，對方說：『嗯，有幾個人可以做到每小時一百二十枚。』於是一週後，我也達到一百二十枚。接著，另一個獄友助手說：『最快的人一小時能摺一百四十枚。』天啊，這可是個挑戰！現在我的目標是每小時摺一百五十枚信封，這樣每天只需工作兩小時，兩天內就能完成工作配額。但過了幾天，我仍然卡在一百二十枚，一百四十枚可能超過我的極限。

有目標是好事，讓我時刻保持專注，不斷嘗試。這不只是要達成目標，更是為了保持希望。你期望自己沒有的事物。每次希望的行動，都是個人的自由行為，同時也是主的恩賜。」

黎智英時常想念食物。他特別期待週日的咖哩醬，「讓整頓飯變得可口許多。這裡的食物淡而無味，辣醬帶來巨大差異。」二〇二一年中，他開始沉浸在普通家常美食滋味的念想裡，回憶起在家中跟妻子李韻琴自由享受的時刻。「我真的很餓時，總是忍不住想著食物。等我出去後，我要吃一頓簡單的早餐——吐司、奶油、果醬、蜂蜜跟咖啡；午餐只要一碗湯配飯就夠了。」黎智英延伸他的奇想：

「我可以教印尼女傭切十塊雞肉、豬肉或牛肉。熱鍋，放點油，放幾片薑，炒二十秒。加入肉塊後翻炒一分鐘，再倒入三碗水，以中火滾煮約二十分鐘，直到湯汁收成一碗，加點蔬菜燉煮幾分鐘，撒上一點鹽。這就是一碗美味的午餐湯。晚餐則交給韻琴來做，她的廚藝極好。能吃到她的鮮甜清蒸魚或西式蘑菇炒雞，是一大幸事。」

黎智英的獄中手記充滿對生活諸事的驚嘆，以及對探監者、甚至獄警的同理關懷。他將監獄禁錮視為培養心靈自由的修行。漫長的仲夏日子裡，清晨隨著鳥鳴醒來。二〇二一年六月十九日的日記裡，他在獄中度過第一個夏天，寫下：「監獄生活真是改變人的觀點」，「每天清晨三點的鳥兒合唱，如此歡欣，讓我對新的一天充滿期待。」清晨五點半，黎智英起床，開始晨間冥想、祈禱與運動。

有一天，為了獎勵這群悅耳歌唱的鳥，他撒下一些麵包屑。沒想到，首先趕來的竟是一隻蟑螂。「蟑螂吃完後，在麵包上留下一顆糞便，替自己保存食物。鳥兒見到麵包上的糞便，連看都不看就飛過去。蟑螂的糞便氣味一定極為濃烈，否則鳥兒不會刻意避開。如果不是在獄中，我會有興趣觀察這種事嗎？不可能。監獄生活建立起新的生活模式。」

晚上，蟑螂溜進他的牢房。「我熟睡時，牠們會爬過我的臉，我只是隨手撥開。但祈禱時，牠們會爬過我的腿，我不得不中斷祈禱，將牠們拍死。此舉也許冒犯了主，我為此請求寬恕，但我真的沒法忍受牠們爬來爬去。太詭異了。我每天早上至少會殺掉一隻蟑螂，但通常不止一隻。」

黎智英抓住監獄裡的每個機會來提升自己。在外面，黎智英是個急躁的企業家，凡事雷厲風行，不願被繁文縟節耽誤他達成目標。過往總是急切行動、快言快語的人，卻在監獄裡培養起耐心。有一次，獄警催促他動作快點，停下手上的事，去見訪客。

「我對獄警勃然大怒。『我是囚犯，不代表我不是人！』我無視獄警催促，直到完成手頭的事。他沉默不語，似乎被我的脾氣嚇到。前往探訪室的路上，他一直低著頭，看起來有些羞愧。我很抱歉，我不該發脾氣。我轉過身，誠懇向他伸出手，握手道歉。他顯得很意外，然後露出笑容。從那天起，他變得友善起來。真誠懺悔的心可以輕而易舉化解人與人之間的矛盾。我不禁思考，過去的我為何沒有更常這樣做？」

黎智英深知，獄警跟他一樣，都是這個體制的受害者。獄警們常跟囚犯打趣：「我們也是從早上七點到晚上七點的囚犯。」上班時，他們得交出手機，接受搜查，只能穿著制服進入牢房區域。有位獄警在他運動後，給他倒了兩杯冷水。當他對另一位獄警提起此事時，對方立刻提醒他：「如果我們任何人對你特別好，千萬別告訴別人，否則會給他惹上麻煩。」

他替一名友善的獄警感到擔憂。那人患有「怪病」，無法出汗。黎智英詳細描述他的症狀：天熱時，心跳加速，頭痛頭暈。由於出汗少，他經常上廁所。雖然應該多喝水，但他擔心這會讓他更頻繁上廁所。一位曾任護理師的囚犯告訴他，他應該喝更多水。過去八個月，他開始喝更多水，情況有所改善，鼻子和額頭兩側開始出汗。「今天我開始為他祈禱。若我給他一幅基督受難圖，背面寫上主禱文，請他祈求主的幫助，他是否願意接受。既然這不是不治之症，也許主會幫助他。讓我試著跟他多聊聊。」

另一名獄警希望獲得一幅黎智英在獄中所繪的基督受難圖。但他擔心被獄中監控系統發現。「最後，他說最好在沒有監控鏡頭的運動場交給他。兩天後，當他送我去那裡時，我把畫給了他。他很高興，並為添麻煩而道歉。我希望這幅聖母哀子畫能給他跟他的家人帶來主的祝福與平安。」

李韻琴儘管受到騷擾，也有被捕的風險，仍堅持留在香港。她經常跟女兒黎采一起探視黎智英。新冠疫情的限制解除後，過去三年裡黎智英首度見到青少年的黎信恩。（黎信恩的哥哥黎崇恩住在臺灣，若返回香港，幾乎肯定會被逮捕，只因他替父親發聲。）黎智英跟前妻生的兩個兒子黎見恩與黎耀恩仍住在香港，也經常探視他。長女黎明仍居紐約，但二〇二〇至二〇二一年間及二〇二三年來港時，皆頻繁探視父親。家人探視通常在一間寬敞的接見室進行，囚犯與家人之間隔著厚厚的壓克力玻璃，透過電話交談。儘管有這些限制，但家人無法探訪的週末，黎智英難掩失落。

「星期天通常是家人探視的日子，這一天總是充滿喜悅。然而今天卻不是，因為我這個月的三次探視額度已經用完。我覺得失落，所以祈禱找回內心平靜，回到日常作息，覺得還行。（如先前所寫，）星期天早餐是我最喜歡的，因為有咖哩醬。」咖哩醬終究無法取代家人，但在監獄裡，微小的快樂也顯得格外珍貴。

民主運動者李柱銘一度也經常探視黎智英，為他帶來外界的消息。二〇二一年七月，李柱銘帶來何俊仁同樣身陷囹圄的消息。

「李柱銘與彭皓昕（律師同僚）來探望我，並告訴我他們剛去探視附近獄中的何俊仁。他的狀況不太好，似乎有些輕度憂鬱。當你在獄中開始自悲自憫的時候，很容易陷入憂鬱。還因為不公而憤怒，因為他是為了香港人的自由而奮鬥。不公不義重重壓在心頭，令他鬱悶。我會為他祈禱。但你若無愧於心，從未將個人安危、舒適與福祉置於公義、真理、美善之前，從未讓自己的生命淪為謊言，而是選擇成為捍衛人性尊嚴與榮耀的燈塔？那麼，主已為你安排了一個榮耀偉大的位置。是的，你正在受苦，但主與你同苦受難，並與你分享祂的榮耀。懷抱平安與自豪，視自己為受揀選之人。我打算寫信給何俊仁，跟他講這些話。」

隨著壹傳媒與《蘋果日報》在二〇二一年六月關閉，公民團體持續遭到打壓，黎智英開始思索抗爭運動的未來，以及抵抗政府壓迫最有效的方式。二〇二一年初，四十七名抗爭人士遭到逮捕，多數被羈押等待審訊，不得保釋。

八月十四日，李柱銘與彭皓昕前來探視，帶來另一則消息：六四被害人紀念團體也要解散。該組織的領袖之一鄒幸彤（黎智英稱她是「傑出律師」）不願主動解散，而是希望讓當局強行關閉，揭露政府的殘酷無情。黎智英思考著公開尋求被捕的鄒幸彤：究竟在獄中還是留在外面抗爭更有效？「平常時期，（冒險被捕）的想法是合乎邏輯的，但如今，一場龐大的政治風暴正席捲而來。倘若他們決定迎向風險，沒人有權反對，而是（我們應該）尊重他們的勇氣與英勇。然而，入獄還是留在外面更能支撐反抗運動？他們肯定會被捕。如今我們有這麼多人已身陷囹圄，他們入獄是否真能進一步激勵士氣？相反地，若能留在外面，他們可以繼續建立並強化本地與國際聯繫，尤其幸彤是這麼有影響力的領袖。」

李柱銘可能是黎智英除了家人跟陳日君樞機主教之外，最親近的朋友。黎智英長期提供李柱銘的民主黨所需的多數資金，有時也會陪他前往華府進行遊說。二〇一九年十月，黎智英、李柱銘與彭皓昕三人曾會見美國眾議院議長裴洛西，爭取國際支持香港民主運動。二〇二一年四月，一如前述，李柱銘被判處十一個月監禁，但因為年事已高獲得緩刑。只要他不再觸法，就能避免入獄。懸在頭上的牢獄威脅，隨著政治活動空間萎縮，他的探視次數也逐漸減少。這讓黎智英開始思考鎮壓會到什麼程度，還會持續多久。

「現在李柱銘害怕來探監。過去頻繁來訪，如今他怕遭到牽連，被當局審查。現在當局想要清除任何反對與抗爭的痕跡。任何幫助被迫害者的人，也可能成為迫害的對象。他們已經禁止眾籌為被迫害者支付律師費，也禁止資助組織為政治犯提供肥皂、毛巾、筆、筆記本、零食等基本物資。接下來可能會（施壓）那些太常探望政治犯與在押被告（無保在押者）的律師。

我們不知道這場『清洗行動』會走多遠。如今，香港已經變成安靜沉寂的城市——這座城市已死。但香港人的內心仍在吶喊，抗爭精神仍舊昂揚。他們能壓制人們想望自由的本能多久？」

憤怒最終轉成省思。當監獄安全負責人未能向他解釋，監獄當局為何封鎖支持者的明信片時，黎智英反省起他對於封鎖的憤怒。安全負責人遲遲未到，「給了我更多時間去思考這件事，並從中學習。我確實放縱了自我。」即便當局拒絕讓他收到海外支持者寄來的明信片的決定，是「毫無道理且極為專斷」，但他的強烈反應「表明我還不夠謙卑。我應該視每個與我交涉的人都有主隱身背後，特別是如此羞辱的情況。這可能是主要我學習謙卑的方式。我拒絕了這次試煉，如今我感到懊悔。真正的謙卑，是在最難忍受的屈辱中依然謙卑。」

黎智英之所以能適應獄中生活，來自他不斷自省，始終相信即便身體囚禁，心靈仍然自由。「即便面對那些不值得尊重、甚至該受責備的人，我仍要為自己的憤怒懺悔。這才是侍奉主的謙卑。」

黎智英也持續關注國際局勢。二〇二二年十月，他關注中共的全國代表大會，這是中國最重要的政治活動，每五年召開一次。二〇二二年這一屆更是意義特殊，因為最高領導人習近平正尋求打破前例的第三次五年任期，繼續擔任中共中央總書記。隨著二十大召開，黎智英承認他相信習近平不會獲得第三次任期（他是少數懷疑習近平會連任的人）。

結果卻讓他大失所望。習近平不僅連任，當天的高潮還見到資深成員帶走神情錯愕的前任領導人。

「最終消息傳來，習近平將繼續掌權。他不僅掌控政權，甚至比以往更加強勢。二十大最後一天，會議進行中，他讓警衛將胡錦濤帶離會場，他（習近平）臉上還掛著笑容。這是至高權力的公開展示，就像北韓領導人金（正恩）在全國領袖會議上逮捕自己的姑丈。現在習近平想要證明自己擁有跟金正恩一樣的絕對權力……中國政權從未出現像他這樣以殘酷權力登峰造極的領袖，連毛澤東都不曾如此。這已經超出常理，必將帶來意想不到的後果。我們拭目以待。儘管深感失望，但很快恢復內心的平靜與希望，因為我對主的信任與信仰。儘管超越我的理解，主一定對我有最好的安排。主啊，我相信，請助我克服內心的不信。」

黎智英仍舊積極管理他的事業。二〇二一年，港府在五月份凍結他的資產，並沒收他在《蘋果日報》的股份後，他努力確保新加坡銀行內的六千九百萬美元不落入當局之手。

這些行動是在李家超警告銀行不得允許黎智英動用帳戶之後。二〇二一年夏季，一封財務顧問的信件顯示，原存於花旗銀行及華僑銀行新加坡分行的資金，已轉移至臺灣，以防止港府當局進一步查抄（「出於對新加坡託管帳戶安全性的各種憂慮」）。

隨後資金再度從臺灣轉移（「我們無法將資金留在臺灣，同樣是出於託管安全的顧慮」）。這些移動暴露出香港與中國當局的膽大妄為，在毫無法律依據的情況下，僅憑一條備受譏諷的《國安法》鋪天蓋地的指控，就試圖奪取黎智英在新加坡、甚至是臺灣銀行內的資產。

同一封財務顧問信，還尋求黎智英同意「SaaS 公司股權計畫」。黎智英在股票投資上，長期偏好 SaaS（軟體即服務）公司；信中列出的投資組合與過去選擇大致相同，但新增了一支專門投資 SaaS 公司的指數股票型基金（ETF）以及谷歌（Google）。顧問指出谷歌正逐步展現出與 SaaS 公司類似的特質。黎智英回覆：「可以，但確保它們都是 SaaS 公司，我不想摻雜其他類型的投資。」

名單中的企業包括：Shopify、Intuit、Trade Desk、Salesforce、Adobe、Paylocity、Splunk、Zendesk、Microsoft 與 Nvidia。總投資額為五千七百萬美元，來自先前從新加坡

轉出來的六千九百萬美元。剩餘的一千二百萬美元則留給「去年支付的」法律訴訟費用——點出黎智英對抗中共政權而產生的費用。

另一份信囑咐馬克・西蒙保護動畫部門開發的虛擬角色技術，強調「這是以我個人資金開發的，屬於我，不屬於《蘋果日報》。」清算人拆解公司資產時，黎智英希望盡可能保護個人資產不受侵害。

朋友與陌生人都想持續寫信給他。先前提及的明信片行動，用的是他所繪的基督受難圖畫作。數百名學生，多數來自天主教學校與大學，使用這些明信片寫信給黎智英。此外，一位名叫婷（Ting）的陌生人，寄來一份通訊，是由筆名「降落傘」（Parachute），住在紐約的二十六歲香港作家所寫。「這封信太美了，她的文字簡單動人，天生就是個作家。她對香港認識之深，對香港的熱愛，堅定為家園抗爭的決心，都讓我感動落淚。太棒了！香港有這麼多才華橫溢的年輕人，決心為我們奮戰。我們仍有希望。」

第十四章

「活在完全的自由之中」

探視黎智英的人都說，他在獄中依然如往昔般自由。「他不認為這是懲罰，」李韻琴說：「他活在完全的自由之中。」雖然單獨監禁，每次出庭都鐐銬加身，他的目標卻清晰無比：堅持自己的清白，持續以尊嚴榮譽對抗囚禁者。他知道自己在做什麼。二〇二〇年最後一天關押至今，此刻牢房窗戶也被封死，但這段經歷彷彿是靈魂淬鍊，他將其視為信仰的試煉，心靈的追求。

道德與肉身的勇氣，加上財務資源、願意公開揭露自身困境，讓他成為全球關注的焦點。也許自從二〇一七年諾貝爾和平獎得主劉曉波死於中國羈押後，中共政權的殘忍與野蠻從未如此赤裸裸地公開在世人面前。

過去四分之一個世紀，黎智英早已為入獄的可能而強化自己。他知道公開發言對抗中共，意味著將自己置於風險之中。隨著針對他的法律攻勢升高，他選擇做他最經常做的事——閱讀、與他人交談，學習如何成為政治犯的典範。二〇二〇年十一月中，他入獄前幾週，黎智英公開討論自己面臨的指控及預期將發生的監禁。一場跟前蘇聯異議人士納坦·沙蘭斯基的直播對談中，黎智英說：「我愈身處險境，就愈能讓世界關注到香港。」沙蘭斯基曾遭蘇聯當局囚禁在古拉格長達九年。

沙蘭斯基提及四百年前伽利略（Galileo）的屈服，當時這位科學家放棄他的「地球繞行太陽」學說。沙蘭斯基說，四個世紀後，蘇聯審判者的說詞裡仍舊揮之不去這些行動的陰影。「蘇聯國安會試圖利用伽利略的例子，他們說『看看伽利略的先例』，選擇屈服以換取寬恕。」沙蘭斯基拒絕立刻獲得自由，不願放棄自己的理念。

後來，我跟沙蘭斯基談起黎智英。他們兩人在黎智英入獄前兩個月裡，曾三度對話。「當時他尚未入獄，但已有強烈預感——也許這正是他的命運，要入獄繼續當個自由人。」沙蘭斯基說：「那是極為鼓舞又非常罕見的想法。」黎智英曾計畫將沙蘭斯基的獄中回憶錄《無畏邪惡》（*Fear No Evil*）譯成中文，甚至已找到中國出版商。但沙蘭斯基透露：「他們要求刪除書中涉及中國的幾句話，我拒絕了。倒不是那些話有多關鍵，但一本關於言論自由的書怎能接受審查？」沙蘭斯基記得黎智英仍希望推動翻譯計畫，「但他沒時間了」。

如今，監禁超過一千四百天，黎智英抵抗的每一天，都是自由對極權的勝利。他已經服滿因為二〇一九及二〇二〇年和平示威而遭判的十四個月刑期，現在正在服辦公室違約分租的五年九個月刑期。此外，他還面臨《國安法》審判，結果肯定是定罪與漫長的刑期，因為一連串香港國安法審判裡，定罪率幾乎百分之百。黎智英身為最具象徵意義的犯人，無論有沒有證據，絕不可能被判無罪。

黎智英被列為「A級囚犯」——這通常是謀殺犯或其他極度危險的囚犯，二〇二〇年底以來多數時間都是單獨監禁。針對非暴力囚犯施以長期單獨監禁，公然違反國際公約。二〇一五年，聯合國大會通過《尼爾森．曼德拉規則》（*The Nelson Mandela Rules*），以紀念全球最著名的政治犯之一。這項規則明確訂定單獨監禁應是「最後手段，只能在極端情況下使用」。曾入獄二十七年，成功對抗南非種族隔離體系的曼德拉本人，曾形容單獨監禁是「監獄生活中最嚴峻的折磨。無始無終，只剩自己的思緒，此時思緒往往會開始迷弄詭惑人心。」然而，中國一方面聲稱尊重「基於規則的國際秩序」，另一方面卻又將黎智英長期單獨監禁。

跟許多異議人士不同，黎智英從未渴望政治權力。他單純出於信仰民主價值的理想，甚至可說是浪漫情懷。除了提供數千萬美元支持香港民主運動，他從未試圖推動自由市場與人民自由以外的任何議程。

「權力與財富對他都沒有吸引力，」擔任美國駐港總領事期間，郭明瀚結識了黎智英，兩人因對政治的共同興趣而結為好友。「他容易被善行義舉所吸引，而非浮誇或政治掌權者。跟他最投契的，是像陳日君樞機主教及董育德這類謙遜且真誠行善的普通人。他不像典型的香港富豪，總想著政治權力、生意跟與建立政治根基。黎智英喜歡美好生活、美食，也珍惜朋友。」

儘管黎智英有無數熟識友人，他仍走著一條孤獨道路，同時體現全人類對自由的普世渴求。他能堅定地走下去，是因為他的固執、決心與自信。童年時經歷的苦難，足以摧毀許多中國人。毛澤東三十年統治，留下一個受創極深、麻木生存的國家。然而，黎智英不僅活下來，還茁壯成長，活出尼采（Friedrich Nietzsche）所說的「來自生命戰爭學校的洗禮——凡殺不死我的，必使我更強大。」

風光時期許多視黎智英為友的人，如今陷入沉默。人們擔憂中國報復。儘管港府聲稱這座城市仍是安全的商業中心，許多人憂慮自己在香港的銀行與投資帳戶會跟許多民主運動者一樣遭到凍結。他們擔憂自己會被禁止入境香港，或更糟，在香港被捕。正如一名留日香港學生僅因臉書貼文，就在返港後遭判刑入獄。他們眼見海外異議人士遭到懸賞通緝，他們的家屬遭到騷擾恐嚇。他們擔心仍在港中的孩子、父母、兄弟姊妹的安危。

「他總是冒著極大風險。」博明（Matt Pottinger）憶起他與黎智英初相識，是二十多年前還擔任《華爾街日報》記者的時候，最後一次見到他則是川普的副國家安全顧問任內。博明收著一幅黎智英畫的基督受難圖，二〇二一年黎智英從赤柱監獄寄給他。「這個人也許已是人生晚年，卻深入思考民主、基本權利與上帝角色如何交織，並以守護這些權利作為他宗教信仰的表現。」

黎智英面臨的《國安法》「勾結外國勢力」指控，讓博明嗤之以鼻：「如果他告訴我們他憂慮香港法治惡化，而香港的法治又是受到在聯合國登記的國際條約保障，那麼他怎麼會是外國勢力的代理人？」他點出：「過去有大批香港官員曾造訪美國國務院、白宮及其他地方，與美方交流意見。（前香港行政長官）董建華在白宮談論香港的時間，遠多過黎智英。說黎智英是誰的『代理人』，簡直荒謬至極。」

即便身陷困境，黎智英仍展現出寬厚精神。一名獄友的女兒即將出嫁，他特意準備贈禮。一名獄友刑滿出獄後，他幫忙找到保全工作；還安排另一名即將出獄的囚犯成為建築學徒。他甚至想幫忙一名獄警，直到顧問提醒他此舉可能被視為行賄，才作罷。他似乎沒想過這些無私舉動會被他人誤解。

即便在他入獄之前，樂於助人的性格就很明顯。他為哥哥黎在英在香港荃灣買下一間麵店；當黎在英轉售物業而獲利三倍時，黎智英反而恭喜哥哥生意腦袋敏銳。他經常讓老友鮑勃及其妻潘妮·阿胥肯納西使用他的巴黎公寓；那間公寓裝修時，黎智英還付錢安排他們一家入住進巴黎的莫里斯旅館（Hotel Meurice）。阿胥肯納西一個兒子結婚時，黎智英直接買單新人禮物清單上所有尚未被認購的物品。

另一位二十八歲的記者也發現自己被黎智英的慷慨給搞暈了。對瑪麗·基塞爾（Mary Kissel）來說，她獲得的分享是以思想為主。二〇〇四年剛搬到香港，擔任《亞洲華爾街日報》社論版主編的時候，她認識了黎智英。「當時我來自佛羅里達州朱比特鎮，什麼都不懂，而他卻是億萬富翁大亨。我們很樂於交換各種想法。」在港工作的六年裡，黎智英多次邀她到家裡、到他的遊艇上參加聚會，這些聚會的與會者包括經濟學家蓋瑞·貝克（Gary Becker）與阿克頓研究所（Acton Institute）的施立果。基塞爾回憶：「這是一場思想領袖的盛宴，聚集許多顛覆傳統的頂尖思想家，非常驚人。」後來她擔任美國國務院資深顧問時，促成黎智英在二〇一九年與國務卿龐佩歐會面。

布拉德·哈姆初識黎智英，是在京都。一晚，兩人在晚餐中展開對話，隔天午餐又繼續。那次見面是在二〇一五年三月，距離黎智英於雨傘運動結束後被捕才三個月。黎智英也剛卸任壹傳媒董事會主席。然而那次對談裡，完全沒有觸及香港政治或黎智英的法律糾紛。甚至沒有談到中國政府對《蘋果日報》的廣告封殺。相對地，他們談的主題從科技到新聞業的未來。哈姆也是雙胞胎，這個巧合讓他們聊起手足與父母。

談話間，黎智英坦承第一段婚姻裡，他並不是自己所期許的好丈夫。「我問起他的母親，」哈姆回憶：「他真心希望母親以他為榮。你能感受到母親對他的重要性。他哭了，讓我對黎智英這個人有更深刻的認識。他的渾厚嗓音，說話時氣勢十足，可能讓人覺得壓迫。無論他是否擁有億萬財富，是否出名，是否成就斐然，母親只希望他做個好人。」黎智英也曾對同事說，母親絕不會因他入獄而怪他。畢竟，她自己當年也曾被共產黨無辜送入勞改營。

在美國退役四星上將傑克·基恩眼中，黎智英算是一種特別的英雄。「我一生與英雄為伍，」基恩說，但他知道的軍中英雄是種本能反應：「你下意識挺身而出，去拯救生命，或阻止悲劇發生。」然而相反地，黎智英的勇氣「並非衝動本能，而是經過深思熟慮的刻意選擇，他清楚知道結局可能極其可怕……他展現的是非凡勇氣——他的所作所為，重新定義了英雄主義。」

施立果神父初次見到黎智英時，黎智英有種初信者的熱忱。施立果說，這份熱忱延伸為「捍衛人性尊嚴、人權，深刻專注祈禱與冥想。」「黎智英研究得愈深，宗教愈成為他內心的支柱。這威脅到了（共產）政權。你無法擊垮不在乎金錢、不在乎自由的人。他正在不斷深化這種神秘體驗，足以移山。這也是曼德拉在世俗層面擁有的力量。這是他信仰與精神的軌跡。別忘了，他是在若望．保祿二世的影響下皈依，那位教宗本身就是自由鬥士的偉大形象。」

黎智英與陳日君樞機主教一度都同意，若能為信仰死在獄中，是件「美好」的事。當然，無論是他的家人朋友，甚或是中共，都不想要黎智英作出最終犧牲。然而「世上沒有無意義的苦難，」麥偉文的妻子茱莉說：「一切最終都是值得。」這過程中，黎智英希望他的禁錮能讓共產黨為摧毀香港付出更高代價。

黎智英知道自己想做什麼。他會死在獄中，還是與家人共度餘生？這將由中共決定。黎智英無法置喙。然而無論身處鐵窗之內還是之外，黎智英已經選擇了自由的人生。

後記

二〇二四年二月七日，黃偉強服滿十四個月的刑期後獲釋，他因涉及《壹傳媒》總部所謂非法轉租案而被判詐欺。因為拒絕作證指控他長期追隨的老闆，黃偉強付出沉重的代價。

黃偉強重獲自由對黎智英及其家人而言，是個值得欣慰的消息，也為這一年帶來好的開始。畢竟這一年他們將面對黎智英漫長的《國安法》審判。黃偉強始終忠於黎智英的自由理念。出獄後不久，他便特地前往蘇格蘭，憑弔黎智英的偶像——奉行放任政策的香港財政司長郭伯偉的墓地。

這場《國安法》審判在二〇二三年十二月開始，較原定計畫延後一年，距離黎智英首度因為《國安法》指控被捕，已過了四十個月。關於黎智英的訴訟代理人選的程序拉鋸戰及漫長爭議，使得案件一延再延。在香港司法史上令人質疑的「首次」情況裡，黎智英遭剝奪自己指定辯護律師的權利。

黎智英原本希望由倫敦知名大律師提姆・歐文（Tim Owen）為他辯護。歐文過去曾代表過香港的委託人，然而港府不僅撤銷他的簽證，還匆忙修改法規，禁止外籍律師代表黎智英出庭。顯然港府擔心歐文的辯護過於有力，可能會壞了他們的「審判秀」。

港府當局確實將這場審判變成一場奇觀。一開始從赤柱監獄押送，摩托車隊搞亂交通之後，維安部隊將他移至附近的荔枝角收押所。如此安排雖是為了減少受到交通影響，但從荔枝角到西九龍法院的過程，仍然有如戒護恐怖分子一般。他被鎖在大型裝甲車的鐵籠裡，四周圍繞著大批押解車輛。抵達法院時，數百名員警攜警犬嚴陣以待。

李韻琴與黎采每日都到庭旁聽，當局安排她們坐在法庭後方，一名員警在側。黎信恩趁著學校假期返回香港，一開始幾週也到庭旁聽。黎崇恩則一直待在臺灣，不願冒險回港後被捕。他在二〇二二年十月結婚；他的父親無法參加婚禮，也未能見到二〇二四年二月出生的孫女。

施立果神父悄悄來港旁聽審訊；二人不得交談，但黎智英在法庭上見到老友時，淚水不禁潸然而下。

當檢察官出示二〇一九年的示威照片時，黎智英顯得精神振奮。五年過去了，這些畫面提醒他當年做過的一切。

審判前夕，黎明返港探望獄中的父親。儘管黎耀恩跟黎見恩都在最初的二〇二〇年八月國安突襲時被捕，但兩人至今都未被正式起訴。案件懸而未決，他們必須定期向警方報到，且不得隨意離開香港。每當申請離港時，便由母親茱蒂擔任擔保人。

儘管當局多次承諾《國安法》不溯及既往，然而針對黎智英的證詞，多數與法律生效前的二〇一九年及二〇二〇年上半年的事件有關。檢方特別聚焦他在二〇一九及二〇二〇年間積極參與所謂的午餐便當會，定期與《蘋果日報》高層編輯會面，討論報導方向。法庭審訊紀錄鉅細靡遺詳列《蘋果日報》日常運作細節，從黎智英主持會議討論報導方針，到編輯部如何決定新聞版面、標題內容，甚至檢方還詳細列出報紙不同版本之間的改版細節。

檢方指控黎智英策劃非法行為，但最終他們只是呈現了黎智英跟《蘋果日報》編輯部如何透過數百項編輯決策，產製每天的報紙。黎智英經常更像親力親為的編輯，而非現代的執行董事。他投入編輯細節的程度，宛如過去的報業大亨，像是普立茲或赫斯特的當代化身。

檢方還出示前行政總裁張劍虹的 Slack 聊天記錄，詳述出自這些會議的部分決策。他們羅列一次會議中討論的議題，從示威相關圖像，到內部競賽，到關於親子與寵物的週日特輯內容：

「關於蘋果畫報跟娛人誌的訪談，我們應該花更多時間與受訪者交流，挖掘他們的人生故事。外包部分也應遵循同樣標準。

週末社論版面可以邀請（本地線上新聞網站）《端傳媒》或《立場新聞》的出色作者撰稿。

版面設計比賽結束後，應該繼續舉辦每週投票，提供獎勵，甚至設立月度或季度獎項。

週日的親子與寵物特輯，可以從親子與寵物微型網站中篩選適合的內容。

我們可以整理《逃犯條例》運動的三大示威圖像，做成專題報導。」

儘管檢方在長達數月的審訊中提供海量證據，卻很難讓人理解何為非法行為。黎智英與《蘋果日報》從事倡議式新聞（advocacy journalism），他們一向如此。過去三十年來這種報導方式從未成為問題。如今當局連最平常的言論都視為非法。檢方甚至試圖將黎智英與一則訂閱廣告掛鉤，廣告內容上寫著：「香港與臺灣命運與共／一同見證香港與臺灣的未來。」（前總編輯陳沛敏說這句話反映黎智英的觀點。）但若要說主張臺灣與香港的命運相互關連有何不妥，甚至違法，實在令人費解。

陳沛敏作證談及黎智英對新冠疫情的立場。《蘋果日報》在黎智英的建議下，稱該疾病為「武漢瘟疫」或「武漢肺炎」，以突顯疾病爆發的城市。他曾寫下一篇專欄文章，標題為〈武漢瘟疫，中共的喪鐘〉。檢方試圖論證「瘟疫」一詞比「肺炎」更具貶義。然而，無論是瘟疫還是肺炎，陳沛敏說黎智英的用意是要警告大眾，中國政府在疫情問題上並不透明。

二〇〇三年初，《壹週刊》因率先揭露SARS相關消息而廣受讚譽。如今，黎智英卻因呼籲公開疫情資訊，履行明顯的公共衛生責任而遭到起訴。中國也口口聲聲說要透明，卻在世界衛生組織派遣調查團訪華時加以阻撓；當澳洲呼籲徹查新冠病毒起源時，中國更切斷澳洲牛肉、大麥、紅酒及其他商品的進口。

證詞顯示，儘管黎智英曾一度退居幕後，但二〇一四年後他便直接插手報社運作，特別是張嘉聲離開後，由他重新掌舵。檢方費盡心力想證明顯而易見的事實：黎智英擁有這間公司百分之七十一的股權，並於二〇一八年五月回鍋執行董事主席的位置。作為一家報社的老闆，報紙內容若不反映他的立場，豈不奇怪。

事實也確實如此。黎智英曾指示大幅報導前香港政務司長陳方安生於二〇一九年會見美國副總統彭斯的消息。幾個月後，由於沒時間親自撰寫文章，他指示以問答形式報導自己在二〇一九年七月訪美的行程。

作為所謂違法行為的證據，檢方出示黎智英手機內二〇一九年十月的照片，他與美國眾議院議長裴洛西的合照，以及跟參議員泰德．克魯茲（Ted Cruz）、前政務司長陳方安生、立法會議員郭榮鏗及莫乃光的合影。由於華府與香港並非敵對關係，將這類為香港民主運動尋求支持的會面視為犯罪，可謂法律上的劇變。

檢方試圖拼湊黎智英跟倫敦人權運動者之間有所共謀，理由是雙方都使用了「道德高地」（moral high ground，道德制高點）這個常見英語詞彙。他們引用英國民主倡議組織

「香港觀察」創辦人及領袖羅傑斯的一封公開信，該信呼籲示威者堅持非暴力，以保持「道德高地」。隨後檢方要求陳沛敏確認，黎智英在接受外媒訪問時，也經常使用這個詞彙。

檢察官指控黎智英與境外共謀者聯繫。除了羅傑斯，還包括前港督彭定康、人權運動者比爾・布勞德（Bill Browder）及郭明瀚。布勞德表示他從未見過黎智英，或與他講過話，似乎是因為他跟黎信恩見過面而遭點名。羅傑斯、彭定康跟郭明瀚全都為香港議題發聲。針對這些為香港發聲的高知名度人士並非偶然。正如哈佛大學政治學者安東尼・賽奇（Tony Saich）所言：「外國人經常被塑造成試圖破壞中共權威……隨著二〇一九年香港示威擴大，中共必然要『發現』英美勢力在煽動動亂……這種處處見陰謀的思維，正是革命前鬥爭的歷史遺緒。」

檢方大肆渲染黎智英親自參與報紙運作；他與外國人，特別是美國民選官員的聯繫；以及反對香港反民主的政策與立法。然而，除非新聞本身成為罪行，否則黎智英是清白的。

早在一九八九年天安門屠殺之前，甚至在他結識經濟學家傅利曼的多年前，黎智英就認為，愈往市場經濟靠近，就愈威脅到中共的權力。他相信貿易與經濟自由化將改變中國，正如全球化與經濟成長曾為韓國與臺灣的政治自由化奠定基礎。這也是老布希（George H. W. Bush）到歐巴馬（Barack Obama）等歷任美國政府皆採取的策略。

若說黎智英有錯，那便是對中國過度樂觀。他曾坦承自己錯認經濟開放與科技普及將帶來政治自由化。然而這並非罪行，而是他身為中國愛國者的行為。

二〇二〇年四月二十六日，正當疫情加劇、北京暗中籌謀《國安法》之際，黎智英寫下專欄文章〈專橫暴政打壓，我們氣魄不滅〉。「此刻支撐我們繼續前行的，是我們對法治跟自由（的熱愛）。我們對中共暴政毫無幻想。我們可以堅持下去的……是我們明知不可為而為的氣魄。」

中共無法理解黎智英。他是個秉持信念而生的人。他深知自己的生命處於險境。「他已經清楚表明，若這是代價，這場抗爭也值得。」蕾貝卡．文森特說：「他們根本誤判像黎智英這樣的人，這種誤解讓他們感到威脅。或許他們錯估情勢。他充滿勇氣，他選擇留下，他選擇奮戰。他在獄中的身影將進一步醜化香港跟北京僅存的名聲。」

黎智英經常談及信仰，他對奇蹟的信念，以及總是形影不離的樂觀與希望。自童年起，他便夢想著自由，夢想著體現自由精神的城市——香港。他一生都為實現這些夢想而奮鬥。從童年時在廣州街頭跟其他攤販拼價格，到中年時的香港報業之爭，他從未畏懼衝突。

此刻他正面臨一生最重要的戰役。二〇一五年在摯友葛林．曼森的追思會上，黎智英的悼詞彷彿也在說他自己——他對生命的熱情，就是打破規則並且做得更好。「去他的配額」簡直可說是他的座右銘。這並非虛無主義式的反抗權威，而是靈活突破政府限制，發明熱銷新布料。這是關於享受生活、創造財富，為自由奮鬥。

「他如此熱愛生命，」黎智英哽咽談起相識三十九年的老友：「他從未放棄，他是那麼樂觀。」黎智英憶及曼森生命最後階段裡，自己曾造訪十多次。「他始終相信希望，」最後黎智英總結：「他給了我們這麼多鼓舞。」

黎智英想要離開監獄，這一點無庸置疑。然而獲釋與否取決於中國共產黨。在那之前，他將持續作為一名獄中的自由人。

致謝

儘管黎智英無法協助本書撰寫，我仍要感謝他。我們相識已逾三十年，他的人生經歷鼓舞我動筆寫下這本傳記。

Jimmy（香港幾乎人人如此稱他）入獄之前，我從未想過要寫一本關於他的書。我不知道他是否知道本書的存在；這本傳記雖持同情視角，卻未經他的授權。黎家無人讀過手稿，也從未試圖影響書中任何內容。

寫作過程中最讓人心寒的，莫過於即便數十年前就認識黎智英的人，也感到恐懼。約莫一百位協助本書成形的人中，許多人要求匿名，擔心中共會視他們為黎智英的支持者，而懲罰他們、他們的家人或事業。我要深深感謝以下人士與我談及黎智英或提供其他協助。

Bob Aschkenasy；Judy Pilunya Assapimonwait；Carolyn Bartholomew；Ellen Bork；Raymond Burghardt；Sandrina Caruso；柴玲；陳健民；Chen Hao；張美華；張崑陽；程翔；江春男；錢志健；周小龍；Tom Crampton；Gordon Crovitz；James Cunningham；Michael Davis；David Feith；Tim Ferguson；Mike Gonzalez；Odette Heung；許穎婷；許智峯；許田波；葉一堅；金鐘；Tara Joseph；Elic Lam；Jack Keane；Mary Kissel；Eric Kohn；郭鳳儀；郭榮鏗；黎明；劉祖迪；梁嘉麗；Michael Logan；Bill McGurn；Ben Miller；Stacy Mosher；Jay Nordlinger；Kazuko Ouchi；Chris Patten；Mike Pence；Matt Pottinger；Sheridan Prasso；Hugo Restall；Benedict Rogers；Robert Sirico；Andrew Tanzer；Steve Vines；Rebecca Vincent；王丹；Paul Wolfowitz；王穎妍；Minky Worde；吾爾開希；周鋒鎖及 Seth Zucker。

特別感謝 Robert Messenger。他對本書的熱情始終如一，他深知個人挺身對抗極權政權時所面臨的風險。Simon & Schuste 出版社的優秀團隊也讓我受益匪淺，特別感謝責任編輯 Rachael DeShano，她耐心且充滿活力地引領本書歷經數次修訂，最終得以付梓出版。Martha Kennedy 負責封面設計，書籍設計則由 Wendy Blum 操刀。感謝 Elizabeth Venere 負責行銷，Omesha Edwards 和 Elizabeth Herman 負責宣傳。此外，還要特別感謝總編輯 Priscilla Painton，她一收到 Bill Browder 的介紹信後，立即看見本書的價值。

我要誠摯感謝 Riverside Creative Management 的經紀人 Leah Nathans Spiro，不只第三度代表我的作品，更持續支持我的創作。發展書籍提案的階段，Ellen Kadin 付出極大努力，並挖掘出大量跟黎智英相關的資料。

感謝 Grace Young，迅速、完整且可靠地協助研究、照片搜尋及事實查核。Beehive Mapping 的 Kelly Sandefer 再度提供傑出地圖資料。

Sam Bickett、Ted Clifford、Brad Hamm、Simon Lee、Perry Link、Mark Simon 及 Larry Zuckerman 皆曾讀過本書不同版本的部分或全部內容。他們的寶貴意見促成一本更加完善的書。最深切的感謝獻給 Pamela Mensch，她耐心地一遍又一遍閱讀不同版本的初稿，在無數細節處強化了本書的內容。特別感謝 Carroll Bogert，在草稿撰寫中與書寫之外，助我探索新方向。

最後，我要感謝納坦・沙蘭斯基（Natan Sharansky）。我跟他的初次見面，是替他跟黎智英的特別線上直播討論擔任主持人。黎智英被捕後，納坦與我分享他們的其他對話，並慷慨為本書撰寫序言。九年的蘇聯勞改營歲月，讓他成為最有資格為文見證的人。

註釋

關於資料來源

黎智英在一九八九年天安門事件後的生活及他進入媒體界的經歷，已在他本人的書寫、數百篇訪談與報導有詳盡記錄。二〇二三至二〇二四年的《國安法》案件裡提交的證詞與文件，也進一步為黎智英的媒體與政治活動公開記錄補充了更多細節，特別是過去十年間的活動。

黎智英前四十年的生平，則主要依據他的書寫、我本人與他人的訪談，及各種二手資料。關於這段時期的研究，他從一九九〇年三月《壹週刊》創刊到二〇二〇年十二月入獄之間所撰寫的約一千六百篇每週專欄，對他的童年與早年香港經歷提供很多細節。

此外，施立果神父在十多年間拍攝的許多訪談，也提供很多資訊；除了以黎智英為主的《香港人》紀錄片中所使用的內容之外，施立果神父及阿克頓研究所團隊更慷慨提供許多小時的影像資料。我將這些資料統稱為「施立果訪談」。

同時，我也有幸閱讀過往未公開過的黎智英獄中書信。這些信件為他的監禁生活提供深刻洞察。

黎智英的訪談影片與獄中書信均為英文，專欄文章則譯自中文。我特別感謝利世民協助翻譯。黎智英的重要專欄寫作可在以下網址查閱：www.jimmylai.substack.com。此外，我還要感謝其他不具名譯者，協助翻譯了數百篇黎智英的專欄文章。為更清楚呈現意涵，黎智英的書寫與評論略經編輯。

所有港幣金額皆已按當時匯率換算為美金；這段期間多數時候，一美元約等於港幣七點八元。

另外，以下本書各章註釋所在的頁碼均使用阿拉伯數字標示。

題詞

「不要迷失在絕望的海洋」：Katherine Q. Seelye, “John Lewis, Towering Figure of Civil Rights Era, Dies at 80,” New York Times, July 17, 2020, updated August 4, 2020, https://www.nytimes.com/2020/07/17/us/john-lewis-dead.html。巧合的是，黎智英曾於二〇一九年十月與李柱銘一同前往美國國會大廈時，與約翰·路易士短暫會面。當時民權運動領袖路易士與國會議員湯姆·蘇奧奇（Tom Suozzi）一同錄製了一段短片，聲援香港的民主抗爭者，並強調非暴力抗爭的重要性。「黎智英先前曾與蘇奧奇會面，表達他對暴力戰術帶來破壞的深切憂慮，儘管這些行動僅牽涉一小群抗爭者，卻成為所有媒體報導的焦點。」當時也在場的郭明瀚大使回憶：「蘇奧奇、黎智英與路易士在國會山莊走廊偶遇，蘇奧奇為雙方作介紹。他問黎智英，若由路易士這位以倡導非暴力抗爭聞名的領袖，向香港民眾傳達非暴力抗爭之必要性，是否會有幫助？黎智英立刻回答：『當然。』於是，路易士便錄製了一則簡短訊息給香港的抗爭者。」

前言　麻煩製造者

28　*He had money—a fortune estimated at $1.2 billion*: Russell Flannery, "Hong Kong's 40 Richest 2008," *Forbes*, January 28, 2008.

33　*China reacted with fury*: "China Objects to Mike Pompeo Meeting Jimmy Lai," *The Standard*, July 9, 2019.3

第一章　「食物就是自由」

43　「他有個大七歲的哥哥」：黎家本為廣東人，但部分家族成員，特別是長時間留在中國的親屬，使用北京話拼音拼寫姓名。（粵語跟北京話是兩種不同語言，使用相似的書寫文字。）姓名中帶有破折號的是粵語拼法，沒有破折號的則是北京話拼法。Jimmy Lai 的中文姓名以北京話拼寫為「Li Zhiying」。碧英與煥英沿用北京話拼寫，因此分別為「Li Biying」與「Li Huanying」。

44　「她定期被送往」：黎智英一直說他的母親曾被送往勞改營，但勞改營是某種監獄，囚犯不會在週末獲釋。看來她是被要求進行某種形式的強迫勞動，但並未關押在勞改營。

44　"Adults were very busy being cursed": Sirico interview.

46　"I don't know if they were tired or sad": "Angel," Next, December 28, 2008 (the column is dated Christmas Day).

50　His mother worried that "going to Hong Kong is like going to the moon": Michael Barbaro with Austin Ramzy, "The Daily: Jimmy Lai vs. China," New York Times, September 3, 2020.

57　"It was the first time I saw so much food": Barbaro with Ramzy, "The Daily: Jimmy Lai vs. China."

57　Lai lived in the factory: Yasuo Awai and Jennifer Lo, "Jimmy Lai Still Dashing to Freedom in Hong Kong," Nikkei Asia, March 25, 2016.

57　"I knew I had a future": "Hong Kong Useless" column, March 20, 2014, and Sirico interviews.

60　「自從懂事以來」：出自一篇二〇〇四年的文章，文中黎智英表示「今年」他將滿五十六歲。

第二章　「你玩的是什麼魔術？」

64　*"I was able to perform"*: Michael Barbaro with Austin Ramzy, "*The Daily*: Jimmy Lai vs. China," *New York Times*, September 3, 2020.

66　「市場規模在一九七二年增長到兩倍多」：二〇〇三年十一月二十七日的專欄中，黎智英提到他設立了一個保證金帳戶，用於「買空賣空」交易。他說市場在一九七二年飆升，隨後於一九七三年暴跌，因此他或許巧妙利用了一九七三年十月戰爭引發的市場下滑。無論他當時是做多還是做空股票，運用借來的資金都進一步放大了他的收益。

66　「不知不覺」：黎智英曾在多次英語訪談中表示，他將港幣一萬元翻成二十五萬元，但在二〇〇三年的一篇中文專欄裡，他則說是「接近二十萬港幣」。我依當時匯率（一美元兌五點零八五元港幣）換算。

66　*"When I made money"*: Sirico interview.

67　*A 4,000-square-foot sweater factory*: *Next* column.

71　「黎智英將公司命名為公明織造」：出自施立果訪談與《壹週刊》專欄。根據公司註冊紀錄，該公司正式成立於一九七五年六月十日。

76　*"We are really lucky"*: *Next* column.

83　*"Hey, it's really great"*: *Next* column.

87　「我們為什麼不想辦法創造新配額呢？」：二〇一五年三月二十日黎智英於葛林．曼森追思會上的悼詞（私人錄影）。

89　「因此黎智英也投入」：一九九四年，《華爾街日報》專欄作家提姆．弗格森曾問黎智英他的偶像是誰。由於當時弗格森在《華爾街日報》工作，他原以為黎智英「會說傅利曼或雷根，然而黎智英的答案讓他大感意外，因為他說卡爾．波普。」弗格森回憶：「回頭看，這或許解釋了他後來的奮鬥，以及他敢對權力說真話的性格——這樣的人與波普的社會哲學不謀而合，也跟他不惜承受北京怒火也要奮鬥十分相符⋯⋯比起傅利曼，這個答案捕捉了更完整的黎智英。對我來說，這個表面上看似大老粗的自學者，實則擁有相當的思想深度。」另見 Tim W. Ferguson, "From Street Hawking to Karl Popper," Wall Street Journal, July 19, 1994。

第三章　快時尚之父

92　*A napkin stuffed*: Sirico interview.

93　「他們將對零售商的交貨期，從五個月縮短到兩週」：二〇一五年三月二十日黎智英於葛林．曼森追思會上的悼詞（私人錄影）。

100　*His success attracted*: Hideki Yoshimura, "From Hiroshima to the World: Tadashi

Yanai on the Secrets of UNIQLO's Success," *Japan Forward*, January 20, 2020.

100 *He now has a net worth*: Naazneen Karmali, ed., "Japan's 50 Richest 2024," *Forbes*, May 28, 2024.

102 「這幾乎是二〇二三年美國一般零售商平均回報率的兩倍」：前述財務資訊，見 Giordano Holdings Ltd., Annual Report 1993, 2。股東權益報酬，見 NYU Stern School, "Return on Equity by Sector (US)," data as of January 2023, https://pages.stern.nyu.edu/~adamodar/New_Home_Page /datafile/roe.html.

104 *The faster pace allowed Lai*: Andrew Tanzer, "Picking the Eyes from Retail's Gods," *Forbes*, June 18, 1993.

第四章　「就像母親的呼喚」

108 *By 1997, they and other*: https://eh.net/encyclopedia/economic-history-of-hong-kong/.

108 *Comitex partnered with a state-owned*: Laurence Zuckerman, "China Buying Deeper into Hong Kong," *International Herald Tribune*, July 13, 1991.

113 *One Giordano shirt*: Geremie Barme, "Culture at Large: Consuming T-Shirts in Beijing," *China Information* 8, nos. 1/2 (1993): 4, esp. n. 15.

115 *"It was very exciting"*: Sirico interview.

117 *"An entrepreneur is more motivated"*: Sirico interview.

第五章　「王八蛋」

122 *"I was involved in it"*: Sirico interview.

123 *Lai named the magazine* Next: Sirico interview.

125 *Lai put $6 million*: Monica Gwee, "Lai Enjoys Platform of Media Politics," *South China Morning Post*, April 8, 1990.

126 *By 1994, it was selling 180,000 copies*: Tim W. Ferguson, "From Street Hawking to Karl Popper," *Wall Street Journal*, July 19, 1994.

133 *In August, Chinese authorities*: Mark Clifford and Lincoln Kaye, "Lai Low," *Far Eastern Economic Review*, August 25, 1994.

133 *"Yes, I am anti-communist"*: *Next*, "An Open Letter to the Bastard Li Peng," July 1994, and "I Will Stay," September 9, 1994.

第六章　推土機

138 *But Lai didn't give way*: Giordano Holdings Ltd., *Annual Report 1994*, 27

("Report of the Directors"); Giordano International Ltd., *1995 Annual Report*, 14 ("Chairman's letter," dated March 21, 1996); Adela Ma, "Sale of Lai Holding in Giordano Scrutinized," *South China Morning Post*, March 1,1996.

139 「黎智英將他的報紙命名為《蘋果日報》」：黎智英的祈禱發生在一九九〇年代初至中期，他皈依天主教之前。

141 News *and pro-Taiwan* United Daily News: Clifford Lo and Kim Black, "Two Newspapers Close as Price War Bites," *South China Morning Post*, December 17, 1995.

143 *The newspaper had been founded in 1969*: Wikipedia, s.v. "Ma Sik-chun," last modified July 13, 2022, 16:58, https://en.wikipedia.org/wiki/Ma_Sik-chun.

145 「我總覺得《壹週刊》」：馬克・西蒙在媒體業務中的職位包括：助理總經理（二〇〇二至二〇〇四年）、總經理（二〇〇四至二〇〇六年）、數位業務執行長（二〇〇六至二〇〇七年）、首席營收官（二〇〇八至二〇一〇年）、壹動畫總經理（二〇一〇至二〇一二年）、集團總監（二〇一二至二〇二〇年）。自二〇〇三年起，他也擔任黎氏旅館集團董事長及家族辦公室的董事總經理。

147 *"I have the advantage"*: Tim W. Ferguson, "From Street Hawking to Karl Popper," *Wall Street Journal*, July 19, 1994.

148 *The most notorious feature*: Craig S. Smith, "Elusive 'Fat Dragon' Supplies and Rates a Red-Light District," *Wall Street Journal*, May 16, 1997; Jane Li, "Where Hong Kong Got Its Thing for Crowning People King—of Shops, Props, Toilets, Toys . . . and Kowloon," *South China Morning Post*, April 11, 2017.

149 *He also had to apologize*: Stephen Vines, "Media: Hong Kong's Gore Wars," *Independent*, November 17, 1998; Albert Chen and Albert Cheng, "The Taipan with a Conscience," *South China Morning Post*, January 14, 1996.

151 *In their memoirs, Friedman*: Milton Friedman and Rose D. Friedman, *Two Lucky People: Memoirs* (Chicago: University of Chicago Press, 1998), 550-51.

151 *Friedman also noted Lai's adventurous eating habits*: Friedman and Friedman, *Two Lucky People*, 557.

152 *The Friedman children*: Cato Institute, "Jimmy Lai: Winner of the 2023 Milton Friedman Prize for Advancing Liberty," 2023, https://www.cato.org /friedman-prize-2023.

154 「資深員工利世民」：黎智英的管理風格在他的《國安法》案件審判中成為爭議焦點。前執行長張劍虹堅稱，他只是執行黎智英的指示。二〇二四年一月二十九日在黎智英的國安法案件審判中，張劍虹作證指稱：

「我別無選擇」，在特定編務上，只能按照黎智英的指示處理。然而，鑑於張劍虹已認罪且遭拒保關押三年，他的證詞應從檢方證人期待獲得減刑的角度審視。（從我在香港擔任《英文虎報》社長兼總編輯及《南華早報》總編輯時，與兩家報社老闆直接共事的經驗來看，張劍虹或陳沛敏的證詞內容並無特殊之處。）二〇二四年一月二十九日，庭訊第十八日，詳見：www.supportjimmylai.com/trial-updates。

154 *In March 2003*: Keith Bradsher, "Hong Kong: Budget Official Avoided New Tax," *New York Times*, March 11, 2003.

157 *The government's flawed estimate*: Philip P. Pan, "Hong Kong's Summer of Discontent," *Washington Post*, July 14, 2003.

158 「在黎智英的情況裡，異議」：值得注意的是，一小群中國大陸企業家也曾公開發聲，並付出沉重代價。房地產大亨任志強（Ren Zhiqiang）激烈批評中共，二〇二〇年稱習近平處理新冠疫情的表現為「小丑」，隨後遭被判處十八年有期徒刑。

160 *In 2023,* Conde Nast Traveler: Caitlin Morton, "The 50 Most Beautiful Small Towns in the World," *Conde Nast Traveler*, May 5, 2023.

第七章　「主與我同苦受難」

177 *Lai donated generously to the church*: Paul Hong, "I Received Millions and Spent Them for the Church and the Poor, Card Zen Says," PIME Asia News, October 20, 2011.

178 *New York City*: Catholic Schools in the Archdiocese of New York, "2023-2024 New York Catholic Schools at a Glance," https://catholicschoolsny.org/about-us/.

178 *The Catholic Church took*: Beatrice Leung, "The Hong Kong Catholic Church: A Framing Role in Social Movement," in *Social Movements in China and Hong Kong: The Expansion of Protest Space*, ed. Khun Eng Khuah-Pearce and Gilles Guiheux (Amsterdam: Amsterdam University Press, 2009), 246.

178 *As the handover approached*: Leung, "The Hong Kong Catholic Church," 247.

179 *Hong Kong's Catholics aren't all democrats*: Leung, "The Hong Kong Catholic Church," 248.

181 *Donnithorne enjoyed close ties*: George Weigel, "Audrey Donnithorne, Woman of Valor," *Catholic World Report*, June 12, 2020; Michel Chambon, "Audrey G. Donnithorne, a Great Lady of China," *UCA News*, June 12, 2020.

186 *"We inherited Western culture and values"*: Sirico interview.

第八章　「瘋狂熱潮與傲慢」

191 *"I was so rich"*: Thomas Crampton, "Deconstructing Dot-Com Death in Hong Kong," *International Herald Tribune*, December 18, 2000.

193 *"I was blinded by crazy hype"*: Crampton, "Deconstructing Dot-Com Death in Hong Kong."

195 *"After building a base here in Hong Kong"*: Crampton, "Deconstructing Dot-Com Death in Hong Kong."

198 *"Welcome to the new world of Maybe Journalism"*: Noam Cohen, "In Animated Videos, News and Guesswork Mix," *New York Times*, December 5, 2009, https://www.nytimes.com/2009/12/06/business/media/06animate.html.

第九章　「我想成為臺灣人」

210 「二〇〇三年，黎智英致股東的信」：Next Media, Annual Report 2003, 7。黎智英在此特別指的是所謂的「三通」（即通郵、通商、通航）。但早在二〇〇〇年上半年，陳水扁當選後不久的對話裡，他就已明確表示將臺灣視為壹傳媒進軍中國大陸市場的跳板。

210 *In just thirteen years*: Next Media, *Annual Report 2003*.

210 *By way of comparison*: Jacques Steinberg, "Report Has Mixed News for Papers," *New York Times*, November 4, 2003.

213 *In the Taiwan media*: East-West Center, Bangkok Media Conference, 2008.

215 *"[W]e believe that the island's fundamentals"*: Next Media, *2007 Annual Report*, 13.

217 *A 1993 speech by Murdoch*: Stephen Kotkin, "How Murdoch Got Lost in China," *New York Times*, May 4, 2008.

217 *"When I first went into the Taiwanese market"*: East-West Center, Bangkok Media Conference, 2008.

218 *"Such a bad government is a test"*: East-West Center, Bangkok Media Conference, 2008.

221 *"Why would a Chinese hire an American"*: East-West Center, Bangkok Media Conference, 2008.

223 *Pro-Beijing businessman Tsai Eng-meng*: Lisa Wang, "China Times Group Is Sold to Want Want," *Taipei Times*, November 5, 2008.

223 *Lai confidently set about shaking*: Next Media, *Annual Report 2012*, 7.

226 *He put his Taiwan operations up for sale*: Aries Poon, "Next Media Secures Sale

of Taiwan Media," *Wall Street Journal*, November 28, 2012.

第十章　雨傘及催淚瓦斯

230 *An iconic* Time *cover photo*: Hannah Beech, "Hong Kong Stands Up," *Time*, October 13, 2014.

231 「中國官員當時承諾」：一九九七年後，這個說法仍被引用，例如習近平在香港回歸二十週年紀念儀式上的演講。習近平，〈習近平在慶祝香港回歸祖國二十週年大會暨香港特別行政區第五屆政府就職典禮上的講話〉，新華社，二〇一七年七月一日。

232 China's State Council: Information Office of the State Council, The Practice *of the "One Country, Two Systems" Policy in the Hong Kong Special Administrative Region*, 2014, Conclusion.

232 *Two days before voting began*: Jonathan Kaiman, "Hong Kong's Unofficial Pro-Democracy Referendum Irks Beijing," *Guardian*, June 25, 2014.

233 *"We're seeing over 250 million"*: Parmy Olson, "The Largest Cyber Attack in History Has Been Hitting Hong Kong Sites," *Forbes*, November 20, 2014.

233 *Said Lai: "Whoever is behind"*: Alan Wong, "Pro-Democracy Media Company's Websites Attacked," *New York Times*, June 18, 2014.

237 *"The aim of the counter-revolutionary rebellion"*: Quoted in Rush Doshi, *The Long Game: China's Grand Strategy to Displace American Order* (New York: Oxford University Press, 2021), 50, 52.

238 *"Horses will still run"*: For a recent reiteration of this statement, see Ministry of Foreign Affairs, "Foreign Ministry Spokesperson Zhao Lijian's Regular Press Conference on July 7, 2020."

242 Time *wrote that the students*: "TV Face-Off Dramatizes Gulf Between Hong Kong Protesters and Officials," *Time*, October 21, 2014.

243 *The area includes eighty-five residences*: Venus Feng and Frederik Balfour, "How a Family Turned a Barren Hillside into a $4.4 Billion Property Empire," Bloomberg, August 27, 2018.

244 *Police had foiled a murder plot*: Joyce Man, "Suspected Hit Man Tells Court He Had Never Heard of Alleged Target," *South China Morning Post*, June 30, 2009.

244 *A car had rammed the gate*: Michael Forsythe and Neil Gough, "Hong Kong Media Worries Over China's Reach as Ads Disappear," *New York Times*, June 11, 2014.

245 *A Beijing-orchestrated advertising boycott*: Forsythe and Gough, "Hong Kong

Media Worries."

245 *"I am fine"*: "Firebombing Hong Kong's Democrats," *Wall Street Journal*, January 12, 2015.

246 「黎智英與戴耀廷、朱耀明牧師、陳健民等人」：四年後，發起人戴耀廷、朱耀明牧師與陳健民因「公眾妨擾罪」被起訴，三人均被判入獄十六個月（朱耀明因年齡因素獲得緩刑）。

246 「對黎智英來說，佔領運動的失敗令人沮喪」：私人通訊，二〇一五年一月。

247 「現在，他要將自己的軀體放上最前線」：前《蘋果日報》總編輯陳沛敏在作證時提及此事：她是以檢方所謂的「共犯證人」身分出庭。見二〇二四年二月二日證詞：www.supportjimmylai.com/trial-updates/。

第十一章　「煮到嚟咪食」

251 *Authorities arrested sixty-one protesters*: "The Fire-Monkey Stirs: Street Violence and Politics," *Economist*, February 13, 2016; Chris Lau, Danny Lee, Joyce Ng, Clifford Lo, Nikki Sun, and Stuart Lau, "Shots Fired and Bricks Thrown: Hong Kong Tense After Mong Kok Mob Violence on First Day of Lunar New Year," *South China Morning Post*, February 9, 2016.

253 *After 2008, Hong Kong people*: Syaru Shirley Lin, "Analyzing the Relationship Between Identity and Democratization in Taiwan and Hong Kong in the Shadow of China," *Asan Forum*, December 20, 2018.

253 *In 2012,* Apple Daily *ran*: Jason Chow, " 'Locust' Ad Breaks in Apple Daily," *Wall Street Journal*, February 1, 2012.

255 *" 'So now we try our way' "*: Hoover Institution, "Jimmy Lai and the Fight for Freedom in Hong Kong," special edition of *Uncommon Knowledge* with Peter Robinson, October 20, 2019.

257 *At the Hoover Institution talk*: Hoover Institution, "Jimmy Lai and the Fight for Freedom in Hong Kong."

257 *Violence on both sides increased*: SCMP Reporters, "As It Happened: Hong Kong Protesters Set Cross-Harbour Tunnel Tollbooth Alight Again as Tear Gas Fired in Kwai Chung and Yuen Long," *South China Morning Post*, November 13, 2019.

258 *Authorities also dusted off*: Rachel Wong and Tom Grundy, "Hong Kong Police Arrest Pro-Democracy Newspaper Tycoon Jimmy Lai and Labour Party Vice-Chair Lee Cheuk-yan," *Hong Kong Free Press*, February 28, 2020.

259 *On the evening of June 4*: Brian Wong, "Jimmy Lai Trial: Timeline of Hong Kong

Media Mogul's Arrests, Charges and Court Appearances," *South China Morning Post*, December 18, 2023; Committee to Protect Journalists, "Hong Kong Police Arrest Next Digital Founder Jimmy Lai," April 18, 2020.

259 *In April 2020*: "Arrest of Outspoken Media Boss Renews Fear of Hong Kong Clampdown," *Financial Times*, August 12, 2020 [video featuring April 24, 2020, interview].

259 *Entitled* One Hongkonger One Letter: *One Hongkonger One Letter to Save Hong Kong #TrumpSavesHK*, created May 23, 2020.

260 「這場請願活動原定目標取得十萬人簽名」：諷刺的是，儘管黎智英與華府的關係最終為他帶來麻煩，但他並非總是欣見美國介入國際事務。他曾強烈反對美國在一九九一年發動入侵伊拉克的沙漠風暴行動，並下令《壹週刊》撤回一篇支持入侵的社論。這是三十年間他唯一一次試圖干預雜誌的編輯立場，但是編輯團隊並未理會他的指示。

260 「他還提醒張劍虹」：二〇二〇年美國總統大選期間，馬克．西蒙因使用黎智英的資金，支付一萬美元，秘密資助調查杭特．拜登（Hunter Biden）在中國的活動，而捲入一樁爭議。黎智英表示對此事毫不知情。見Ben Collins and Brandy Zadrozny, "How a Fake Persona Laid the Groundwork for a Hunter Biden Conspiracy Deluge," NBC News, October 29, 2020; "Hong Kong Media Boss Distances Himself from Contentious Hunter Biden-China Report," Reuters, October 31, 2020; Chris Lauin, Kinling Lo, and Sarah Zheng, "Hong Kong Media Mogul Jimmy Lai 'Unknowingly Funded' False Persona Report Discrediting Joe Biden," South China Morning Post, October 31, 2020.

261 *Before the introduction of the law*: Kelly Ho, "Freedoms Assured Under Security Law; Hongkongers Can Say What They Like 'for Time Being,' Says Leader Carrie Lam," *Hong Kong Free Press*, May 26, 2020.

261 *A spokesperson*: Zhang Yangfei, "National Security Law 'Timely,' Spokesperson Says," *China Daily*, May 22, 2020.

262 *This 2021 ruling made a mockery*: Kelly Ho, "Activist Tong Ying-kit Jailed for 9 Years in Hong Kong's First National Security Case," *Hong Kong Free Press*, July 30, 2021.

262 *A few months later a protester*: "Hong Kong's 'Captain America' Protester Jailed Under National Security Law," BBC, November 11, 2021; Kelly Ho, "Hong Kong Protester 'Captain America 2.0' Wins Appeal Against National Security Sentence, Jail Time Reduced to 5 Years," *Hong Kong Free Press*, August 3, 2022.

262 *On July 2, two days*: "National Security Law for HK: A Constitutional

Perspective," *China Daily* (video), July 2, 2020.

263 *As with 2014's unofficial plebiscite*: Helen Davidson, "Hong Kong Primaries: China Declares Pro-Democracy Polls 'Illegal,' " *Guardian*, July 14, 2020; James Griffiths, "600,000 Vote in Hong Kong Opposition Primary Despite Fears of New Security Law," CNN, July 13, 2020; Tiffany May and Austin Ramzy, "Hong Kong Police Raid Pollster on Eve of Pro-Democracy Camp Primary," *New York Times*, July 10, 2020.

264 *In a rare news conference*: "Hong Kong Protests: China Condemns 'Horrendous Incidents,' " BBC, July 29, 2019.

264 *Former chief executive C. Y. Leung*: Kris Cheng, "New Hong Kong Website Promises Cash Bounties for Information on 'Wanted' Anti-Gov't Protesters," *Hong Kong Free Press*, August 27, 2019.

264 *They blamed "irresponsible figures"*: "Hong Kong Protests," BBC.

264 *On Human Rights Day 2020*: "Experts Say National Security Law Returns 'Freedom from Fear' to Hong Kong Residents," Xinhua, December 11, 2020.

265 *The former dean of the University of Hong Kong's law school*: Johannes Chan, "Hong Kong's National Security Law Turns Three," *U.S.-Asia Law Institute* 3, no. 25 (June 21, 2023).

267 *Many of them had simply*: "Explainer: Hong Kong's National Security Crackdown—Month 44," *Hong Kong Free Press*, March 2, 2024.

267 *Georgetown University Law School scholars*: Eric Yan-ho Lai and Thomas Kellogg, "Arrest Data Show National Security Law Has Dealt a Hard Blow to Free Expression in Hong Kong," *ChinaFile*, April 5, 2022.

269 *With Lai still in custody*: Jiayang Fan, "China's Arrest of a Free-Speech Icon Backfires in Hong Kong," *New Yorker*, August 14, 2020.

269 *China's central government*: "Central Government Firmly Supports Arrest of Jimmy Lai," Xinhua, August 11, 2020.

270 *Official government newspaper* China Daily: "Central Government Firmly Supports Arrest of Jimmy Lai," Xinhua.

271 *"Contrary to what they might think"*: Fan, "China's Arrest of a Free-Speech Icon Backfires in Hong Kong."

271 *"The day we cannot operate anymore"*: Tom Grundy, "Interview: Pro-Democracy Media Mogul Jimmy Lai Says Apple Daily Won't Change, but No More Protest Activism," *Hong Kong Free Press*, September 8, 2020.

第十二章　「讓法律變成統治者的工具」

278　*In April 2021*: Agence France-Presse, " 'Be Extra Cautious': Hong Kong Media Tycoon Jimmy Lai Writes Letter to Staff from Jail," *Hong Kong Free Press*, April 13, 2021.

278　*On April 16, he received*: Jessie Pang and James Pomfret, "Hong Kong Tycoon Jimmy Lai Gets 14 Months in Prison for Unauthorised Assembly," Reuters, April 15 [*sic*], 2021.

278　*Lai had been behind bars 135 days*: Jessie Pang and Twinnie Siu, "Hong Kong Freezes Listed Shares of Media Tycoon Lai Under Security Law," Reuters, May 14, 2021.

279　*Lee also wrote Citibank*: Greg Torode, James Pomfret, and Sumeet Chatterjee, "Hong Kong Threatens Lai's Bankers with Jail If They Deal in His Accounts," Reuters, May 27, 2021.

279　*After the June 17 police raid*: Candice Chau. " 'Cut Ties with These Criminals': Hong Kong Security Chief Warns Reporters to Shun Apple Daily Detainees After Raid," *Hong Kong Free Press*, June 17, 2021.

281　*Three years after the introduction*: Kelly Ho, "Hong Kong Security Chief Hails 100% Conviction Rate in National Security Cases," *Hong Kong Free Press*, April 14, 2023.

285　*As journalists readied* Apple Daily*'s final edition*: Jesse Pang, "Hong Kong's Pro-Democracy Apple Daily Signs Off in 'Painful Farewell,' " Reuters, June 24, 2021.

287　「副社長陳沛敏」：陳沛敏於二〇一六年被診斷出癌症第三期，隨後請假七個月接受治療。返回報社後，她擔任職責較輕的副社長一職。見她於二〇二四年二月二日的庭訊證詞。

287　*She noted that Lai*: Kelly Ho, "Hong Kong Media Mogul Jimmy Lai and 9 Other Democrats Plead Guilty over 2019 National Day Protest," *Hong Kong Free Press*, May 17, 2021.

288　*Lai shouted at the photographer*: Jennifer Creery, "Hong Kong Pro-Democracy Media Mogul Jimmy Lai Cleared of Criminal Intimidation Against Reporter," *Hong Kong Free Press*, September 3, 2020.

289　*The newspaper even ran a fake obituary*: Michael Forsythe and Alan Wong, "Hong Kong Newspaper Prints Fake Obituary of Rival's Owner," *New York Times*, August 14, 2014.

293　「他寫的聲明」：聲明的前半部來自黎智英原文，後半部則引述 BBC 報導："Hong Kong: Media Tycoon Jimmy Lai Gets 13 Months Jail for Tiananmen

Vigil," BBC, December 13, 2021。

294 *Corporate governance expert David Webb*: David Webb, "Observations on Next Digital (0282)," webb-site.com, July 28, 2021.

294 *Paul Chan claimed that possible fraud*: Hong Kong Government, "Inspector Appointed by Financial Secretary Under Section 841(2) of Companies Ordinance (Cap. 622) to Investigate into Affairs of Next Digital Limited," July 28, 2021.

第十三章　獄中

298 *On December 31, 2020*: "Explainer: Hong Kong's New Legal Precedents After 3 Years of the National Security Law—Part I," *Hong Kong Free Press*,July 8, 2023.

298 「他仍被關押在」：二〇二三年開始的漫長《國安法》案件庭審期間，案件於西九龍裁判法院（作為高等法院）審理，當局通常將黎智英羈押在附近的荔枝角收押所。

298 *The Hong Kong Tourism Board*: "Stanley: Recall Hong Kong's Past and Unwind in Charming Seaside Town," Hong Kong Tourism Board, https://www.discoverhongkong.com/us/explore/great-outdoor/wellness/stanley.html#:~:text=The%20picturesque%20seaside%20town%2C%20with,of%20the%20territory's%201841%20cession (retrieved February 28, 2024).

第十四章　「活在完全的自由之中」

324 *In 2015, the UN General Assembly*: Andrew Gilmour, "The Nelson Mandela Rules: Protecting the Rights of Persons Deprived of Liberty," United Nations, https://www.un.org/en/un-chronicle/nelson-mandela-rules-protecting-rights-persons-deprived-liberty (retrieved February 28, 2024).

324 *Mandela himself*: Gilmour, "The Nelson Mandela Rules."

324 「權力與財富對他都沒有吸引力」：郭明瀚為現任香港自由委員會基金會董事長，我則擔任基金會會長。

後記

333 「檢方還出示前行政總裁張劍虹的 Slack 聊天記錄」：二〇二四年二月八日，庭訊第二十六日。詳細庭訊報導，各大媒體報導見：www.supportjimmylai.com/trial-updates/，以及香港自由新聞（Hong Kong Free Press）（www.hongkongfp.com）的相關報導。

334 「檢方甚至試圖將黎智英與一則訂閱廣告掛鉤」：二〇二四年二月七日，

庭訊第二十五日。

334 「二〇〇三年初，《壹週刊》」：二〇二四年二月九日，庭訊第二十七日，陳沛敏證詞。

335 「檢方試圖拼湊黎智英跟倫敦人權運動者之間有所共謀」：二〇二四年二月八日，庭訊第二十六日，陳沛敏證詞。

336 *"[F] oreigners are frequently portrayed"*: Tony Saich, *From Rebel to Ruler*(Cambridge, MA: Belknap Press of the Harvard University Press, 2021),14-15.

337 「此刻支撐我們繼續前行的」：二〇二四年二月八日，庭訊第二十六日，陳沛敏證詞。黎智英將「我們明知不可為而為的氣魄」這句話歸功於陳沛敏。陳沛敏在庭上表示，她「欽佩」那些即使明知民主訴求無法實現，仍堅持抗爭者的毅力。

照片來源

第 22-25 頁地圖
香港地圖 ：Beehive Mapping
中國地圖 ：Beehive Mapping

插頁
第 1 頁
左上 ： 私人收藏
中上 ： 私人收藏
右上 ： 私人收藏
左下 ：Popperfoto/Getty Images
右下 ：Universal Images Group/Getty Images

第 2 頁
上 ： 私人收藏
中 ： 私人收藏
左下 ：Pierre Barbier/Getty Images
右下 ： 私人收藏

第 3 頁
上 ：LightRocket/Getty Images
上方嵌圖 ： 私人收藏
中 ：Archive Photos/Getty Images
下 ：Archive Photos/Getty Images

第 4 頁
上 ：AFP/Getty Images
上方嵌圖 ： 私人收藏
下 ：《蘋果日報》

第 5 頁
左上 ：《蘋果日報》
右上 ：《蘋果日報》
下 ：《蘋果日報》

第 6 頁
上 ：《蘋果日報》
下 ：《蘋果日報》

第 7 頁
上 ：《蘋果日報》
下 ：《蘋果日報》

第 8 頁
上 ： 私人收藏
中 ： 私人收藏
下 ： 私人收藏

第 9 頁
上 ：《蘋果日報》
下 ：《蘋果日報》

第 10 頁
上 ：《蘋果日報》
下 ：《蘋果日報》

第 11 頁
上 ： 私人收藏
左中 ：《蘋果日報》
右中 ：Julie McGurn
下 ：《蘋果日報》

第 12 頁
上 ：Bloomberg/Getty Images
下 ：《蘋果日報》

第 13 頁
上 ： 私人收藏
下 ：LightRocket/Getty Images

第 14 頁
上：私人收藏
下：私人收藏

第 15 頁
上：香港自由委員會基金會
中：香港自由委員會基金會
下：香港自由委員會基金會

第 16 頁
左上：Bloomberg/Getty Images
右上：AFP/Getty Images
中：私人收藏
下：AP Photo/Louise Delmotte

國家圖書館出版品預行編目 (CIP) 資料

黎智英傳 ： 從億萬富翁，到中國最懼怕的批評者 / 祁福德 (Mark L. Clifford) 著 ; 林玉菁譯 . -- 初版 . -- 新北市 : 明白文化事業有限公司出版 : 遠足文化事業股份有限公司發行 , 2025.07

面； 公分 . -- (Horizon 視野 ; 18)

ISBN 978-626-99653-8-0(平裝)

譯 自 : The troublemaker : how Jimmy Lai became a billionaire, Hong Kong's greatest dissident, and China's most feared critic.

1.CST: 黎智英 2.CST: 傳記 3.CST: 香港特別行政區

782.887 114005008

Horizon 視野 018

黎智英傳：從億萬富翁，到中國最懼怕的批評者

The Troublemaker: How Jimmy Lai Became a Billionaire, Hong Kong's Greatest Dissident, and China's Most Feared Critic

---

作者　祁福德（Mark L. Clifford）
譯者　林玉菁

明白文化事業有限公司

社長暨總編輯　林奇伯
責任編輯　楊鎮魁
文稿校對　楊鎮魁、林奇伯
封面設計　児日設計
內文排版　大光華印務部

出版　明白文化事業有限公司
地址：231 新北市新店區民權路 108-3 號 6 樓
電話：02-2218-1417　傳真：02- 8667-2166
發行　遠足文化事業股份有限公司（讀書共和國出版集團）
地址：231 新北市新店區民權路 108-2 號 9 樓
郵撥帳號：19504465　遠足文化事業股份有限公司
電話：02-2218-1417
讀書共和國客服信箱：service@bookrep.com.tw
讀書共和國網路書店：https://www.bookrep.com.tw
團體訂購請洽業務部：02-2218-1417 分機 1124
法律顧問　華洋法律事務所 蘇文生律師
印製　中原造像股份有限公司
出版日期　2025 年 7 月初版
2025 年 9 月初版五刷
定價　650 元
ISBN　978-626-99653-8-0（平裝）
978-626-99653-2-8（EPUB）
書號　3JHR0018
